掌尚文化

SALUTE & DISCOVERY

致敬与发现

新发展格局下的
首都金融研究与实践

RESEARCH AND PRACTICE OF CAPITAL FINANCE UNDER THE NEW DEVELOPMENT PATTERN

杨伟中 ◎主编

经济管理出版社
ECONOMY & MANAGEMENT PUBLISHING HOUSE

图书在版编目（CIP）数据

新发展格局下的首都金融研究与实践/杨伟中主编．—北京：经济管理出版社，2022.6
ISBN 978-7-5096-8499-3

Ⅰ．①新… Ⅱ．①杨… Ⅲ．①地方金融事业—经济发展—研究—北京 Ⅳ．①F832.71

中国版本图书馆 CIP 数据核字（2022）第 099578 号

组稿编辑：宋　娜
责任编辑：宋　娜　王　倩
责任印制：黄章平
责任校对：张晓燕

出版发行：经济管理出版社
　　　　　（北京市海淀区北蜂窝 8 号中雅大厦 A 座 11 层　100038）
网　　址：www.E-mp.com.cn
电　　话：（010）51915602
印　　刷：唐山昊达印刷有限公司
经　　销：新华书店
开　　本：720mm×1000mm/16
印　　张：21
字　　数：348 千字
版　　次：2022 年 7 月第 1 版　　2022 年 7 月第 1 次印刷
书　　号：ISBN 978-7-5096-8499-3
定　　价：128.00 元

课题组成员

主　编：杨伟中

副主编：贺同宝　马玉兰　刘玉苓　曾志诚
　　　　姚　力　洪　波　王　晋　梅国辉

编　审：林晓东　李　康　高　菲

前言

自新冠肺炎疫情暴发以来，我国坚持统筹疫情防控和经济社会发展，经济得以持续稳定恢复，运行质量继续提升，出口贸易大幅增长，新兴产业快速成长，中国成为全球经济增长的主要力量。但也要注意，目前全球疫情持续演变，不稳定不确定因素较多，我国经济全面恢复的基础尚不牢固，仍存在恢复不均衡、内需不足、风险积聚等问题，国际政治经济环境依然复杂严峻。

作为地处首善之都的央行分支机构，中国人民银行营业管理部肩负首都经济高质量发展和金融安全的重任。在常态化疫情防控形势下，营业管理部以习近平新时代中国特色社会主义思想为指导，坚持和弘扬"研究立行"理念，以服务实体经济、防控金融风险、深化金融改革为宗旨，切实落实人民银行党委要求，认真学习人民银行、国家外汇管理局工作会议精神，提高政治站位，迎难而上，主动作为，通过扎实深入的调查研究推进贯彻落实稳健的货币政策，全力支持稳企业保就业，持续打好防范化解金融风险攻坚战，进一步深化首都金融改革开放，推动首都经济金融持续恢复和高质量发展。

2020年，营业管理部通过大兴调查研究之风，以上率下，聚焦金融支持首都抗疫情、促发展和保市场主体等重点工作，为首都"十三五"规划圆满收官提供了大量有参考价值的成果；深入一线，通过"请进来、走出去、沉下去、连起来"等多种调研方式精准发力，为人民群众解决安居乐业的难点、痛点、堵点问题；搭建平台，通过建立常态化的调研清单，开展"大学习、大讨论"，推进构建营业管理部"大调研"的工作格局。广大干部职工以问题为导向，深入研究疫情冲击下制约我国及首都经济金融健康发展的突出问题，事关经济金融改革发展大局的重点问题，以及现代中央银行建设的关键问题，书写了一批视角全面、情况翔实、分析透彻的调研成果，更好地服务科学决策和央行中心工作。

　　《新发展格局下的首都金融研究与实践》一书是从中国人民银行营业管理部干部职工在 2020 年完成的数百篇调研成果中精心筛选出的 53 篇优秀成果进行编校出版，汇集了疫情冲击下我国宏观经济与金融政策、区域经济金融、金融监管与金融稳定、外汇管理、综合管理等领域的分析报告。将这些成果与社会同仁分享，希望能够为首都经济金融工作提供有益参考，并进一步促进首都央行工作创新发展。

编　者

2021 年 8 月 1 日

目录

第一篇 / 宏观经济与金融政策篇

第二篇 / 区域经济金融篇

第三篇 / 金融监管与金融稳定篇

第四篇 / 外汇管理篇

第五篇 / 综合管理篇

宏观经济与金融政策

Macro-Economy and Financial Policy

第一辑

新常态背景下的宏观经济与金融政策研究与实践

关于完善适应科创企业全生命周期金融产品和服务体系的调查报告

杨伟中*

党的十九届五中全会提出，坚持创新在我国现代化建设全局中的核心地位，把科技自立自强作为国家发展的战略支撑。针对如何完善金融支持创新体系，发挥以金融创新推动科技创新的积极作用，近期，中国人民银行营业管理部（以下简称人行营业管理部）组织相关人员对中关村示范区的 200 余家科创企业和金融机构开展调研，现汇报如下：

一、科创企业全生命周期金融服务现状

（一）科创金融供给总量增加

一是科技金融组织机制逐步完善，贷款总额保持快速增长。中关村示范区科技金融专营组织机构已达 66 家，高新技术企业贷款余额近三年复合增长率为 15%。二是创投和多层次资本市场作用显现。2020 年 1—10 月，北京地区已披露天使投资和创投案例及金额均超全国两成。10 月末，北京科创板挂牌企业数量占全国的 17.3%。三是货币政策工具直达科技型企业聚集区。2020 年 10 月末，"中关村示范区再贴现窗口"累计发放再贴现 55.5 亿元，科技、小微和民营企业票据占 96.3%。

（二）不同生命周期科创企业融资结构差异化明显

2020 年 1—9 月，2.5 万家中关村高新技术企业共获得融资 1.4 万亿元，

---

* 杨伟中，中国人民银行营业管理部主任。

其中，大、中、小微型企业融资占比分别为 57.1%、28.1%、14.8%。银行贷款是科创企业最主要的融资来源，占比达 64.1%（见表 1）。不同生命周期科创企业融资方式存在差异：初创期小微企业从新三板市场和创投机构分别获得 41.5% 和 33.4% 的融资份额；成长期中型企业对银行贷款的依赖度最高，贷款占比达 68.7%；成熟期大型企业从资本市场获得 64.2% 的信用债融资额，从境外获得 87.3% 的借款。

表 1　2020 年 1—9 月中关村高新技术企业全量融资情况　单位：亿元

企业规模/融资方式	银行贷款发生额	境外借款	创投机构投资额	上市公司IPO 及增发额（包含海外上市）	信用债融资额	新三板市场增发融资额	融资方式合计
大型科技企业	4847.3	978.3	225.8	339.5	1404.8	3.3	7799.0
中型科技企业	2638.6	88.9	138.1	281.5	687.1	7.9	3842.1
小微科技企业	1276.7	52.9	182.8	405.2[a]	97.8	8.1	2023.5
科技企业合计	8762.6	1120.1	546.7	1026.2	2189.7	19.3	13664.6
合计占比（%）	64.1	8.2	4.0	7.6	16.0	0.1	100.0

注：a. 京沪高铁 IPO 募资额达 306.3 亿元，企业规模为小型，因此本期小微科技企业上市募资额较大。

资料来源：笔者根据中国人民银行中关村中心支行数据、Wind 数据整理。

二、科创企业全生命周期金融服务中存在的问题

（一）初创期企业获得创投融资萎缩，投贷联动试点效果欠佳

2020 年 1—10 月，北京地区已披露投资案例及金额同比分别下降了 41.8%、33.7%。同时，我国创投机构退出渠道少，局限于上市和并购。商业银行集团内部投贷联动业务试点，由于拟设立的投资子公司均未获批，内部合作不畅；理财子公司投资产业基金在期限匹配、资金嵌套等方面监管受限。外部投贷联动模式中，股权投资机构和银行没有形成较成熟的风险抵补和收益共享机制，双方在对企业价值分析、风险判断、盈利模式等方面也存

在理念分歧。此外，当前认股权权益流转渠道较少，权益资产变现难，也在一定程度上打击了各方积极性。

（二）成长期企业知识产权融资难、信用贷款额度低

尚未形成公允的知识产权价值评估体系、活跃的知识产权交易市场和顺畅的资产处置通道，造成知识产权融资规模小、质押率低、不良贷款率高。2019 年，在京银行发放知识产权质押贷款不良贷款率为 5.46%，是全市银行不良贷款率的近 10 倍。此外，由于科创企业信用评价体系不完善、缺乏信用贷款产品风险缓释措施、未能建立有效的风险补偿机制等，银行科技企业信用贷款授信额度一般低于 500 万元，获贷企业平均成立年限在 3 年以上，较难满足成长型科技企业融资需求。

（三）成熟期企业发债评级普遍不高，股票市场审核标准不利于科技企业

部分成熟期科技企业虽然已具备较大的市场份额和市场认可的商业模式，但资产规模普遍低于传统行业，盈利能力不稳定，导致发债评级不高。科技专项债券融资产品较少，各级资本市场间尚无合理的衔接制度安排。科创板主要面向硬科技领域，其他类型的科技企业仍然面临上市门槛高的问题。新三板融资功能较弱，自新三板诞生至 2020 年 10 月末，存续的挂牌公司中仅有 52.1%进行过定向增发融资，平均每家公司增发次数仅 0.9 次。

三、政策建议

（一）针对初创期科创企业，着重发展壮大创业投资行业，加强股债联动等金融服务模式创新

协调地方政府壮大科创企业股权投资基金规模，采取股债结合的灵活投资方式，为科技型企业提供长期限、低成本的资金。探索推动理财子公司、金融资产投资公司通过设立专业理财公司、专业投资公司等方式开展科创金融投资业务。加大保险、养老金等长期资金支持科创企业力度。鼓励银行机构加强与外部创投机构合作，研究设立统一配套的认股权专业服务机构。

（二）针对成长期科创企业，完善知识产权融资服务体系，优化科创融资担保体系，完善财政资金奖励补偿和风险分担机制

建立和完善知识产权评估体系，建设知识产权交易中心，支持开展知识产权收储交易，搭建知识产权质押融资综合服务平台。打造大型政府性专业科创担保机构，在考核机制中提高政策效益指标的比重，逐步取消盈利考核要求。设立科创融资风险补偿资金池，发挥好财政资金的杠杆撬动作用，利用贷款及债券贴息、担保费补贴等手段，降低科创型企业综合融资成本。探索直达科创企业的货币政策工具创新，加大再贷款、再贴现对科创企业的支持力度。

（三）针对成熟期科创企业，支持利用债券市场融资，提升新三板市场活力

建立健全科创企业债券发行的优先保障机制，发挥政府性担保机构风险缓释作用。推动发行创新创业公司债券、专项债务融资工具。探索发行知识产权专项债券。强化新三板服务科创企业定位，切实提升新三板市场流动性。加快落实新三板挂牌公司转板上市政策措施。优化精选层制度体系，构建持续发行融资体系，建立混合交易模式。争取将新三板股票纳入合格境外投资者投资标的。

关于我国贷款市场报价利率(LPR)改革实施半年来传导影响的分析报告

——基于北京地区的调查

贺同宝*

2019年8月，中国人民银行启动贷款市场报价利率（LPR）改革。为了了解改革实施半年来的成效，近期，人行营业管理部组织对19家银行和财务公司进行了调研，分析了LPR改革对信贷市场、实体经济、金融市场和居民消费信贷的影响。结果显示：LPR改革后，政策利率向市场利率的传导效率明显提升，银行内部FTP体系更多锚定LPR，LPR在不同规模类型企业中传导力度不一。银行体系形成以LPR为基准的贷款定价模式，增强了货币政策价格型、结构性调控的技术支撑。LPR下行政策效果集中在信贷领域，对社会融资规模和资产价格影响相对较小。从发达经济体实践看，LPR应用范围逐步转向规模较小或对市场利率变动不敏感的小微企业贷款等领域。

一、LPR改革实现了用改革的办法畅通货币政策传导、推动降低实体经济融资成本的目标

2019年8月至2019年底，1年期和5年期以上LPR利率分别下降了16个和5个基点，而2019年12月北京地区金融机构新发放一般贷款加权平均利率较9月下降了47个基点。一般贷款加权利率的下降幅度数倍于LPR利率下调幅度，表明通过疏通政策利率向市场利率的传导机制，传导的效率明显提升。

一是银行贷款利率明显下降。2019年12月新发放一般贷款加权平均利

---

* 贺同宝，时任中国人民银行营业管理部副主任。

率降至 4.59%，较 9 月下降了 47 个基点，较上年高点下降了 79 个基点。小型银行贷款加权平均利率下降幅度最大，城商行和农商行 2019 年 12 月分别降至 6.0713% 和 4.7004%，较 9 月分别下降了 159 个和 54 个基点。北京中关村银行 2019 年 11 月对公贷款利率为 5.67%，较 2018 年底下降了 128 个基点。财务公司对成员单位的贷款实际利率呈下降趋势。自 2019 年 11 月 LPR 下调后，某财务公司的实际利率调整为：1 年期贷款利率为 1 年期 LPR 减 33 个基点。银行内部资金转移价格 FTP 体系更多锚定 LPR。某银行在总行层面贷款 FTP 曲线中，贷款基准利率权重为 0%，LPR 的权重约为 25%。市场利率下行对银行存款利率下行的传导影响有限。北京地区银行净利差和净息差整体呈收窄趋势。2019 年前三季度，被调研银行平均净利差和净息差分别为 2.2078% 和 2.1505%，较 2017 年分别下降了 3 个和 8 个基点。某银行北京分行表示，其总行净息差从 2015 年的 2.32% 降至 2019 年前三季度的 1.94%，降幅为 38 个基点；北京分行利差率则从 2015 年的 3.87% 降至 2019 年前三季度的 2.79%，下降了 108 个基点。

二是中小微企业贷款利率降幅明显。北京地区企业贷款加权平均利率 2019 年 12 月降至 4.31%，较 9 月下降了 27 个基点。在各类型企业中，中型、小型和微型企业贷款加权平均利率下降幅度较为显著，分别降至 4.83%、4.71% 和 4.65%，较 9 月分别下降了 46 个、47 个和 41 个基点。随着 LPR 改革的推进，贷款利率隐形下限打破效果不断显现。2019 年 8—12 月，北京地区贷款利率在低于 LPR 50 个基点区域的平均比例为 10.4%。

三是对金融市场影响分化。LPR 改革利好股市，但影响有限。贷款利率整体下行，实体经济融资成本下降，有助于减轻上市企业财务负担，提振企业风险偏好，增加投资，进而为股市上行提供支撑。LPR 改革对债券市场影响较小。2019 年 8 月、9 月 LPR 降息后，10 年期国债收益率不降反升。LPR 对债券价格的直接作用较微弱。票据市场受 LPR 影响相对更为明显。伴随着 LPR 持续下调，12 月票据市场利率为 2.96%，同比下降了 80 个基点。

四是短期内房贷利率受 LPR 利率下调影响不大。2020 年换锚后的存量房贷利率持平于 2019 年既定利率。中长期来看，消费者预期改善将促进消费回升。2019 年第四季度居民购房指数为 100.8，比上季度上升了 8.7，为北京市 2017 年 "3·17" 房地产新政实施以来的高点。

二、关于 LPR 改革实施中需要关注的问题和建议

一是 LPR 降息效果集中在信贷领域，对社会融资影响相对较弱。2014年、2015 年人民银行实施降息后，全国社会融资规模存量年末增速分别达到14.3% 和 12.4%，逆周期调节效果明显。对比 2019 年末，全国社会融资规模存量余额增长 10.7%，比同期实体经济贷款增速低 1.8 个百分点。建议在货币政策操作上，适时适当降准，辅以 TMLF、MLF、OMO、再贷款、再贴现等货币政策工具，应对信用紧缩、流动性分层问题。

二是 LPR 形成机制改革对银行盈利能力提出较大挑战。建议优化金融机构流动性监管指标，适度降低一般性存款在总负债中的占比权重要求。缩短金融债发行审批周期，支持银行负债多元化发展，提高金融机构负债端业务参照市场利率定价的比例，进一步畅通传导渠道。

此外，建议借鉴国际经验，顺势 LPR 改革，进一步降低小微企业融资成本。从美国和日本 LPR 实际应用的领域看，范围逐步聚焦于规模较小或对市场利率变动不敏感的小微企业贷款。我国小微企业更多依靠信贷市场融资，可以预计 LPR 发挥作用的空间更大、时间更长。随着我国利率中枢下移，有利于降低小微企业融资成本，但在经济下行叠加新冠肺炎疫情影响的背景下，小微企业贷款风险溢价没有明显改变，融资难、融资贵仍是各方反映比较多的问题。建议继续推进 LPR 在小微企业贷款定价中的应用，同时加大政府性融资担保支持力度、增加财政性风险补偿和贴息、健全社会信用体系建设，共同促进小微企业融资难、融资贵问题的解决。

关于金融支持北京国际科技创新中心建设的调研报告

刘　欣　曾晓曦　魏海玉　陈百惠*

　　北京国际科技创新中心建设是国家创新体系的重要组成部分，也是落实国家创新驱动发展战略的重要环节。中关村国家自主创新示范区是我国高科技产业的中心，是我国机制体制创新的试验田。2012 年，国家发展和改革委员会、科技部等 9 部委会同北京市政府联合印发《关于中关村国家自主创新示范区建设国家科技金融创新中心的意见》，明确了中关村示范区国家科技金融创新中心的地位。经过近十年的探索和创新，金融支持北京国际科技创新中心建设取得显著成效，特别是中关村示范区科技金融服务体系建设多方面在全国领先。本文总结了金融支持北京国际科创中心建设的主要举措和成效，探究目前金融支持科创中心建设的短板和问题，并提出相应的政策建议。

一、金融支持北京国际科创中心建设现状

（一）主要做法

　　一是强化政策引导，构建多部门协同、覆盖科技企业全生命周期的整体政策框架。成立北京市科技金融工作小组、中关村创新平台科技金融工作组和中关村示范区领导小组，服务中关村国家科技金融创新中心建设。2020 年初，市金融监管局、人行营业管理部、北京银保监局、北京证监局联合印发《关于加大金融支持科创企业健康发展的若干措施》（以下简称"科创金融十

　　* 刘欣、曾晓曦，均供职于中国人民银行营业管理部办公室。魏海玉，供职于中国人民银行营业管理部金融研究处。陈百惠，供职于中国人民银行中关村中心支行。

七条"），通过多项举措、协同发力、精准服务科创企业在京发展。根据企业不同发展阶段的融资需求特点，建立了正向激励、风险分担等多项机制，出台了 32 项科技金融政策，加强政策引导，为处于种子期、初创期、成长期、成熟期等不同发展阶段的科技型中小微企业提供差异化服务。中关村示范区每年新创办科技企业达 2 万家，国家高新技术企业约占全国的 1/10。

二是高效精准落实货币政策，为科创企业输血供氧。大力推动民营小微企业贷款，多层次组织召开金融机构信贷调度会；有序推动存量贷款 LPR 转换，引导银行让利实体经济；聚焦重点领域和薄弱环节，全力支持科创企业融资。北京市高新技术企业贷款一直保持较高增速，近三年贷款余额复合增长率达 20.4%。2020 年 4 月末，高新技术产业贷款同比增长 12.2%。疫情期间，高效落地专项再贷款"好事办好"，支持抗疫科创企业、高新技术企业获贷金额及家数分别占五成、六成，北京已发放的全部专项再贷款加权利率为 2.59%。财政贴息后，企业实际融资利率不足 1.3%。此外，人行营业管理部配合中关村管委会推出规模为 200 亿元的"中关村企业抗疫发展贷"。

三是增强数据对接和共享，打通科创企业融资闭环。建立了科技企业信用信息数据库，形成了以"政府推动、政策引导、多方参与、市场化运作"为特征的中关村信用模式。人行营业管理部积极助推"北京市企业创新信用领跑行动"，推进企业信用品牌的建立和维护。发挥银企对接系统的融资功能，打造对申贷企业的融资对接全覆盖业务闭环，打通企业首贷"最后一公里"。疫情发生以来，人行营业管理部多渠道扩大对接覆盖面，会同北京市有关部门向银企对接平台新增导入 300 户受疫情影响较为严重的科创企业。2020 年上半年已覆盖企业近 6 万户，包含 3.5 万户科创企业无贷户、1.3 万户经济技术开发区无贷户企业，引导银行访户近 6 万，95% 的融资落地企业为中小微企业。

四是创建多形式的金融服务机构和服务模式，为科创企业提供多样性金融支持。中国人民银行、国家外汇管理局在中关村示范区成立了国内首个中心支行、中心支局；中关村示范区科技金融专营组织机构 60 余家，特色支行近百家；成立了民营银行、会计师事务所、律师事务所等，金融中介资源丰富，科技金融机构密度居全国前列；发布全国首个进一步加强知识产权质押融资工作的措施；充分发挥市场在资源配置中的决定性作用，激发银行、担保、券商、保险、天使创投机构、科技金融中介服务机构等多方力量，为科技企业提供天使投资、创业投资、新三板挂牌、境内外上市、担保融资、直接融资、并购重组、信用贷款、融资租赁、信用保险和贸易融资等"一条龙"的融资服务。不断完善新三板市场制度建设，设立北京区域性股权市场（四板），上市公司和挂牌企业数量保持全国领先。

五是不断推进服务业扩大开放，为北京国际科技创新中心建设增添新动能。中关村外债便利化政策持续领先于全国，2017 年中关村示范区在全国率先实施 50 万美元外债便利化额度试点，2018 年外债便利化额度提高至 500 万美元。2020 年中关村外债便利化政策再升级，一是外债便利化额度由 500 万美元进一步提高到 1000 万美元，面向海淀园区内高新技术企业，进一步加大对"轻资产、高成长"科技企业的金融支持力度；二是取消试点企业外债逐笔登记管理要求，进一步简化业务办理程序。

（二）建设成效

一是北京市科技创新发展领跑全国。2020 年 1 月 4 日，首都科技发展战略研究院和中国社会科学院城市与竞争力研究中心联合发布"中国城市科技创新发展指数 2019"。测算结果显示，北京位列第一，强势领跑全国，科技创新发展指数得分持续增长，创新资源、创新服务和创新绩效三个一级指标均排名全国第一。《中国区域创新能力评价报告 2019》显示，北京科研投入持续增长，投入强度显著高于其他地区，北京市"规模以上工业企业研发经费外部支出额"增长 44.2%，"规模以上工业企业有效发明专利数"增长 21.9%，"规模以上工业企业技术改造经费支出"增长 16.3%，2018 年研究与试验发展（R&D）经费投入总额为 1870.8 亿元，投入强度为 6.17%，显著高于其他省份，也显著高于全国平均水平（2.19%）。

二是中关村示范区经济带动效应不断增强。在科技金融助力下，中关村示范区经济快速发展。2014—2018 年，中关村示范区 GDP 从 4954.8 亿元增至 8330.6 亿元，年均增速为 13.9%，占北京地区 GDP 的比重从 23.2% 增至 27.5%。2019 年，示范区企业总收入 6.5 万亿元，是 2011 年的 3.4 倍，对全市经济增长贡献率达到四成。示范区关键核心领域不断取得重要突破。2020 年 3 月底，中关村示范区企业拥有有效发明专利 12.5 万件，占北京市企业同期有效发明专利量近七成。在国际标准方面，截至 2018 年底，中关村示范区企业和产业联盟主导创制的国际标准达 380 项。

三是中关村资源聚集效应进一步发挥，辐射带动作用不断增强。示范区高精尖企业聚焦，总收入超千亿元的企业有 7 家、百亿元以上的企业有 86 家，形成了以新一代信息技术、生物医药和大健康、智能制造和新材料、节能环保、现代交通、新兴服务业为代表的六大产业集群。近年来，中关村示范区向全国推广了科技成果"三权"改革、股权激励、区域股权转让代办、出入境便利化等 30 多项试点政策，形成一批可复制、可推广的"中关村经验"。2018 年，中关村示范区有超六成的技术合同流向外省市。截至 2018 年底，企业在京外累计设立分支机构 1.6 万家，已经和全国 26 个省区市相关单位合作共建 27 个园区和科技成果产业化基地，促进双方人才、技术企业、产业等资源优势互补和有效对接。近五年来，中关村示范区流向津冀技术合同超 1.4 万项，成交额超 600 亿元。中关村企业累计在津冀设立分公司、子公司超 7000 家。

二、金融支持北京国际科技创新中心建设存在的问题

（一）政策支持和组织协同有待进一步加强，科创领跑仍需各部门协同推进

在政策支持方面，科创中心的建设还需各部门在科创金融体制机制、组织体系、产品服务等方面积极协同争取国家层面政策支持，形成改革创新聚合发力点，打造升级的科创金融政策"2.0 版"。在组织协同方面，从京津冀区域整体视角来看，京津冀区域内部经济发展差异性大，在政策的先行先试和对外开放、城市间的资金技术协同上，金融支持科技创新存在一定政策劣势，金融体系完备程度和活跃度也有待进一步提升，北京的创新引领需要更多动力。进一步加强多部门的协调配合，积极争取政策的推动和落实，促进京津冀协同发展，推进以首都为核心的京津冀城市群科创中心建设。

（二）银企信息不对称问题依然存在，初创企业难以获得长期稳定的贷款资金

2020 年 6 月对中关村科创企业的调研显示，一半以上的企业表示，科创企业尤其是初创企业，普遍存在前期研发投资需求大、重资产占比较小、资金需求周期长等特点，虽然各类金融机构均在疫情期间针对科创企业推出了多项政策，但真正能贷款给无抵押、未盈利、研发投入大、研发周期长的企业的金融机构较少。同时，目前征信数据大多为逾期和失信信息等银行信息，而纳税评级、税务处罚、工商环保处罚、海关进出口数据等经营行为的信息

较少，导致银行难以准确评估企业情况，出现银行少贷的现象。

（三）全周期风投构建有所欠缺，创投机构投资规模、数量下降明显

北京和上海集中了全国较多的风险投资机构，但这些风险投资机构大多投资于风险较小的即将上市的公司，对于初创企业的投资项目和投资金额较少。中关村科创企业"驭势科技"反映国内的人民币基金更多的是投资于投资期较短、成长阶段偏后期的企业，而高新技术企业多处于前期成长阶段，国内股权架构的公司获得人民币融资难度大。同时，创投规模也明显下降，2019 年全国共有 617 家创投机构募集资金 2497.4 亿元，获得募资的机构家数和金额同比分别大幅下降了 75.1% 和 78.2%。募资难进一步造成创投项目缩水，2019 年北京地区发生 VC 和 PE 投资案例 1191 起、获得已披露投资 2126.2 亿元，分别同比下降了 50.1%、58.6%。创投机构投资活跃度的下降也会对初创型科技企业融资产生影响。

（四）融资担保体系仍有待进一步健全，手续高、风险补偿形式单一等情况限制其发挥作用

一是融资担保存在手续费高、流程烦琐等问题。企业主要从北京市中小企业创业投资引导基金等政府引导基金获得投资支持，融资担保使用较少，主要因为融资担保手续费高达 3%，且需要签署法人连带责任担保协议，可申请的额度也不高，无法满足企业的融资需求。二是风险补偿机制不够健全，政府投资引导基金向融资担保基金出资均以股权投资形式注资支持，形式单一，无法有效激励融资担保公司对科创企业加以支持，且风险补偿机制在资金总规模、支持范围、准入条件等方面存在局限，申请风险补偿金较为复杂。

三、政策建议

（一）加强组织领导，组建多部门协同的政策协调和落实平台，形成强有力的工作推动机制

一是建立领导推动工作机制。成立科创金融试验区建设领导小组，综合

部门资源，形成工作合力。同时明确任务分工、具体任务和时间节点，指导各单位做好与中央对口部门的请示沟通，争取政策支持和指导。二是建立功能完善和沟通高效的政策协调机制。建议具有科技创新领域财政政策和金融政策制定职能的部委组成金融创新推动工作组，作为科技创新领域政策协调平台，积极争取相关领域"先行先试"政策和改革创新措施。三是协同发挥"引进来""走出去"叠加效应。一方面，加速国际机构"引进来"，吸引全球前沿产业技术，在京津冀建立国际创新示范园、国际科技产业园、研发中心和地区研发总部；另一方面，鼓励企业"走出去"，通过在海外设立研发中心、研究院和以研发为主要功能的合资公司，助其直接吸收、引入国际优质创新资源。

（二）加强数据共享，利用科技手段助力金融机构为科创企业精准放贷

由于高新技术企业存在较大的技术与市场风险，商业银行对其放贷要考虑的因素众多，建议相关部门加强数据的整合共享，同时可以考虑借助区块链技术手段，建立政府和金融机构之间的信息共享机制，为银行放贷提供更全面准确的信息。在信息共享的基础上，银行也应充分利用大数据等科技手段，用好用足可取得的数据，打通各个环节数据梗阻，帮助优质科创企业获得更多融资，从而实现更长足的发展。

（三）吸引创投资金进入市场，完善风险投资产业链

建议政府积极引导风险投资企业投资于种子期和初创期的公司。当风投投资于种子期或者初创期企业失败时，政府在一定范围给予补助可以引导风险投资在种子期、初创期、成长期每个阶段都有合理的投资比例。借鉴美国硅谷经验，风险投资机构吸纳具有技术和管理特长的专家顾问，为企业提供全生命周期的资金和管理服务。建议有关部门加强对上市后备企业的培育、筛选和服务，建立科创板上市培育工作机制，完善扶持政策。也可考虑学习以色列经验，创立专门的风投基金，由政府创设的基金担负一定风险，并实现风险隔离。建议支持保险资金投资创投基金和政府性基金，拓宽创投机构融资渠道。

（四）持续优化融资担保体系建设，对科创企业融资担保实行更直接的奖补和更简化的流程

建议政府引导基金以除股权投资之外的形式补充融资担保公司的资本实力，可以适当加大奖补力度，提高对单个担保机构的获得奖补金额上限，同时统筹出台更多的专项奖补资金，实现风险补偿资金的定向精准使用，对为科创企业提供担保的公司提供直接有效的激励。同时，简化担保申请手续，利用技术手段和信息共享，合并担保和融资申请的重复流程和手续资料，便利企业更快捷地享受融资担保福利。

中央银行运用特殊目的实体（SPV）的国际经验及启示

王军只　张　帆　刘子逸[*]

特殊目的实体（Special Purpose Vehicle，SPV）创设于资产证券化业务，应用范围不断扩大。近年来，发达经济体央行通过设立特殊目的实体，直接从市场购买金融资产，实现货币政策"直达实体经济"，既实现了操作风险相对隔离，又扩大了央行操作范围，丰富了央行政策工具，增强了危机应对能力。人民银行在政策实践中也设立了特别目的工具，建议借鉴国外央行SPV模式，逐步实现特别目的工具向特殊目的实体转变，充分发挥货币政策结构化作用，进一步支持实体经济发展。

一、SPV 基本情况

（一）SPV 的设立目的及特点

SPV 是一个为特定目的构造的经济实体，起源于 20 世纪 70 年代资产证券化浪潮，其设立之初的目的就是保证证券化的资产与发起人的风险相隔离，最大限度地降低发行人破产对证券化的影响，即做到原始权益人的其他债权人在其破产时对已证券化的资产没有追索权。从 2005 年起，资产证券化业务开始在我国试点，SPV 逐渐兴起。随着经济的发展和金融工具的创新，SPV 被大规模使用，使用范围也不局限于资产证券化业务。SPV 可以出于不同的目的灵活设置"委托人—受托人—受益人—第三人"的结构，具有经营目的明确、经营范围限定、有确定的存续期、有众多的服务机构、投资者在风险

---

*　王军只、张帆、刘子逸，均供职于中国人民银行营业管理部会计财务处。

收益特征上分层等特点。

（二）SPV 的设立形式及应用

SPV 的法律形式主要分为三种：信托型、公司型和有限合伙型。一是信托型 SPV，也称为特殊目的信托，在资产证券化业务中，原始权益人将证券化资产转让给 SPV，成立信托关系，由 SPV 作为资产支持证券的发行人，发行代表对证券化资产享有按份权利的信托受益证书。在信托结构下，SPV 是受托人，投资者是受益人，受托人需为受益人的利益尽职尽责。《信贷资产证券化试点管理办法》规定信贷资产证券化业务中的 SPV 为信托形式，因此信托型 SPV 在我国广泛应用于资产证券化项目，具体应用形式如图 1 所示。

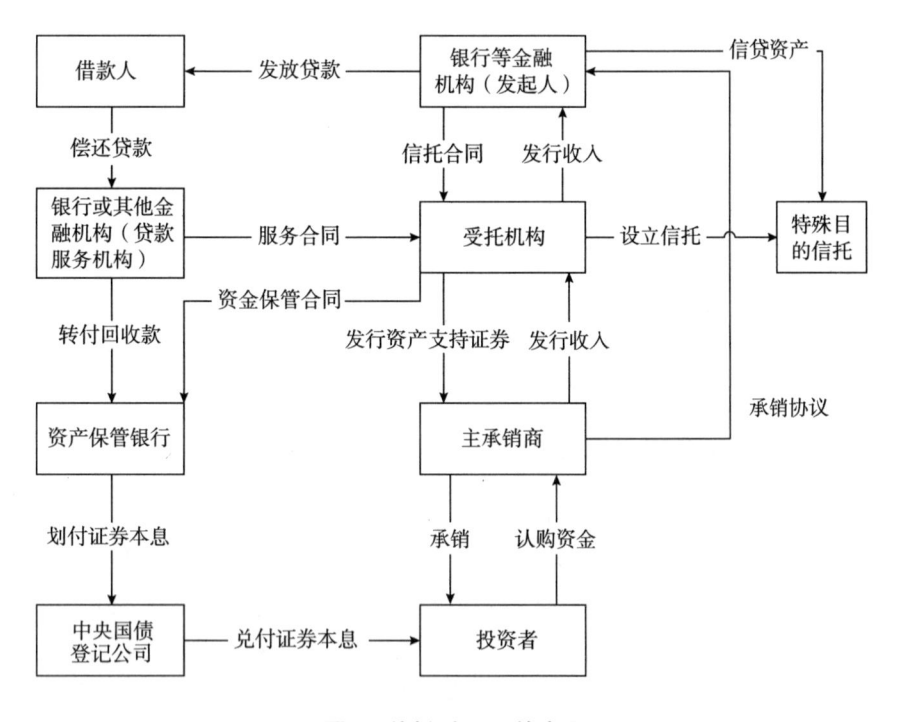

图 1　信托型 SPV 的应用

资料来源：笔者整理。

二是公司型 SPV，也称为特殊目的公司，指的是由法律赋予其存在，并与其发起人、董事和股东截然分开的法人团体。在我国，公司型 SPV 在融资租赁和 PPP 项目①中应用广泛。如在 PPP 项目中，政府与社会资本共同组建 SPV，该 SPV 为实现特定目的与政府签订特许经营合同，并由 SPV 负责项目设计、融资、建设、运营。在特许经营期满后，SPV 终结并将项目移交给政府，具体应用形式如图 2 所示。

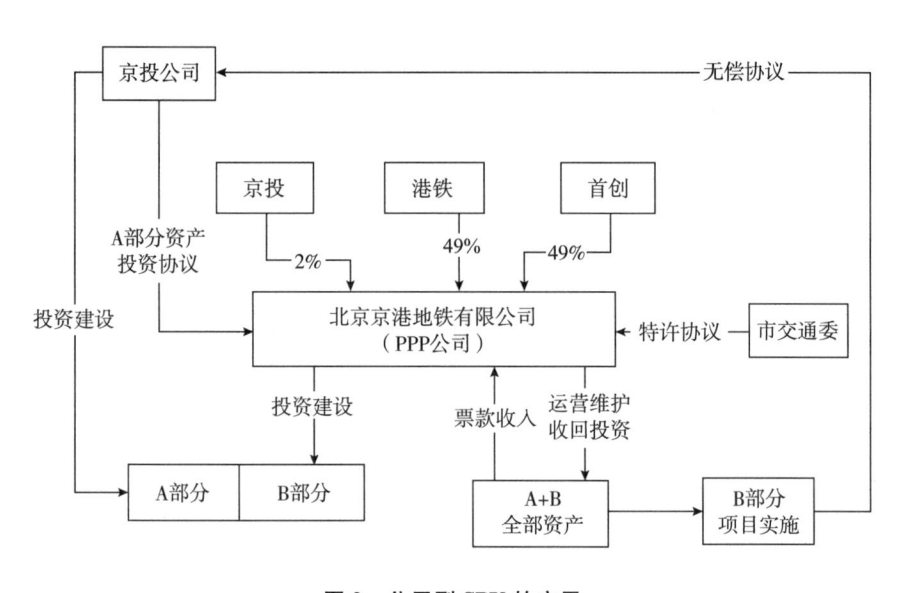

图 2　公司型 SPV 的应用

资料来源：笔者整理。

三是有限合伙型 SPV，也称为特殊目的合伙，有限合伙型 SPV 由其合伙人出资成立，主要为其成员提供融资服务。在我国，资产负债率较高的上市公司通常利用有限合伙制私募基金或信托计划、资管计划等 SPV 融资工具进行融资。如九芝堂与北京纳兰德投资基金管理公司于 2017 年合作出资成立"九芝堂雍和启航投资合伙企业（有限合伙）"，实质为并购基金，其中九芝堂作为有限合伙人，北京纳兰德作为普通合伙人。并购基金对外开展股权投资，主要投向干细胞研发公司，具体应用形式如图 3 所示。

---

① PPP 项目指政府和社会资本合作开展的项目。

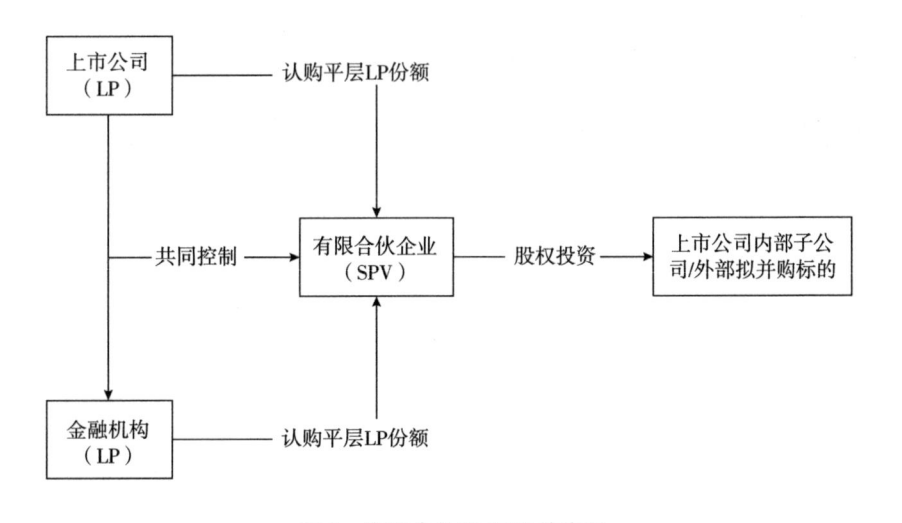

图3 有限合伙型 SPV 的应用

资料来源：笔者整理。

　　还有一类不是法律主体，但在实务中广泛应用的形式是资产支持专项计划，证券公司、基金公司子公司等专业管理机构作为受托人设立支持计划，即特殊目的载体，以基础资产产生的现金流为偿付支持，面向合格投资者发行受益凭证，具体应用形式如图4所示。

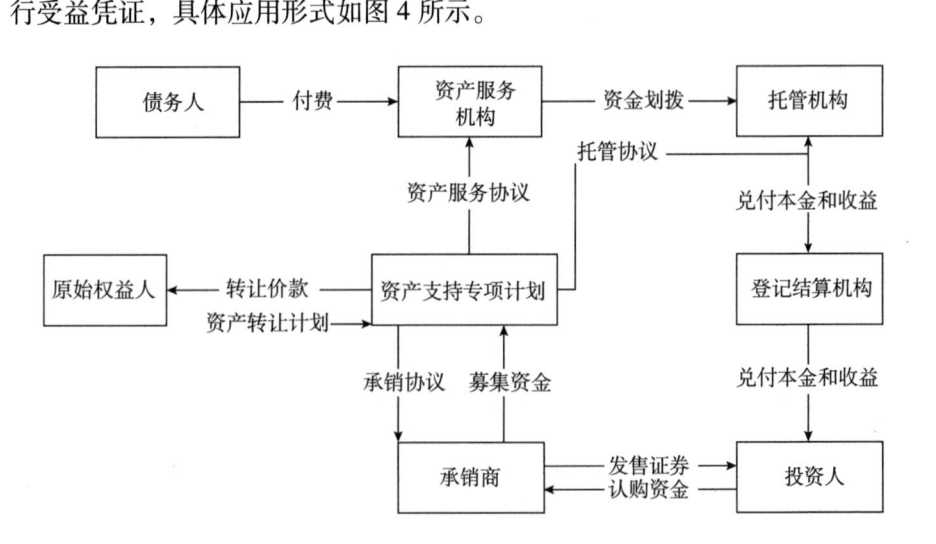

图4 资产支持专项计划

资料来源：笔者整理。

二、疫情后国外央行设立和运用 SPV 的特点分析

（一）央行运用 SPV 出现"增量、扩面、提速"态势

国际金融危机和新冠肺炎疫情影响下，主要经济体的央行通过设立 SPV 购买金融资产，在促进货币宽松"直达实体经济"方面进行了不少创新。美联储设立一级市场公司信贷融资（PMCCF）、二级市场公司信贷融资（SMCCF）、定期资产支持证券贷款设施（TALF）、商业票据融资工具（CPFF）等多个 SPV。日本央行扩大以财产信托形式购买的指数型基金、房地产投资基金的规模。英格兰银行通过资产购买便利基金（APFF）实施资产购买计划，并大幅增加购买规模。韩国央行成立 SPV 用于直接购买商业票据，以稳定本国债券市场。SPV 缩短了流动性传导路径，扩大了央行政策操作的范围，成为货币政策"直达实体经济"的重要渠道。

（二）央行通过 SPV 突破政策框架限制并隔离风险

首先，设立 SPV 可解决法律法规对央行政策框架的限制，增强危机应对的及时性。如根据《联邦储备法案》的要求，美联储不能直接购买股票、债券以及抵押支持债券等金融工具。设立 SPV 绕道购买各类证券，使美联储由"金融机构的最后贷款人"演变为"实体经济的最终贷款人"。其次，SPV 促进市场风险共担的同时降低了央行风险暴露。一方面，通过 SPV 对实体经济实施结构性"输血"，使部分信用风险转移至央行和政府，避免信用风险积聚在实体经济并引发金融风险。另一方面，央行和 SPV 与发行人及其他相关主体的风险相对隔离。从发行人发行的基础资产的评级标准来看，SPV 操作的抵押品较央行合格抵押品范围更大、要求更高。例如，美联储商业票据融资机制，规定票据需为评级在 A2/P2/F2 以上的无担保、有资产支持的高质量商业票据，从源头上降低了 SPV 的信用风险。

（三）SPV 创新央行与财政救助成本分担模式

SPV 的资金主要来源于财政部门和央行。美联储 SPV 由联邦财政批准设立，并由财政部门使用外汇稳定基金（ESF）作为股权投资或担保。例如，

美联储实施主街贷款计划（MSLP）和市政流动性便利（MLF），财政部分别向相应 SPV 提供 750 亿美元的股本和 350 亿美元的信贷担保。日本央行的 SPV 也采取了类似的政府批准和担保的做法。韩国央行 SPV 的资金主要来源于央行贷款和政府所属的政策性银行发行债券筹资所得，即由央行和政府共同注资成立 SPV。英格兰银行的资产购买便利基金（APFF）SPV 以储备金为资金来源，但 SPV 的收益和损失均由财政部承担。总之，以 SPV 为载体有利于实现政策成本的合理分担，避免了直接实施财政赤字货币化等极端做法。

（四）央行 SPV 信息披露缓冲对金融市场的冲击

主要经济体的央行设立 SPV 进行单独建账、独立核算，使用公允价值计量其资产和负债。大多数 SPV 需并入央行会计报表，由央行集中对外披露 SPV 相关信息。根据会计信息披露政策，央行除在年报中详细披露包含 SPV 在内的会计信息外，在其他定期报告中只披露 SPV 的类别、规模等总体情况。因此，央行设立 SPV，可以将 SPV 的资金投向、交易对手、信用风险、市场风险等信息进行暂时性"出表"，一些负面信息得到暂时性隔离，对央行财务状况的影响得到有效缓冲。同时，央行通过 SPV 延缓相关敏感信息对金融市场的干扰，有利于减少央行的信息披露和预期管理压力，缓释 SPV 财务风险对央行声誉和公信力的负面冲击，稳定金融市场预期。

三、我国央行设立 SPV 的启示及建议

（一）先行设立专项资产支持计划型 SPV，条件成熟时可设立信托型 SPV 和公司型 SPV

从设立目的、设立成本和操作实践考虑，中国人民银行（以下简称人民银行）当前设立专项资产支持计划 SPV 依靠合同安排，无须设置复杂的管理机构，在疫情防控常态化和经济发展恢复的关键时期，能够为经济发展提供及时支持。但专项资产支持计划型 SPV 相对简单，法律主体不独立，无法进行完全的风险隔离，与传统的再贷款工具差别不大。相比之下，信托型 SPV 和公司型 SPV 具有有形主体或无形主体载体，并有明确的组织形式、内部管理及运作模式，因而具有较强的独立性和风险隔离作用，功能更为强大，但

设立也相对复杂。随着相关法律制度、组织体系和运行主体等条件成熟，设立信托型 SPV 和公司型 SPV 可以进一步发挥央行货币政策直达实体经济的作用。

（二）采用"央行—SPV—金融机构"模式，SPV 以市场主体身份独立运行

人民银行设立 SPV 可以采用"央行—SPV—金融机构"联通的方式，将央行与市场直接交易产生的风险转移至 SPV 与市场主体之间，使央行与 SPV、发行人及其他相关主体的风险相对隔离。在 SPV 设立方面：可在总行层面成立单一主体 SPV，总体运行 SPV 业务；也可以在人民银行分支机构分散成立多个 SPV，分别运行辖内 SPV 业务。在具体运作方面：一是央行成立 SPV 并通过再贷款等方式向其提供资金支持，明确 SPV 的独立法律主体；二是 SPV 在市场上直接买入合格金融机构或企业主体信贷、证券等资产，实现基础资产和原始权益人的风险隔离；三是 SPV 将上述资产作为抵押品向央行获取资金，然后运用再贷款资金在市场上购买新的资产，SPV 在整个资产交易过程中起着隔离带的作用，隔离基础资产和发起人之间的重要风险。

（三）借助 SPV 进行宏观调控，提高货币政策的有效性

央行通过 SPV 直接在市场上针对性地买入合格金融机构或企业主体的信贷、证券等资产，精准地对金融机构和实体经济提供流动性支持，有利于畅通货币政策传导渠道，提升货币政策的有效性。一方面，央行通过 SPV 向金融机构提供资金支持的同时，还可以实现金融机构部分表内信贷、证券资产出表，减少资本占用，降低不良贷款水平，增强金融机构进一步支持实体经济的能力；另一方面，针对特殊时期或特定主体，如疫情期间疫情防控和企业复工复产，央行通过 SPV 与金融机构或企业主体开展相关信贷、证券等资产交易，可以破解中小微企业融资难、融资贵的难题，畅通金融支持实体经济的融资渠道。同时，通过 SPV 开展临时性市场救助，进行金融风险处置，可以规避央行直接出手产生的行政性、传导性和声誉性风险。

（四）明确 SPV 独立的会计主体地位

SPV 的独立运作模式和风险隔离作用决定了 SPV 应具有独立的会计主体地位。SPV 独立于央行主体，对自身业务进行独立核算。央行向 SPV 提供再

贷款资金作为 SPV 自身负债，SPV 向商业银行购买的信贷、证券等资产作为 SPV 自身资产。在央行资产负债表上仅体现央行向 SPV 发放的再贷款和 SPV 存放在央行的资金，分别列示为资产和负债。央行按照控制原则将 SPV 业务并入央行会计财务报表，整体反映央行的财务状况。

区块链技术在支付清算领域的应用探索研究

王磊磊　梁珊珊　齐雪菲　高艺洁　王璐翟　朱　静[*]

区块链技术的本质是去中心化的分布式数据库，金融界普遍认为其能够在支付清算领域发挥降低成本、提高效率的作用。目前，我国的支付清算体系主要由大额实时支付系统和小额批量支付系统构成，而部分"一带一路"国家尚处于起步阶段。在此基础上，我们认为境外支付清算市场具有应用区块链技术提高支付效率的市场需求，境内支付清算机构具有"走出去"的良好机遇。

一、区块链概述

（一）区块链概念

区块链是比特币的底层技术和基础架构，本质是去中心化的分布式数据库系统，新增数据通过密码学方法与之前的所有数据相关联形成链式结构，用以保证已有数据难以被篡改。区块链各节点通过共识算法对新增数据达成一致。

（二）区块链的优势和特点

目前普遍认为，区块链具有以下优势：

一是去中心化管理和去信任依赖。交易双方不再需要共同信任的交易中

＊　王磊磊、梁珊珊、齐雪菲、高艺洁、王璐翟、朱静，均供职于中国人民银行中关村中心支行。

介，通过共识算法相互约束完成价值转移，实现交易脱媒；各主体间信息一致，相对公开、透明。

二是安全性强，数据难以被篡改。链式数据结构使数据前后关联，篡改任一节点的历史数据都会被其他节点识别，并受到排斥和抑制。

三是可自动执行的智能合约。按照事先约定，在无须第三方介入的情况下，区块链可自动执行安全、可追溯、不可逆转的数字交易合同，降低了金融交易的成本。

区块链技术去中心化、难篡改、自动执行智能合约的特点被金融界普遍认为能够在金融领域发挥降低成本、提高效率的作用，让交易变得更为可靠、高效、便捷。

二、支付清算体系现状

（一）支付清算体系架构

1. 支付清算业务的特点

一是现代支付清算过程基于数据。全额清算、净额清算都需要记录支付交易的信息及流转过程，再基于数据完成资金转移，必须要有强大、可信、高效的数据库支撑。

二是支付清算安排往往涉及多个参与者，参与者间存在信任缺失。国家的支付清算安排需要连接各类金融机构、政府部门，清算参与者间相互存在某种程度的不信任关系。

三是支付清算交易需要一定的规则约束，避免出现难以控制的风险。例如，处理因支付产生的债权债务关系时，必须防止交易凭空创造或湮灭资产，支付交易前后清算系统资产总量必须相同。

2. 支付清算常见架构

目前，各国普遍应用多边清算和结算系统，央行（包括清算银行，下同）作为所有跨行资金转移的交易对手方参与清算，常见的支付清算架构由实时全额支付系统和定时净额清算系统构成。

实时全额支付系统（RTGS）是指支付指令和资金的转移实时连续发生、

逐笔处理的系统。RTGS 处理过程能够减小甚至消除清结算处理中基本的信用风险，但处理能力有限、使用成本较高，大多用于大额资金往来。

定时净额清算系统（NET）是指在定时多边轧差基础上进行资金清算的系统。在约定时点，NET 汇总计算各参与方资金往来净额进行轧差交割，处理效率高、成本较低，多用于小额、高频资金往来。

RTGS 和 NET 构成了较为完备的支付清算体系，二者分工合作，能够适应不同场景的支付偏好，满足经济社会发展多样化的支付清算需求。

（二）境内外支付清算模式及业务现状

1. 国内支付清算体系

我国支付清算体系对应 RTGS 和 NET 的分别是大额实时支付系统和小额批量支付系统。

（1）大额实时支付系统（HVPS）。大额实时支付系统逐笔发送支付指令，全额清算资金，实现了信息流和资金流同步。一般情况下，凡是交易金额大、安全性和时效性要求较高的支付业务都使用 HVPS 处理（见图 1）。

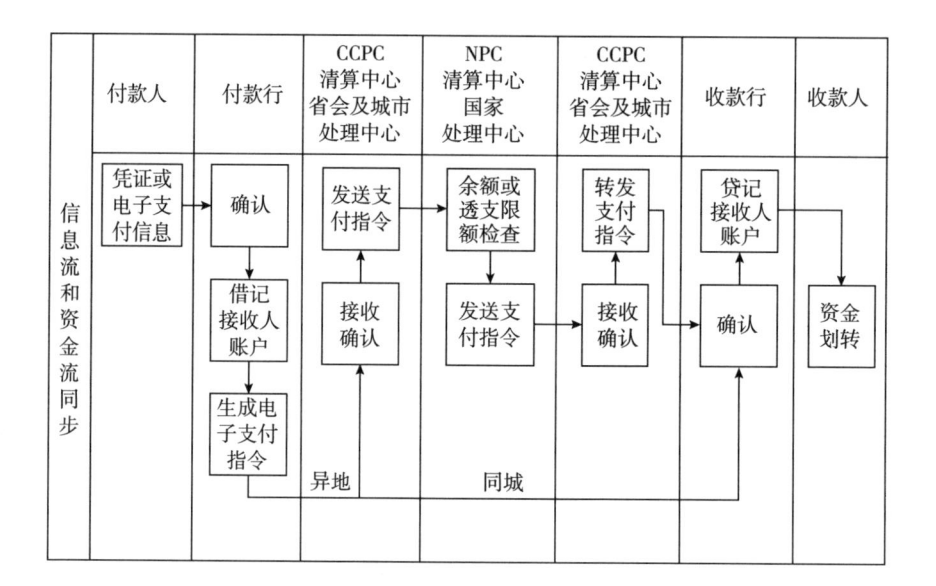

图 1　大额实时支付系统（HVPS）信息流与资金流流转过程

资料来源：笔者整理。

（2）小额批量支付系统（BEPS）。小额批量支付系统批量发送支付指令，定时轧差净额清算资金。一般情况下，大批量、小金额、时效性较低的支付业务使用 BEPS 处理。

同时，人民银行做出制度安排，提供强有力的流动性保障，从而要求 BEPS 收款行行内实时结算资金，确保了我国小额跨行资金的"秒级"到账。在收付款人的实际体验中，已经达到了资金流和信息流的同步（见图2）。

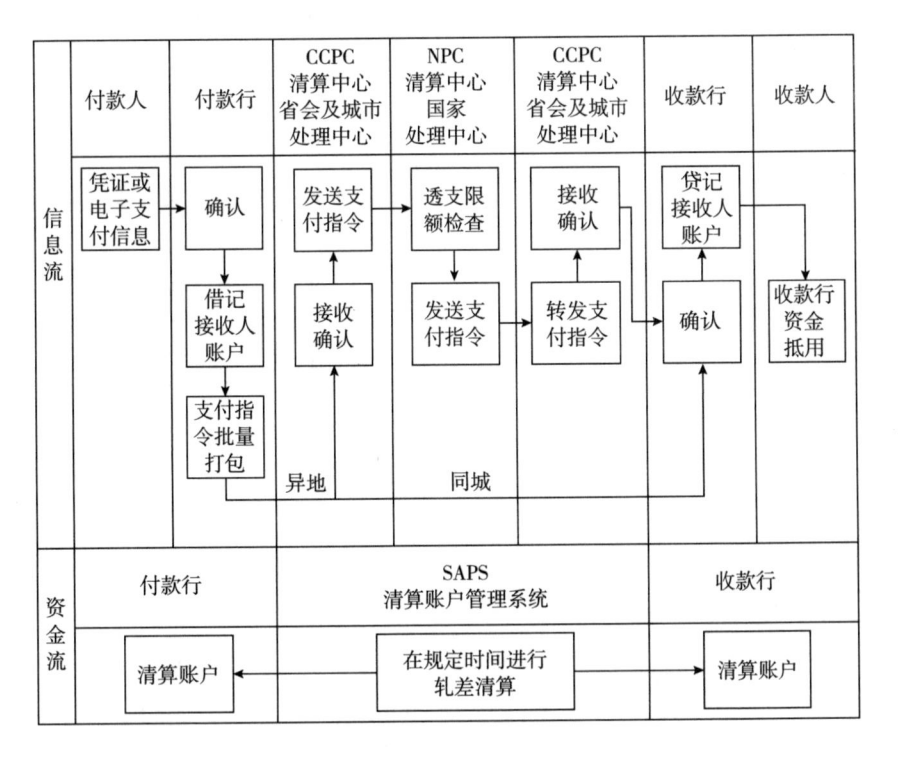

图2 小额批量支付系统（BEPS）信息流与资金流流转过程

资料来源：笔者整理。

2. 境外（美日）支付清算体系

美国、日本的 NET 模式系统建设较为完善，清算效率和资金使用效率都较高，但清算参与行出于风险考虑，并未向收付款人提供普惠性的实时转账服务，核心支付系统的便利性未有效传导到最终用户（见图3）。

（1）美国支付清算体系。一是大额支付系统，如美国联邦资金转账系统

（Fedwire）。Fedwire 由纽联储建设，采用 RTGS 模式，将美联储总部、所有联储银行、商业银行、美国财政部及其他联邦政府机构连接在一起，提供信息流和资金流同步的支付清算服务。二是小额支付系统，如纽约清算所银行同业支付系统（CHIPS）。CHIPS 采用 NET 模式，根据参与者支付指令对大多数交易进行连续、实时、多边匹配轧差结算，少量交易在日终处理，提高了资金使用效率。

（2）日本支付清算体系。一是大额支付系统，主要为日本银行金融网络系统（BOJ-NET）。BOJ-NET 由日本央行运营，采用 RTGS 模式。二是小额支付系统，包括日本银行间资金转账的全银数据通信系统（Zengin System），以及小型金融机构间的清算系统，共同构成了日本 NET 模式的清算体系。

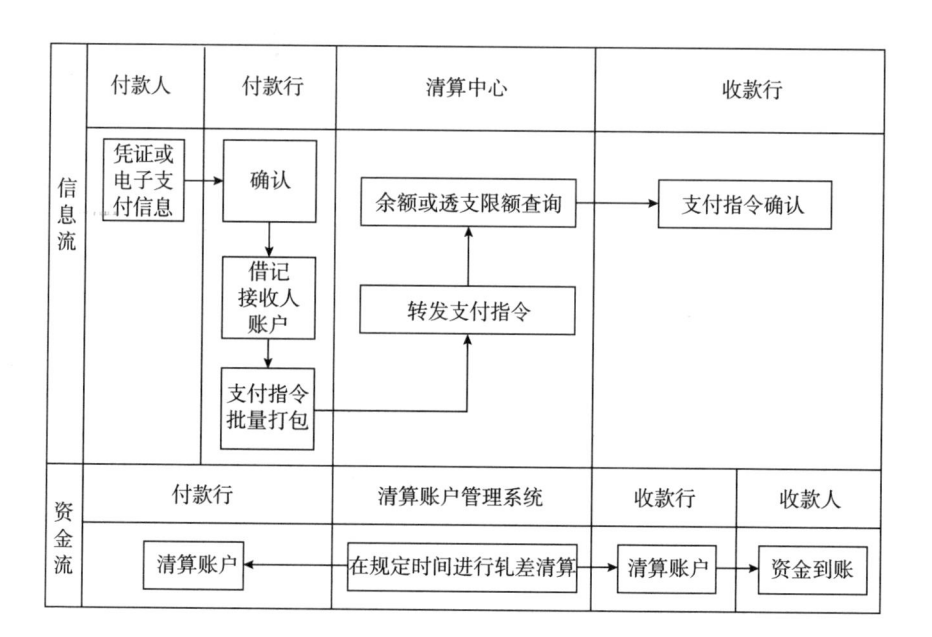

图3　境外（美、日）定时净额清算系统信息流与资金流流转过程

资料来源：笔者整理。

3. "一带一路"沿线国家的支付清算体系概况

"一带一路"沿线国家的支付清算体系建设水平、发展程度差异较大，部分国家尚处于起步阶段，NET 模式系统建设仍为空白。

（1）老挝的支付结算体系建设尚处于起步阶段。1990 年老挝的第一个支票清算所成立，2015 年老挝央行建立了 ATM 转账系统，并于 2019 年私有化。整体上看，老挝支付清算体系仍处于初步发展阶段，非现金支付清算系统尚需完善。

（2）印度尼西亚的支付清算体系整体处于向非现金支付方式迁移的过渡时期。印度尼西亚对现金的依赖程度仍然较高，传统银行账户普及率较低，地理环境的分散性导致配套设施相对薄弱。目前，印度尼西亚央行正致力于推动整合各类支付服务解决方案，重点确保卡基联网通用，以低成本的方式扩大非现金支付的市场规模。

（3）越南的支付清算体系较为完善，但其支付清算效率仍较低。越南银行间支付系统由两个子系统构成：大额子系统（HVTS）以全额方式处理大额汇款；小额子系统（LVTS）以净额方式处理小额汇款。

三、推动支付清算行业应用区块链技术"走出去"的分析与思考

（一）区块链技术适合应用在支付清算领域

一是适应支付清算以数据为基础的特征，实现资金往来的数字化管理。区块链记录的数据难以被篡改，在支付清算领域应用区块链技术，能够对参与者账户实行数字化管理，实现数字即资产、信息即资金的数字化管理模式。

二是解决支付清算参与方互不信任问题，消除交割风险、信用风险。区块链技术使支付交易过程无须经过中心化机构的参与，各参与者节点都能在可信的环境下利用共识算法自动进行跨行支付交易。

三是通过可执行智能合约特性制定规则，进一步提高支付清算效率。区块链技术支持建立公开透明的可执行智能合约，用以制定支付清算过程的规则约束。同时，在智能合约规则的约束下，收付款方能够直接交易，不再需要央行作为对手方。

四是监管方作为特殊参与者介入，获取全方位数字监管信息。监管方不参与支付清算交易，但具有紧急止付、发布参与者共同执行的新智能合约、查看全部交易信息等权限，从而能够获取全方位的数字交易信息，进一步强化事中事后监管职能。

（二）境外支付清算市场具有应用区块链提高支付效率的市场需求和良好机遇

一是美、日等发达经济体小微企业支付清算市场建设尚未完善，小额、高效支付清算服务市场需求旺盛。美、日等发达经济体已有较为完善的支付清算安排，但其高效性并未延伸至小微企业最终用户。推动以区块链技术为基础的支付清算服务体系建设，加快商户资金流转速度，降低其资金使用成本，具有较为广阔的市场前景。

二是欠发达地区支付清算安排不完善，是我国支付清算行业"走出去"的机遇期。随着我国与"一带一路"沿线国家的金融合作日益深化，产业转移和技术协作不断拓展和深入，支付清算服务需求日渐增加，建设高效、快速、便捷的支付清算体系将成为必然的选择。而"一带一路"沿线部分国家尚未建立完善的支付清算体系，因此打破原有支付清算安排，建立以区块链为核心的新型支付清算体系的阻力相对较小。此时正是我国支付清算服务行业"走出去"提前布局、抢占核心市场、重塑行业规则的机遇期。

（三）区块链技术在境外应用尚需解决的问题

一是区块链技术尚处于发展初期，性能、容量、稳定性、安全性等方面还有待提升。共识机制和算法处于不断完善之中，尚未出现完美的共识机制，通用的算法有着各自的特点及缺陷；区块链运用了多种密码学算法，随着密码分析技术的进步及计算能力的逐步提升，很多密码算法将暴露出弱点。

二是区块链技术可能突破境外现有的监管框架。区块链技术采用去中心化理念，而发达经济体的金融监管框架遵循的核心思想仍然是监管执法机构对其成员实施集中控制。两者根本理念上的差别，可能导致区块链技术在支付清算服务行业的应用存在境外监管的政策风险。

三是通过节点监督交易市场具有一定局限性。对于区块链技术，实际上是由市场担任监督职能。若使用联盟链，则由区块链中的节点对结算双方进行监督。但理论上可能会出现合谋的情况，让运行机制崩毁，从而引发系统应用风险。

四、政策建议

一是进一步推动支付清算领域区块链技术发展。加大区块链底层技术研发力度，建设专业化技术研究团队，将支付清算业务和区块链技术有机结合，推进区块链技术在支付清算领域的应用研究。

二是支持境内有条件的支付机构与清算机构应用区块链技术抢占发达国家小微企业特色支付服务市场。积极响应国家"走出去"的发展战略，鼓励境内支付机构和清算机构为境外提供以区块链技术为基础的支付清算服务，进一步提高中国在国际支付清算领域的话语权。

三是推动"一带一路"国家支付清算服务行业的发展，加速人民币国际化进程。加强与"一带一路"沿线国家的金融合作，主导或协助欠发达地区建设以区块链技术为基础的支付清算体系，提高社会资金运转效率。通过双边或多边货币互换接驳跨境人民币清算系统，推动境内人民币结算业务，推动人民币在"一带一路"沿线成为国家储备"硬通货"。

澳大利亚国库现金管理的做法与启示

翟盼盼　魏超然　徐贞毅　李天懋*

澳大利亚专设财务管理办公室负责政府债务和现金管理，与国库部、联邦储备银行、财政部在国库现金管理方面有许多合作。有效的政府账户及部门账户管理、精准的国库每日现金流预测、中央银行提供定期存款便利、以现金管理组合降低流动性风险等做法都具有自身特色。

一、澳大利亚国库现金管理基本框架

（一）国库现金管理的机构设置

澳大利亚国库管理制度和现金管理机构经过多次改革和调整。目前，国库现金管理的主要机构是澳大利亚财务管理办公室（Australian Office of Financial Management，AOFM)[1]，此外还包括澳大利亚联邦储备银行（The Reserve Bank of Australia，RBA）、澳大利亚财政部（The Department of Finance）等业务相关机构。

1. 国库现金管理的主要机构及其职责

澳大利亚财务管理办公室成立于1999年，隶属国库部并通过国库部向议会和公众负责，但在《公共治理、绩效和责任法案（2013）》下，财务管理办公室又是一个相对独立的实体。其主要职责是负责澳大利亚政府的债务管理和现金管理，即在可接受的风险水平下，以最低成本满足澳大利亚政府的

---

* 翟盼盼、魏超然、徐贞毅、李天懋，均供职于中国人民银行营业管理部国库处。

[1] AOFM 也被翻译为"澳大利亚金融管理办公室"。综合考虑 AOFM 的职责，本文采用"澳大利亚财务管理办公室"的译法，简称财务管理办公室。

融资需求，同时确保澳大利亚政府公共账户（Official Public Account，OPA）有足够的资金随时履行付款义务。

按照《公共治理、绩效和责任法案（2013）》，财务管理办公室每年下半年（7月或8月）发布年度工作计划[①]，明确关键绩效指标和考核目标。工作计划完成情况在次年公布的年度报告中明确体现（见表1）。

表1 2020年财务管理办公室绩效指标及考核要求

绩效指标	考核要求	目标
目标一：在可接受的风险下，以最优成本完成预算融资任务		
1. 定期发行	国债实际发行额与公布的计划发行额之差	零
2.1 融资成本（组合）	长期债务组合的成本与10年期国债收益率的10年均值相比	降低
2.2 融资成本（发行）	过去12个月国债发行成本与同期10年期国债收益率均值相比	降低
3. 新发行利率	国债和国债指数债券加权平均发行利率与二级市场收益率相比	发行利率等于或低于市场收益率
目标二：当政府现金支出到期时，为其提供便利		
4. 透支便利的使用	年度内联邦储备银行透支便利被使用且需要专门批准（超过10亿澳元）的次数	零
目标三：政府债券市场和其他投资组合的可信托管人		
5. 二级市场流动性	国债和国债指数债券在二级市场的年成交量	比上一年多
6. 市场承诺	财务管理办公室未能采取与公告一致的行动的次数	零

注：由于财务管理办公室报告按财年计算，2020年即指2019—2020财年。其他年度以此类推。

资料来源：《澳大利亚财务管理办公室（AOFM）工作计划2019—2020》。

2. 国库现金管理的其他相关机构及职责

一是澳大利亚联邦储备银行，为澳大利亚政府及其部门提供银行和支付服务，也提供定期存款便利和短期透支便利[②]。二是澳大利亚财政部，负责安排国库现金流管理的基本框架，管理政府公共账户，发布澳大利亚政府的年度预算、年中经济和财政展望、政府和部门的月度财务报表等信息。此外，财务管理办公室还搜集其他政府部门的报告和计划来预测现金流，澳大利亚

---

① 如2019年7月发布2020年度工作计划。

② 财务管理办公室的现金管理业务涉及向澳大利亚联邦储备银行透支和定期存款。

税务局等政府部门与财务管理办公室定期联系等。

（二）国库现金管理的目的

澳大利亚国库现金管理的主要目的是确保政府公共账户余额可以随时履行财政到期支付义务、降低短期借款成本和账户余额持有成本。其核心是，政府公共账户仅保持满足预测支出需求和意外情况支出的余额，将超出最低余额部分投资于低风险金融资产，同时要避免使用联邦储备银行提供的透支便利[①]（以降低成本）。

（三）政府及部门账户管理

在 1997 年 7 月以前，澳大利亚政府及政府部门的银行服务只能由联邦储备银行提供，统一使用政府公共账户支付资金。1997 年 7 月起，各政府部门可以自主选择交易银行为其提供服务，自行开立并管理其账户。部门账户操作所产生的费用也由部门承担。

澳大利亚联邦储备银行为财政部和财务管理办公室提供中央银行服务[②]，包括开设政府公共账户（OPA）、合并部门账户余额、提供定期存款便利、提供透支便利等。政府公共账户是澳大利亚政府在联邦储备银行开设的中央银行账户的统称，是一组账户（OPA Group），包括政府统一收入账户（Official Consolidated Receipts Account，OCRA）、政府隔夜账户（Official Overnight Account，OOA）、联邦储备银行定期存款账户等。政府部门自主选择银行（一般为商业银行）开设部门收支账户，为其提供交易银行服务。

按照规定，在每个工作日终了时，由联邦储备银行将部门账户（无论是在哪个银行开设）的余额合并至政府公共账户，并在次日上午根据财政部付款指令，将资金拨付至部门账户确保其履行付款义务。即在每个工作日终了，部门收入账户余额合并至政府统一收入账户（OCRA），部门支出账户余额合并至政府隔夜账户（OOA），部门收支账户"清零"。

政府公共账户由财政部代表澳大利亚政府管理，账户总余额反映了澳大

---

① 联邦储备银行向政府公共账户提供的透支便利只支付因意外事件而临时短缺的资金，并不经常使用。使用透支便利要支付利息，成本比短期借款要高。

② 联邦储备银行为澳大利亚政府和财务管理办公室提供的银行服务包括中央银行服务（Central Banking Services）和交易银行服务（Transactional Banking Services）。交易银行服务包括资金收付、支票对账、境外支付等。

利亚政府的日常现金状况。2018—2020 年，澳大利亚政府公共账户余额分别为 12.18 亿澳元、12.4 亿澳元和 23.51 亿澳元。

二、澳大利亚国库现金管理的主要做法

（一）国库现金流预测

财务管理办公室收集各政府部门的收支预测报告，进行每日现金收支预测。在收入预测方面，收集国库部、财政部、税务局提供税收收入、国有资产出售收入、非税收入等收入预测报告，利用建立在历史数据上的分析模型，将其分解成每日收入预测数据。在支出预测方面，搜集财政、社保、卫生、教育、国防等各部门提供的支出计划和政府债券到期本金及利息支出数据，利用建立在历史数据上的分析模型，将其分解为每日现金支出预测数据。

同时，财务管理办公室随时监测和修正预测偏差。一是通过正式和非正式渠道搜集政府及其部门对之前收支预测结果的调整，如财政年度计划、中期经济和财政展望报告等；二是与财政部、联邦储备银行密切沟通磋商，寻求现金流预测结果上的一致。

（二）短期低风险投资

近年来，现金余额的投资仅限于澳大利亚储备银行的定期存款。定期存款的规模和期限均由财务管理办公室决定，期限一般不超过 6 个月。定期存款的到期日一般设定为现金净流出最大的日期。定期存款利率为商定的固定利率，按单利计算利息，一般反映联邦储备银行在公开市场操作中赚取的利率。近三年澳大利亚国库现金管理余额定期存款情况如表 2 所示。

表 2　近三年澳大利亚国库现金管理余额定期存款情况

年份	操作笔数	操作规模（亿澳元）	平均收益率（%）
2020	484	699.52	0.85
2019	390	311.12	1.85
2018	386	451.40	1.75

资料来源：历年《澳大利亚财务管理办公室（AOFM）年度报告》。

（三）发行短期债券（国库券）

澳大利亚政府债券共有 3 种，国债（Treasury Bonds）、国债指数债券（Treasury Indexed Bonds）和国库券（Treasury Notes）。一般情况下，国库券是平滑现金流量因收支时间不匹配而出现波峰和波谷的主要工具。例如，2013—2019 年，随着现金余额的增加，国库券的发行使用逐渐减少。澳大利亚国库券属于折价发行，到期按面值兑付，期限从 3 个月到 6 个月不等，但有时也会发行 11 个月期限，甚至 12 个月期限的国库券。国库券发行的方式为竞争性招标，发行周期一般为 2 周一次，发行计划与现金流量波动、财政状况、融资环境以及投资者偏好相关。

（四）预防性资产余额及透支便利

由于澳大利亚国库现金余额为最小化持有量，而政府收支和意外事件均有不确定性，金融市场风险较大。因此，除了尽可能准确地做好国库现金流预测外，财务管理办公室还通过保持预防性资产余额（Precautionary Asset Balance）和获得联邦储备银行透支便利，来应对短期资金支付风险。

一方面，财务管理办公室保持一定的预防性资产（流动性资产）以应对意外事件、市场融资困难等造成政府短期资金需求无法满足的情况。与此同时，持有预防性资产会产生成本，往往持有这些资产产生的收益通常低于筹集它们的成本。另一方面，财务管理办公室获得联邦储备银行提供的透支便利。透支便利有严格的使用规定，超过 10 亿澳元需要专门批准，同时要支付利息。因此，财务管理办公室一般避免使用透支便利。

（五）现金管理组合风险管理

财务管理办公室非常重视对各类风险的管理，并有专门的风险管理机制。一方面，财务管理办公室通过保持足够的现金和短期投资以及积极参与国库券市场来管理流动性风险，确保政府有资金履行到期支付义务；另一方面，财务管理办公室专门设立现金管理会议，每周举行 1 次，由财务管理办公室首席执行官（CEO）主持，主管资金和流行性事务的负责人及其他管理部门的工作人员参加。

三、澳大利亚现金管理的特征和启示

（一）有效的政府及部门账户管理是基础

澳大利亚政府和政府部门账户的有效管理，是国库现金管理的基础环节。澳大利亚政府在联邦储备银行开设政府公共账户，政府部门虽然自主选择商业银行开设部门账户，但部门账户都是"零余额"账户，余额在每日终了全部转入政府公共账户之中。这种账户管理模式具有一定优势：一方面，澳大利亚政府和财务管理办公室可以获得联邦储备银行提供的中央银行服务，并通过政府公共账户及时监测每日的政府收入、支出和资金余额情况；另一方面，政府部门自主选择商业银行开设部门账户并获得差异化的交易服务，提高了财政资金收付效率。目前，我国政府及其部门的账户管理还不完善，财政资金收支及余额还没有全部纳入国库单一账户管理。下一步，要严格落实《中华人民共和国预算法》要求，加快财政专户清理，将财政资金纳入国库单一账户管理，进一步完善政府及部门账户的管理方式。

（二）中央银行提供的定期存款便利兼顾了安全性和收益性

为减少财政资金持有成本，财务管理办公室有权将多余资金投资于短期金融资产。近年来，联邦储备银行提供的定期存款便利成为国库现金余额投资的唯一选择。这种模式操作成本低、安全性高，同时还能获得一定的资金收益。我国中央和地方的国库现金管理投资工具主要是商业银行定期存款。包商银行事件也引发了各方对商业银行风险的关注，因此，要加强对商业银行风险的动态监测，同时，要为国库现金管理短期投资提供更多兼顾安全和收益的选择。

（三）精准预测国库现金流，并管理好流动性风险

澳大利亚财务管理办公室能够将现金余额保持在最低水平，离不开对政府收支每日现金流的精准预测。一是多部门的支持、参与国库现金流预测工作。国库部、财政部、税务局、教育部、国防部等政府部门均向财务管理办公室提供有效的收入和支出计划信息，为准确预测现金流提供了坚实的数据

基础。二是随时监测和修正现金流预测结果。财务管理办公室通过收集更新预测信息、每周召开现金管理会议、与联邦储备银行进行定期磋商等方式，不断评估和修正现金流预测结果。因此，提高我国国库现金管理水平必须要提高现金流预测精度，逐步实现按日预测、按日管理。

以"五聚焦"构建科技金融工作长效机制"四促进"提升服务科创水平

徐 珊 陈百惠[*]

为有效落实人民银行货币信贷政策，支持中关村示范区高新技术企业发展，推动科技产业与金融产业深层次融合，中国人民银行中关村国家自主创新示范区中心支行（以下简称"中关村中心支行"）自履职以来，紧紧围绕科技金融这一工作重心，以首都科技创新中心建设为重点，全面落实各项科技金融政策，不断拓展科技金融工作的深度和广度，探索构建科技金融工作长效机制。五年来，辖区内科技金融专营组织机构的"专业化""专营化"水平得到加强，服务科创水平不断提升，为中关村高新技术企业提供了有效的金融支持。

一、构建科技金融工作长效机制的主要做法

（一）聚焦制度建设，疏通机制夯实工作基础

一是率先构建以科技信贷为核心，以科技金融专营组织机构（以下简称"专营组织机构"）"评估"和"监测"为两翼的工作机制，引导、鼓励银行持续加大对科技型企业的信贷支持力度，向科技金融"专业化""专营化"方向发展。工作机制的主要特点有：压实银行主体责任，设立认定退出机制，实施差异化管理，强调"干与不干不一样，干多干少不一样"，晒好"成绩单"；明确信贷支持导向，细化监测指标和分数权重，鼓励专营组织机构创优争先，用好"指挥棒"；指明银行在科技信贷经营中的发力重点，加大对

---

　　* 徐珊、陈百惠，均供职于中国人民银行中关村中心支行。

风险控制、产品服务机制创新的评估力度，明确指引方向，当好"导航仪"。

二是人行营业管理部联合北京银监局、中关村管委会出台《关于进一步推动中关村国家自主创新示范区科技金融专营组织机构创新发展的意见》。对专营组织机构的组织体系、信贷管理机制、科技金融产品服务及科技金融人才管理等方面进行指引，强化金融对北京加强全国科技创新中心建设的支撑作用。

（二）聚焦定向监测，点面结合扩展分析维度

一是构建跨行政区划的中微观金融统计监测框架。从年度评估和季度监测入手，充分挖掘多维度信息资源，探索建立多层次、多元化动态监测制度，将科技金融监测由科技信贷拓展至更广的范畴；将征信数据融合到多部门的经济金融统计指标中，实现对中关村高新技术企业融资状况的统计分析。

二是实行季度情况问卷和固定数据报送联动监测。两项监测互为补充，定期掌握银行政策执行情况和经济金融热点在市场上的反馈，将监测情况与信贷导向效果评估挂钩，引导金融机构加大对科技型企业的信贷支持力度，提升银行开展科技金融业务的积极性。

三是实现对商业银行科技金融业务与管理机制的动态监测。不断完善定量和定性评估指标体系，确保评估工作公平、公正、合理。定量指标从专营组织机构贷款总量、增速、结构、系统重要性、市场份额等进行多维度评估；定性指标重点监测商业银行在金融产品、金融服务以及内部机制建设方面的成效，着重考核银行风险控制、创新情况及总体科技金融工作的开展情况。

（三）聚焦激励引导，灵活开展评估结果运用

一是坚持公平公正的原则，做到"六个结合"。要将信贷政策执行与中关村示范区创新发展相结合、专营组织机构金融创新与商业经营目标相结合、定量指标评价与定性指标评价相结合、银行机构自评与外部门测评相结合、监测评估与引导机制相结合、非现场评估与现场核查相结合，形成以评估引导带动金融机构科技金融业务专业、高效、创新发展的长效机制。

二是对评估结果进行全辖通报，发挥正向激励作用。结合评估数据及专营组织机构自评情况，对各银行推进内部资源整合、产品服务创新和内部管理提升等方面的典型做法进行总结，通报评估结果，引导专营组织机构提高

科技金融服务水平。

三是开展评估总结与表彰，促进同业交流合作。每年评估结果确定后，在全辖召开评估工作总结与表彰大会，选取优秀专营组织机构和科技金融工作先进个人分享经验和做法，激励各专营组织机构努力开拓创新。

（四）聚焦政策合力，创新科技金融工作方法

一是完善与外部门协调机制，建立长效合作机制。借助银保监局、北京市金融局、中关村管委会等部门的力量，不断优化配套政策环境。将银保监局、中关村管委会评估意见纳入年度评估，并争取差异化优惠政策。依托"中关村金融创新讲坛"，搭建基层央行、政府部门、银行、企业四方交流的平台，邀请业内专家向辖内银行和企业系统化地介绍各项金融政策和创新创业支持政策。开展"访企业问需求—零信贷企业银企对接活动"，推动专营组织机构对接符合北京市产业政策导向的无信贷企业，持续增加正规金融服务供给，实现"精准化"和"全覆盖"。

二是加强内部业务条线工作合力，争取资源支持。将年度评估情况与信贷导向效果评估挂钩，提升银行开展科技金融业务的积极性。开展金融科技、再贴现业务、银企对接等专题调研，并将调研成果及时反馈，实现政府要求、银行需求、企业诉求"透明化"；与中关村中心支行各业务科室在科技金融、数据共享、宣传培训等多领域合作，形成统筹协作的工作框架。

（五）聚焦精准施策，创新货币政策工具推广

在中关村示范区精准实施货币政策工具，进一步疏通货币信贷政策传导机制。2018 年 11 月，人行营业管理部在中关村中心支行创新设立"中关村示范区再贴现窗口"，实现货币政策的精准滴灌。为进一步发挥中关村中心支行贴近市场一线的优势，支持中关村科技型企业发展，在人行营业管理部的大力支持和指导下，2019 年 8 月初"中关村示范区再贴现窗口"启动升级迭代工作，并于 9 月末顺利实现再贴现业务自主办理。2019 年，"中关村示范区再贴现窗口"发放再贴现款项中，小微、民营和高新技术企业票据占比达 99.05%。

二、服务科创进展与成效

（一）促进科技金融资源聚集

一是商业银行踊跃参与监测评估，专营组织机构数量多、覆盖面广。从数量来看，2015 年，辖区内 16 家商业银行的 47 家专营组织机构参与首次评估，2017 年参评机构扩展至 20 家商业银行的 56 家专营组织机构，2019 年继续扩大覆盖范围至 24 家银行的 66 家专营组织机构。2017 年 7 月，北京首家定位服务科创的民营银行中关村银行正式开业，并于 2020 年加入专营组织机构监测评估。从分布情况来看，专营组织机构基本覆盖了北京主要城区，其中中关村核心区（海淀园）内的专营组织机构 45 家，其余分布在东城、西城、朝阳、丰台、石景山、亦庄、顺义、昌平等园区。

二是科技金融信贷集中度高，对中关村示范区内高新技术企业提供了有力的信贷支持。2019 年末，66 家专营组织机构的中关村高新技术企业贷款余额较 2015 年末增长 67.2%，存量贷款户数较 2015 年增长 28.9%，单户授信较 2015 年增长近三成。

（二）促进金融与科技有效对接

形成"一主多辅"的科技金融服务体系。"一主"是指以银行信贷为主支持北京高新技术产业贷款持续增长。2019 年 12 月末，中关村中心支行辖内 66 家专营组织机构的中关村高新技术企业贷款余额占北京市高新技术产业人民币贷款余额的比重为 23.5%，中关村示范区科技信贷业务集中度较高。"多辅"是指除银行信贷外的其他融资方式全面发力。上市融资方面，截至 2019 年末，中关村示范区共有上市公司 365 家，新增 IPO 募集资金 292.6 亿元，其中境内募集资金同比增长 476.8%。债券融资方面，2019 年，中关村示范区共有 62 家企业发行 275 笔信用债，发债家数和笔数分别同比增长 51.3% 和 21.57%，发行额 2605.23 亿元，同比增长 55.04%，净融资额 2269.8 亿元，同比增长 41%。

力破科创企业首贷难题。在人行营业管理部启动"访企业问需求—零信贷企业银企对接活动"后，中关村中心支行引导辖内银行特别是专营组织机构下沉服务重心、送金融服务上门，缓解企业首贷难题。截至 2020 年 3 月，专营组织机构累计走访企业 4671 户，为 219 户企业提供贷款 10 余亿元，支持企业家数占北京市全部融资落地企业家数的 47.8%，融资支持金额占北京市零信贷企业全部放款金额的 32.5%。专营组织机构以 1/9 的企业走访量，达成了超四成的落地企业数量。

（三）促进科技信贷结构不断优化

呈现"三升、三降"的特点。"三升"是指小微企业贷款余额和户数双上升，高新技术企业信用贷款占比上升。2019 年末，专营组织机构小微企业（授信 1000 万元以下）贷款余额和户数，分别较本年第一季度末增长 2.9% 和 8.6%。中关村高新技术企业信用贷款余额占专营组织机构全部贷款余额的 59.9%，占比较 2016 年末提升 5.7 个百分点。"三降"是指户均贷款余额和单笔贷款均值双下降，贷款利率下降。2019 年末，专营组织机构高新技术企业户均贷款余额较 2018 年末下降 0.05 亿元，单笔贷款均值分别较上年同期和本年第一季度末下降 198 万元和 1037 万元。同年，专营组织机构对中关村高新技术企业贷款加权平均利率较 2018 年大幅下降 45 个基点，低于北京市小微企业加权平均利率 45 个基点，利率优势较为明显。

（四）促进科技金融服务加快创新

一是推动组织体制创新。中关村中心支行推动辖内银行设立不同程度的整合产品、营销、考核、风控等职能的科技金融业务管理中心、事业部。例如，工商银行设立中关村业务管理部，统筹协调中关村示范区的科技金融业务；杭州银行设立科技文创金融事业部。推动分行根据业务需求，采取向支行派驻风控或者审贷人员的特色支行模式，如北京银行中关村分行的信贷工厂；或分行承担中后台职能，支行负责信贷产品营销和客户拓展的直营中心模式，如招商银行北京分行在特定支行设立 5 家直营中心，对接支行推荐或者线上申请的科技信贷潜在客户。

二是推动内部管理机制创新。中关村中心支行推动辖内银行优化专项考核激励机制，提高了科技金融人员的积极性。例如，工商银行将科技金融专项考核与团队绩效结合，责任到人；中国银行建立了高新企业独立考核机制，重点奖励中小企业贷款业务；招商银行建立专营团队独立考核机制，主要考核贷款规模和户数，减少对利润等指标的考核。

　　三是推动产品与服务创新。中关村科技企业众多，针对科技企业轻资产、高投入、高成长、高风险的特点，中关村中心支行推动专营组织机构创新多项信贷产品，在全国率先落地。如建设银行中关村分行和华夏银行业务管理部研发了将知识产权作为唯一质押物的"纯知识产权质押贷款"，变"知本"为"资本"；为推动企业抗击新冠肺炎疫情，有序复工复产，中关村中心支行配合中关村管委会推出"中关村企业抗疫发展贷"，为企业抗击疫情送去"及时雨"。

数字银行发展现状、问题及建议

魏海玉 *

　　数字银行代表着未来银行，是融合数字产品、数字货币、数字资产交易等新型业态下的全体系银行形式，从产品设计到银行文化，将从根本上实现数字化商业银行由部门银行到流程银行的转型升级。本文整理了韩国、新加坡和我国数字银行最新进展，分析了国内银行开展数字化转型存在的问题，进而为国内开展数字银行建言献策。

一、国外数字银行最新进展情况

（一）韩国时隔二十余年再发银行牌照

1. 数字银行借助母公司用户群快速获客

　　2017 年，韩国金委会时隔二十余年后再次下发银行牌照，两家数字银行 K 银行（K-Bank）和可可银行（Kakao Bank）相继开业，前者由韩国电信（KT）联手多家公司共同发起，而后者则由韩国通信软件公司 Kakao Talk 作为最大股东。Kakao Talk 拥有庞大的用户群，占韩国 5000 万人口的 94%，其数字钱包 Kakao Pay 拥有 2800 万注册用户，2018 年的付款超过 20 万亿韩元。Kakao Bank 利用其应用程序的普及性来发展相当规模的金融科技业务。在短短两年内，它就吸引了 1000 万用户，约占全国人口的 1/5。相比之下，2001 年成立的日本最大的虚拟银行——乐天银行（Rakuten Bank）只有 732 万用户。

2. 优先发展负债业务

　　数字银行通过提供利息高于传统银行的存款产品优先发展负债业务。以

---

　　* 魏海玉，供职于中国人民银行营业管理部金融研究处。

市场表现较为优异的 Kakao Bank 为例，其一年定期存款利率高达 2%，而韩国主要银行一年定期存款利率平均仅为 1.34%。

3. 依托互联网产品矩阵丰富银行业务

K-Bank 和 Kakao Bank 都以中小企业与普通民众为主要服务对象，致力于发展韩国当地的普惠金融。其中客群定位较为年轻化，其发行带有卡通形象的借记卡，更易在年轻一代中吸收存款。Kakao Bank 还可提供与 Kakao Talk 联动的快捷汇款服务（含海外汇款），并嵌入于 Kakao 生态中，与音乐、漫画、游戏、商务等场景相结合提供金融服务。在账户方面，韩国在 2016 年就已接受用户的自拍作为电子 KYC 凭证，用户通过远程开立的账户与线下开立的账户并无异同。截至 2019 年 3 月，Kakao Bank 存款额已累计 14.9 万亿韩元、贷款额 9.6 万亿韩元，比更早成立的 K-Bank 存款近 2.6 万亿韩元、贷款近 1.5 万亿韩元的成绩更为亮眼。

4. 利用自身数据资源搭建信用评估体系

Kakao Bank 目前的贷款授信基于韩国最大信用局之一的数据源，与其他商业银行无明显差异。据韩媒报道，Kakao Bank 正在自主搭建信用评估体系，预计还需要 2~3 年完工。具体来说，Kakao Bank 计划利用自身及股东的大数据资源，建立自己的信用评估和评分系统。Kakao Bank 称，与仅依赖信用评级机构的其他银行相比，拥有自己的信用评估体系可以更好地评估违约风险。

5. 韩国数字银行的监管与创新

在监管方面，传统银行机构的非金融业务运营商持股比例为 4%，韩国政府将对数字银行的监管放宽至 34%，现在正争取将该比例提升至 50%。与此同时，韩国金融当局正评估基于大数据信用评级的贷款产品、智能手机移动汇款和人工智能客服等创新。

（二）新加坡开放数字银行牌照申请

2019 年 6 月，新加坡金融管理局（MAS）宣布将发行最多 5 个新的数字银行牌照。

1. 牌照机制以确保行业弹性、竞争力和活力为目标

新加坡数字银行牌照机制旨在使非银行机构提供银行服务，利用成功的技术相关业务并结合创新性的技术应用为客户服务，特别是触及目前服务不

足的市场细分市场，将推动现有银行继续提高其数字化产品的质量。

2. 牌照类型聚焦"全数字银行"和"批发数字银行"

"全数字银行"是指允许从零售和非零售客户群体中吸收存款并为其提供广泛的金融服务。全数字银行牌照须由总部位于新加坡并由新加坡人实际控制的企业或合资企业进行申请，以维护本地核心地位并避免出现单方面自由化。全数字银行将成为存款保险计划成员，为尽量减少零售存款人的风险，其将从受限数字银行开始，建立业务模式和内部流程，逐步发展成为一家全功能银行。受限中的初始存款上限为 5000 万新加坡元，个人存款上限为 7.5 万新加坡元，且一般只允许接受小部分存款人的存款，如业务合作伙伴、员工、关联方和选定客户。"批发数字银行"是指为中小企业和其他非零售银行业务用户提供服务。该牌照申请不受限制，可由新加坡控股或外国控股的企业申请。不接受个人存款（固定存款不低于 25 万新加坡元），但可免费为中小企业和其他企业开立和维护企业存款账户。资本和流动性规则与现有的批发银行相同，最低实收资本为 1 亿新加坡元。

3. 牌照评估标准多元化

MAS 将主要针对申请机构的以下三方面表现进行评估：一是申请机构的商业模式、价值主张能否结合创新技术的使用来满足客户需求，能否覆盖新加坡市场中服务不足的细分市场而使其与现有银行区别开来，申请机构是否有落实能力。二是申请机构能否管理审慎、可持续的数字银行业务，包括对银行业务主要风险的理解程度、监管合规和风险管理能力等，并考虑申请机构股东的声誉、历史业绩、财务实力等。三是申请机构的增长前景和对新加坡金融中心的其他贡献，例如，为新加坡带来就业机会、对提升当地劳动力技能的承诺，以及新加坡机构的定位、总部发挥的作用、区域业务扩张计划等。

4. 牌照申请进展正有序推进

新的数字银行牌照引起了包括电子商务公司、技术和电信公司、金融科技公司以及金融机构等众多机构的兴趣。截至 2019 年 12 月 31 日申请结束，MAS 已收到 21 份数字银行牌照申请，包括 7 份全数字银行牌照申请和 14 份数字批发银行牌照申请。其中大多数申请者是联合体，以结合各自优势提升数字银行价值主张。小米、蚂蚁金服、腾讯、字节跳动等我国企业也参与申请。MAS 将对这些申请展开细致评估，并将落实保障措施，降低新商业模式的风险。

二、我国数字银行业政策新动向

（一）我国 IT 龙头积极出海，布局数字银行牌照

从战略规划来看，我国互联网巨头"出海"拿金融牌照动作，展现出日渐清晰、完整的全球化布局成果。抖音和今日头条的母公司字节跳动已经在新加坡竞标数字银行牌照，寻求将其广泛的业务组合扩大到银行业。上述企业同时正在与新加坡颇具影响力的李氏企业家族就联手申请数字银行牌照一事进行磋商。除今日头条外，小米、蚂蚁金服也相继宣布已申请新加坡数字银行牌照。

（二）传统银行向数字银行转型稳步实施

目前，多数国内银行都实施了向数字化银行转型的发展战略。中国建设银行在 2020 线上中国国际智能产业博览会的精品展馆中展示了十五大智能应用场景，全方位展示了该行在智慧政务、普惠金融、住房租赁、科技战疫、数据治理、智能运营、脱贫攻坚等方面的积极探索和数字金融成果。微众银行、网商银行和四川新网银行是以纯互联网的形式运营的银行，三家银行的股东背景中皆有互联网公司或科技公司参股，且根据各自资源优势，侧重于不同的业务方向和客户群体，推出了一系列创新的银行产品，践行着数字银行经营模式。南京银行成立的数字银行管理部负责牵头全行数据治理和推进全行数字化转型。

三、国内银行开展数字化转型存在的问题

（一）发展和运用金融科技的意识和重视度不足

科技的进步离不开资金的投入，需要银行在足够重视的基础上，进行及时适当性的资本补充。另外，还需要充分转变思想，在银行整体业务的各个环节，尤其产品设计、运营优化、客户体验以及风险控制的过程中，要善于利用科技手段解决遇到的瓶颈和难题。然而，目前一些银行在某些环节仍未

突破旧有的思维，使数字化转型流于表面形式，并未结合自身业务需求进行有效开展。

（二）数据分析运算效率低，价值挖掘不够深入

"渠道—平台—生态"是银行切实可行的启动移动生态链战略的有效路径。从通过电子渠道"分流"客户至线上，到搭建电子银行平台刺激客户产生消费需求，再到打造生态圈打破同质化竞争"截流"客户，整个过程的每一个环节要想顺利开展都离不开数据的有效收集、清洗、整合和分析。目前，很多中小银行正处于第一过渡阶段，面临数据存储、转化、运算和分析效率低等问题，导致数据价值挖掘不足甚至浪费，难以提供个性化服务，最终流失已获客户。

（三）AI 智能应用场景存在局限性

目前，银行业的"平台化革命"服务正处于进行时并取得了一定成绩，但离全面搭建"金融+场景化"的生态服务平台尚有一段不小的距离。数字化转型和科技性变革都需要回归初心，以人为本，从服务客户、员工和合作伙伴的不同角度重构传统服务形态，通过金融科技助力银行生态化发展。AI服务应用场景不够多样化，未能满足不同群体的生活需要，还制约了银行生态圈的打造。

（四）未跳出同质化竞争的"红海"

部分中小银行如城商行和农商行的数字化转型方向定位不够清晰，也缺乏特色，归根结底是因为没有结合地方特色盯准本地金融市场和客户群体。对其行为进行分析并多维画像发现，中小银行抗风险能力和科技实力底蕴不如大型银行，部分中小银行冒着资产快速扩张的风险，忘记发展普惠金融、服务本地小微企业和"三农"的初心，最终深陷同质化"红海"竞争之中，难以发挥自身与当地小微企业等客户群体联系密切的先天性优势。

四、关于我国建设数字银行的政策建议

一是建议搭建数字银行基础设施，加快实现数字银行赋能实体经济。授

权银行代办政务服务，通过搭建智慧政务系统，建立政府、银行、企业的"数字桥梁"，助力银行深入了解客户情况，建立生活服务一体化数字生态圈，促进数字金融服务全面、多维度发展。

二是加强数字化治理，推动数字经济社会形态变革。需要利用数字化的知识和信息、数字技术作为关键生产要素，依托现代信息网络作为重要载体，通过数字技术与实体经济深度融合，提高经济社会数字化、智能化水平，促进经济结构优化和提高社会效率的系列活动，提高治理效率和治理效能。建议依托《金融分布式账本技术安全规范》等相关数据治理的法律法规，加强对银行业数据使用规范的监管，保证信息在安全性原则下得到合理的生产和使用，促进数字经济健康发展。

三是创新运营智能风控模式。采用大数据技术，综合化引入内外部数据信息，有效利用数据资产，充分发挥数据价值，实现业务运营数据化、可视化。结合应用定位、电子围栏等技术和硬件装置设施进行智能监控管理，建设机控化非现场检查模式以替代人查，节省人力成本并提高监测覆盖范围。依托多维度风险筛查模型，建设涵盖事后监督、预警监测、报表监测、凭证影像调用、运营检查、风险管理等功能的风控平台。通过对数据进行有效分析后，对业务进行实时跟踪监控、数据持续采集、异常情况预警等，创新风控模式，实现银行精细化、智能化和专业化管理，有效控制风险，切实防范案件风险隐患。

四是引导商业银行加大技术资源投入，提升数字化技术水平。我国商业银行数字化在金融科技布局、合作开放、技术投入、人才储备等方面与国际领先银行相比还存在一定差距。数据显示，国际领先银行中技术人员占比20%以上，将税前利润的17%~20%投入移动服务、机器学习、大数据技术、数字银行、网络安全、产品开发等技术领域，并采取创新基金、股权投资、创新实验室等多元化方式布局金融科技。而我国大部分银行技术人员占比小于5%，技术投入占税前利润比例低于3%，且主要通过创新实验室、合作外包等方式布局金融科技。

五是督促商业银行加强数字治理，构建数字化经营能力。逐步建立组织构架健全、职能边界清晰的数据治理架构，制定统一、明确的数据标准，保证数据的统一性、完整性、真实性和可用性，疏通内部数字鸿沟，加大外部数据交互，同时需要特别注意对个人金融信息的保护，切实维护消费者合法权益。

我国电力行业发展与融资情况调研报告

周林燊　宁　可[*]

一、电力行业发展格局概述

当前的电力行业市场格局形成于 2002 年国务院实施的电力体制改革[①]期间。目前，我国电源结构仍以火力发电为主，2019 年火电装机容量占比59%。同时，非化石能源装机及发电量稳步增长，电源结构持续优化[②]，电力消费结构稳定。

2015 年中共中央、国务院下发了《关于进一步深化电力体制改革的若干意见》，标志着新一轮电力体制改革开启。新一轮电力体制改革更加强调市场调节、绿色低碳和协同优化，有利于促进我国电力行业长期、稳定发展，更好地满足经济社会日益增长的用电需求。

---

[*]　周林燊、宁可，均供职于中国人民银行营业管理部货币信贷管理处。

[①]　2002 年 4 月，国务院下发《国务院关于印发电力体制改革方案的通知》实施电力体制改革，旨在破除垂直一体化的垄断，通过结构性重组引入市场竞争机制，建立竞争性市场条件下的电力监管制度。2002 年 12 月 29 日，国家电力监管委员会、国家电网、南方电网、五大发电集团和四大辅业集团共有 12 家企业和单位正式成立。国家电网公司下设华北、东北、华东、华中和西北 5 个区域电网公司。南方电网公司由广西、贵州、云南、海南和广东五省区电网组合而成。五大发电集团为华能集团、华电集团、国电集团、电力投资集团和大唐集团，当时资产占内地电力资产总额的 33.8%。四大辅业集团为水电规划设计院和电力规划设计院两个设计单位，以及葛洲坝集团和水利水电建设总公司两个施工单位。

[②]　自 2016 年 9 月起，国内煤炭价格持续上涨，进入 2017 年后，煤炭价格有所回落但整体煤炭价格较上年平均价格大幅上涨，同时受电力行业供给侧改革严控装机规模和淘汰落后产能的政策影响，加之非化石能源使用的政策性推广，火电装机容量增速明显放缓，新能源技术日趋成熟，装机容量稳步提升。

总体而言，我国现阶段将通过加快电网建设、化解过剩产能及电力市场改革等举措，积极化解我国电力供需不平衡以及火电产能相对过剩情况。我国对发电行业发展的政策导向重点是提高清洁能源结构占比，提升传统发电模式清洁化改造程度，保证我国电力行业的稳定、向好发展。同时，我国煤电区域资源整合试点对于区域煤电协同增强、运营效率提升、产能结构优化等方面也具有积极的意义。

二、电力行业"十四五"时期的发展形势分析

（一）我国电力行业发展空间仍然较大，但中长期电力需求增速或将趋缓

目前，我国已经是最大能源电力生产国和消费国，"十四五"时期，在深化供给侧结构性改革，充分发挥我国超大规模市场优势和内需潜力，构建以国内大循环为主体，国内国际双循环相互促进的新发展格局下，经济动能转换，产业结构升级，新型城镇化建设将提升我国的工业化水平、城镇化水平、电气化水平，城市群产业集聚效应将促进全行业用电量的进一步增长，居民电力消费升级将促进城乡居民生活用电量的进一步增长，全社会用电需求增长空间仍然较大。

"十四五"时期，我国经济高质量发展，单位 GDP 能耗将不断下降，且 2015 年以来，我国宏观经济运行处于下行周期，或将影响中长期电力需求的持续稳定增长。由于全社会用电量是宏观经济的晴雨表，两者高度相关，随着宏观经济下行压力增大，电力市场进入低增长、低利用小时数的"双低"通道。

在全球新冠肺炎疫情蔓延以及我国经济高质量转型的共同影响下，预计"十四五"时期我国经济增速在 5%~6%，全社会用电量年均增速 4.4%，到 2025 年全社会用电量 9.2 万亿千瓦时，较 2019 年增加 2 万亿千瓦时。[①]

---

① 数据来源：Wind 资讯。

（二）电源清洁、绿色低碳是电力行业发展的主导方向

2020年9月22日，习近平主席在第七十五届联合国大会一般性辩论上指出，中国将提高国家自主贡献力度，采取更加有力的政策和措施，二氧化碳排放力争于2030年前达到峰值，努力争取2060年前实现碳中和，明确了我国减排的最新目标。碳排放约束决定我国的能源消费结构，进而影响各类型电源装机总量和结构，我国"十四五"时期电力行业中风电、光伏发电、水电、核电等非化石能源发电装机容量将快速增长，进一步实现电源清洁、绿色低碳。

（三）分布式能源将成为电力行业重要的增量来源

分布式能源就地就近消纳利用和双向传输，将替代原有集中式、大网传输的能源供给方式，实现生产与消费一体化，有助于推动能源生产和消费方式全面重构。近年来，分布式电源占全球新增发电装机容量的比重已经达到25%~30%，正成为能源产业重要的增量来源。其中，我国2019年分布式光伏占新增光伏发电装机的40.5%，为我国电力系统提供了有益补充，预计未来这一比重还将持续增加。我国"十四五"时期电力行业的增量主要来源于分布式能源建设。

（四）特高压电网建设将进一步提升电力系统的经济性能

特高压电网的建设解决了电力供需错配及新能源消纳等难题。采用特高压输电可以将西南地区的水电，西北地区的煤电、风电、光伏发电等电能输送至东中部电力高需求的地区，有效解决能源负荷分布失衡和新能源消纳问题。同时，特高压基建采用逆周期调控策略，有稳定经济增长的作用。

我国"十四五"时期，国家统筹推进特高压电网建设，作为新基建之一的特高压电网建设将加速推进。截止到2025年，特高压直流工程将达到23回，输送容量达到1.8亿千瓦，东部地区加快构建特高压同步电网，其中"三华"地区将建设"五横四纵"特高压交流主网架，西部地区加快构建川渝特高压交流主网，将大幅提升电网的安全稳定水平。

三、电力行业融资特征与变化趋势分析

电力行业融资行为的政策敏感度高，各类电源的融资需求特征不同。近年来，电力行业融资结构变化显著，融资成本呈下降趋势。"十四五"时期，电力行业的融资将更加顺应产业需求和政策导向。

（一）电力行业融资特征分析

电力行业的融资行为具有较高的政策敏感度，不同电源类型的融资需求特征不同，且财务公司在行业融资中承担着重要角色。近年来，电力行业融资规模持续扩大，自筹资金占比逐年上升，国内贷款占比逐年下降，融资结构变化显著；受金融市场和企业需求的影响，融资成本呈下降趋势，特别是疫情期间，电力行业直接融资快速增长，融资成本显著下降。

1. 电力行业融资行为的政策敏感度较高，不同电源类型的融资需求特征不同

（1）融资规模与成本对政策变化高度敏感。电力行业在融资规模与成本方面对国家产业政策与信贷投放政策较为敏感，特别是近年来，随着电源结构的优化调整，该特点更加凸显。例如，近几年国家对火电行业采取限制类政策，融资市场随之发生变化，火电企业在银行授信规模受限、融资余额被压降、债券评级下降、融资成本同步上升；国家同时鼓励清洁能源发展，清洁能源发电企业在银行授信审批、发债备案审批、融资成本等方面都拥有了更多便利和优惠。

（2）不同电源类型的融资需求特征不同。火电方面，近年来火电建设项目压缩，因此火电项目融资主要体现为支付燃料款（包括燃煤、燃气）的经营性融资需求，尤其是在季节性囤煤期间的融资需求较为集中；水电方面，受降水的季节性因素影响，遇到枯水季需要短期融资支持以满足安全生产建设及日常维护的资金需求；风电、光伏方面，当新能源补贴未能按计划到位时，这类企业常出现较大的资金缺口，由于回款时间不确定，为补充资金通常偏好中期贷款，而近两年抢装中的风光电项目由于"四证"办理效率问题，也产生了一系列项目建设期内的融资需求。

（3）财务公司在行业融资中承担着重要角色。电力行业整体呈现出重资

产、长周期的特征，其融资行为具有政策性、产业性等特征，因此电力企业的负债总量较大，其财务公司一般也属于资金短缺型财务公司。以大唐集团和华电集团为例，其财务公司对集团主业的融资支持除了体现在自营类业务外，还要承担集团在融资统筹和外部资金引入方面的任务。

2. 行业自筹资金占比逐年上升，国内信贷增速下降

目前，我国电力行业的资金来源主要包括国家预算内资金、国内贷款、利用外资、自筹资金及其他资金等。2014 年以来，我国电力行业的国内信贷增速不断下降，在各类资金来源中的占比由 2004 年的 44.46% 下降至 2017 年的 22.37%，主要原因：一是近年来全社会用电量增速下滑造成电力行业资金需求增速放缓；二是我国电源结构仍以火力发电为主，近年来国家对火电行业采取限制类政策，火电企业在银行授信规模受限，融资余额被压降；三是近年来电力企业执行降负债的政策，造成了我国电力行业国内贷款的占比持续下降。

截至 2019 年末，我国电力、热力生产和供应业获得的资金总额超过 2 万亿元，其中，自筹资金规模和占比最大约占 65%，其次是国内贷款约占 25%，两者占全部资金来源的比重为 90%。此外，国家预算内资金占比 6%，利用外资占比 0.5%，其他资金占比 3.5%。

3. 疫情期间电力行业直接融资快速增长，融资成本显著下降

2020 年以来，为对抗疫情影响，资金市场供应充分，前三季度发电行业的直接融资比例快速提高，替代了较大比例的间接融资；同时发电企业作为民生类企业，在直接融资与间接融资市场中都取得了较低成本的资金，但疫情专项贷款等品种的融资规模接续在未来几年可能成为新的问题。

（二）"十四五"时期电力行业融资趋势分析

1. "十四五"时期电力行业融资需求将持续扩大

"十四五"时期，我国的电力基础设施建设仍将保持较快增速，投资稳步增长，融资需求将持续扩大。一方面，作为新基建之一的特高压电网，国家将重点加快特高压骨干通道的建设，统筹推进能源基地外送特高压直流通道和特高压交流主网架建设，其中仅特高压直流线路将在目前 14 回的基础上再增加 9 回，作为国家基础设施的电网建设将稳步推进，电网建设的融资需求将稳定增长。另一方面，由于国家在信贷发放方面对清洁能源采取鼓励发

展的政策，随着电力行业清洁能源对传统煤电的替代加速，电力行业的信贷融资需求将会大幅释放。预计到 2025 年，清洁能源装机新增 8.8 亿千瓦，较 2019 年增长 107.3%，占总新增装机容量的 93.7%[1]，对煤电的替代效应显著[2]，"十四五"时期用于优化电源结构的信贷需求将大幅增加。

2. 行业融资将更加凸显政策性，并围绕重点领域发力

"十四五"时期，国家将引导电力行业沿着优化电源结构与绿色低碳能源发电等国家政策鼓励的方向发展，行业的融资重点将围绕促进电源清洁、能源电力多元供应、协调多能互补、加快分布式能源建设、稳步推进向特高压电网建设等产业发展需要的方向发力。

3. 多路径拓展融资渠道，融资结构进一步优化

未来电力企业将通过混合的融资方式，优化融资结构。综合考虑内源融资、银行贷款、债券融资、融资租赁、票据、应收账款融资以及海外融资的方式，发挥内源融资优势，扩大外源融资渠道，创新行业债务融资，实现电力行业融资结构优化。对于大型电力企业集团，坚持产融结合原则，一方面，秉承产融协同、优势互补、融合创新的原则，充分发挥系统内金融产业平台优势，依托集团财务公司、基金管理公司、信托公司以及集团其他金融产业平台，形成合力加大内源融资；另一方面，债务融资是电力企业融资的重要途径，借助大型电力集团的品牌、影响力的优势，加强与境内外商业银行、投行的合作，扩大外源债务融资渠道。

4. 用活权益融资模式，实现投资多元化

目前我国电力行业正在推进体制改革，电力企业逐渐成为多种所有制共存的企业，电力项目也可以从以往的国有投资方式转变为多元化投资模式，通过权益融资方式引入战略投资者。同时，借助投资者在市场、人才、管理等方面的优势，促进电力企业进行产业结构方面的调整和升级，提升企业的竞争能力。

---

① 预计到 2025 年，我国清洁能源总装机容量达到 17 亿千瓦，装机占比为 57.5%，发电量占比为 45%。

② "十四五"时期，新建煤电装机 5500 万千瓦，主要在西部、北部地区，东中部地区不再新建煤电，同时淘汰关停煤电机 4000 万千瓦，到 2025 年煤电装机控制在 11 亿千瓦。

区块链技术在金融科技领域中应用所面临问题的分析与思考

——以 IT 基础设施巡检存证系统为例

王锦超[*]

积极开展新技术的前瞻性研究，探索区块链等技术的落地应用是"数字央行"创新平台建设的重要基础。因此，在充分调研业务需求可行性和技术实现成熟度的基础上，人行营业管理部作为总行科技司的试点单位建设了基于区块链技术的 IT 基础设施巡检存证系统。本文拟通过对人行营业管理部运行中的巡检存证系统所使用的区块链技术，结合实际应用所遇到的问题，发现区块链技术的优劣势所在，并对区块链技术真正应用于金融科技领域所面临的问题提出建议。

一、区块链技术的基本概念和工作原理

区块链技术起源于化名为"中本聪"的学者在 2008 年发表的奠基性论文《比特币：一种点对点的电子现金系统》。区块链本质上是一个去中心化的数据库，是一串使用密码学方法相关联产生的数据块，每一个数据块中包含了一次网络交易的信息，用于验证其信息的有效性和生成下一个区块。

区块链系统由数据层、网络层、共识层、激励层、合约层和应用层组成。其中，数据层封装了底层数据区块以及相关的数据加密和时间戳等基础数据和基本算法；网络层则包括分布式组网机制、数据传播机制和数据验证机制等；共识层主要封装网络节点的各类共识算法[①]；激励层将经济因素集成到

---

* 王锦超，供职于中国人民银行营业管理部科技处。

① 本文所举例共识算法为高鲁棒性拜占庭容错共识算法。

区块链技术体系中来，主要包括经济激励的发行机制和分配机制等；合约层主要封装各类脚本、算法和智能合约，是区块链可编程特性的基础；应用层则封装了区块链的各种应用场景和案例。该模型中，基于时间戳的链式区块结构、分布式节点的共识机制、共识算力的经济激励和灵活可编程的智能合约是区块链技术最具代表性的创新点。

二、区块链技术在金融领域的应用

金融领域是区块链技术的重要应用领域。区块链技术为解决经济和金融等领域的信任问题，提供了底层支持技术，其拥有的高可靠性、简化流程、交易可追踪、节约成本等特性，加快了金融创新与产品迭代速度。2017 年 6 月，中国人民银行下发了《中国金融业务信息技术"十三五"发展规划》，指出要开展区块链技术在金融领域的应用研究。中共中央总书记习近平在中央政治局第十八次集体学习时强调，把区块链作为核心技术自主创新的重要突破口，加快推动区块链技术和产业创新发展。

三、区块链技术首次在人民银行落地实践

（一）项目总体情况介绍

针对现阶段 IT 基础设施巡检工作存在的巡检记录信息不规范等问题，人民银行科技司决定基于区块链技术建设 IT 基础设施巡检存证系统。人行营业管理部科技处作为试点单位之一，承担了系统的需求论证、部署实施、运行维护、文档编写以及系统底层区块链技术的性能测试等具体工作。

在本次巡检系统建设的过程中，充分利用了人民银行数据中心及网络遍布全国的技术储备优势，在人民银行业务网内构建了由 22 个节点①组成的联盟链环境，从节点覆盖地域范围来看，遍及全国东、西、南、北、中各区域，

---

① 科技处所部署的区块链巡检存证系统联盟链中节点总数一般建议为 3f+1，f 为拜占庭节点个数，即文中的容错节点。

分布在北京、重庆、广东、陕西、福建、安徽，是国内目前已知共识节点最多、覆盖区域最广的广域网联盟链环境。

（二）系统底层区块链平台所运用共识算法的工作流程

当前的 IT 基础设施巡检存证系统所形成的联盟链中由 22 个区块链节点服务器构成，底层区块链技术所采用的共识算法为高鲁棒性拜占庭容错共识算法（RBFT）。其中，容错节点数为 7 个，共识最小单位是区块。

写入节点收到客户端发起的交易数据后，将消息广播给所有节点，主节点经计算，将批量交易（单次或多次交易）的哈希值和运算结果广播给所有节点，所有节点在接收到交易后生成哈希值，并与主节点的哈希序列进行比对，再将比对结果广播给所有节点。所有节点在收到 2f 个比对通过的消息后，对此批量交易的消息进行合法性验证，验证通过之后向其他节点广播提交消息，所有节点在收到 2f+1① 个同意提交的消息之后，会认可批量交易，达成共识，并将交易写入区块。

（三）针对系统底层区块链平台的性能评估

根据系统的运行状况，分别对区块链平台的处理性能以及网络资源的占用情况进行了测试，并将区块链平台与传统关系型数据库②的读写性能进行对比。

1. 平台处理性能分析

在平台计算性能的测试中，需要调用区块链平台的外部服务接口，区块链的节点总数为 22 个，交易打包的等待时间为 150 毫秒。总共写入 200 个巡检实例，通过对每笔交易所包含的巡检实例数量的改变，对交易写入区块链平台所消耗时间进行分析，测试结果如表 1 所示：

表 1　平台处理性能分析

场景	平台处理时间（秒）	
	总耗时	平均耗时
每个巡检实例构成单笔交易，以单线程方式写入	124	0.62
所有巡检实例构成单笔交易，以单线程方式写入	1.4	0.007

资料来源：笔者实验数据结果。

---

① 2f+1 个是达成共识所要求的节点数量。
② 本性能测试所用数据库为 MySQL。

2. 平台读写性能与传统关系型数据库读写性能的对比

本性能对比中，需要分别调用区块链平台和数据库接口，区块链的节点总数为 22 个。通过一次性写入或读取 200 个、400 个、600 个、800 个和 1000 个巡检实例，将所有的巡检实例打包成单笔交易，同时设定交易打包的等待时间为 150 毫秒，以单线程方式进行访问作为预设条件。读写测试的结果对比如表 2、表 3 所示：

表 2　写入性能测试结果

	测试场景	写入总时间（毫秒）	写入平均时间（毫秒）
一次性写入 200 个巡检实例	区块链平台	1403	7.0
	关系型数据库	134	0.7
一次性写入 400 个巡检实例	区块链平台	1483	3.7
	关系型数据库	344	0.9
一次性写入 600 个巡检实例	区块链平台	2168	3.6
	关系型数据库	630	1.1
一次性写入 800 个巡检实例	区块链平台	2929	3.7
	关系型数据库	1013	1.3
一次性写入 1000 个巡检实例	区块链平台	3587	3.6
	关系型数据库	1673	1.7

资料来源：笔者实验数据结果。

表 3　读取性能测试结果

	测试场景	读取总时间（毫秒）	读取平均时间（毫秒）
一次性读取 200 个巡检实例	区块链平台	133	0.7
	关系型数据库	2	0.01
一次性读取 400 个巡检实例	区块链平台	739	1.8
	关系型数据库	2	0.005
一次性读取 600 个巡检实例	区块链平台	1125	1.9
	关系型数据库	2	0.003
一次性读取 800 个巡检实例	区块链平台	1374	1.7
	关系型数据库	1	0.0013
一次性读取 1000 个巡检实例	区块链平台	1424	1.4
	关系型数据库	3	0.001

资料来源：笔者实验数据结果。

3. 共识机制对网络带宽的消耗情况

在共识机制对网络的影响测试中，需要调用区块链平台的外部服务接口，区块链的节点总数为 22 个，交易打包的等待时间为 150 毫秒。通过串行方式向节点写入单笔巡检实例，观察不同节点达成共识时网络带宽占用情况，测试结果如图 1、图 2、图 3 所示：

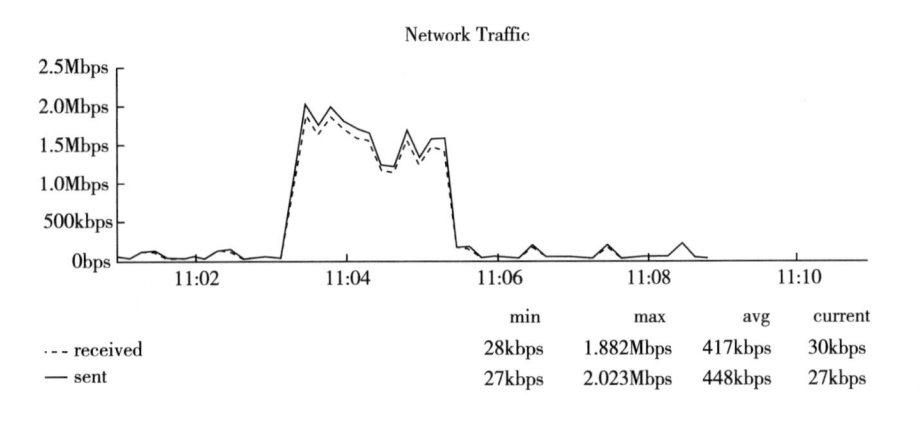

	min	max	avg	current
--- received	28kbps	1.882Mbps	417kbps	30kbps
— sent	27kbps	2.023Mbps	448kbps	27kbps

图 1　主节点网络带宽占用情况

资料来源：笔者实验数据结果。

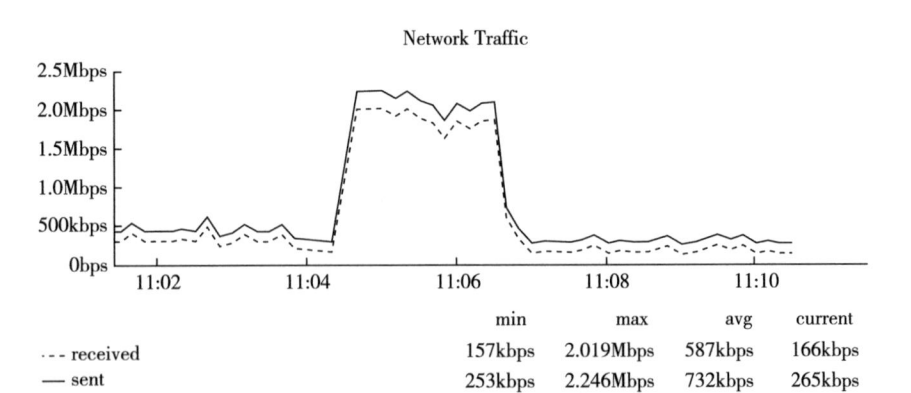

	min	max	avg	current
--- received	157kbps	2.019Mbps	587kbps	166kbps
— sent	253kbps	2.246Mbps	732kbps	265kbps

图 2　写入节点网络带宽占用情况

资料来源：笔者实验数据结果。

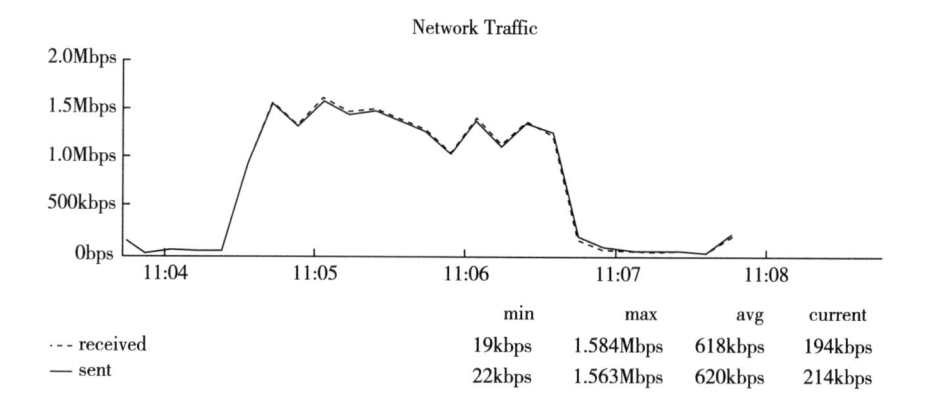

图3 从节点网络带宽占用情况

资料来源：笔者实验数据结果。

四、金融科技领域引入区块链技术所面临的问题

（一）技术层面

1. 链上读写效率偏低的问题

区块链因其性能固有的缺陷，较适用于非实时场景。从巡检系统运行情况看，巡检记录完成上链的业务处理总耗时达到秒级。经对比巡检系统中区块链与数据库读写测试结果，写入场景下，视写入数据量的不同，区块链耗时为数据库的2~10倍；读取场景下，区块链耗时为数据库的66~1000倍。

2. 区块链共识机制对网络带宽消耗的问题

IT基础设施巡检存证系统底层区块链技术所采用的共识算法，包含预准备、准备和提交等多个工作阶段，涉及大量以点对点形式交互的广播数据包，对全网的带宽消耗较大。从测试数据看，22个共识节点组成的联盟链，执行串行写入任务时，节点间互访的网络流量已较高，峰值网络带宽占用已达2M，如果写入压力进一步加大，系统的网络带宽消耗还将进一步升高。

3. 多点更新升级维护的实施问题

在当前所部属的巡检存证系统中，因区块链节点分属人民银行不同分支机构运维，平台及智能合约接口升级或有新节点加入联盟链时，还需协调各分支机构统一做好环境配置、软件部署等工作，现阶段变更实施时，过程冗长烦琐，时间和经济成本较高。

（二）应用层面

1. 缺乏可规模化推广的区块链典型创新应用

新技术从产生到规模化应用，需要一定的探索过程。IT 基础设施巡检存证系统中区块链技术的应用整体上仍停留在试点测试阶段。一方面，区块链技术本身成熟度有待进一步提升，系统吞吐量、信息安全防护能力等也有待进一步提升，区块链技术需要不断迭代、严谨与完善优化；另一方面，当前区块链技术应用主要集中于对实时性、交易吞吐量要求不高的现有业务场景的改进，金融机构挖掘创新业务场景的能力相对不足。

2. 区块链技术在标准化领域仍属空白

区块链平台的性能受网络环境、节点数量、共识算法、业务逻辑等因素影响较大，产业各方对其技术性能指标评价缺乏统一的标准。另外，区块链技术在应用、安全、互通等方面也缺少标准，在一定程度上会影响区块链技术的跨链互联、场景拓展和产业合作。

五、相关建议和措施

（一）优化基础技术架构，加大区块链核心技术研发力度

目前区块链技术尚未成熟，其研发状态正处于初级阶段。因此，要加强对金融科技领域的跟踪研究，把区块链技术作为核心技术自主创新的重要突破口。同时支持传统金融行业与互联网企业和研究机构的联合创新，还应支持开源区块链项目发展，引导高新技术企业对区块链基础技术资源的整合和利用。

（二）加快明确监管框架，推动区块链技术在金融科技领域的试点应用

加强区块链安全问题的研究，根据区块链的技术运行特点，从数据安全、

技术安全、场景安全等多个方面完善相关政策制度，防范和降低区块链的潜在风险，并且改进现有区块链技术的监管手段和管理方式，是发展区块链技术的必要条件。目前区块链技术仍存在可扩展性、隐私和安全等问题，但已经有较多的案例证明了区块链技术的价值，尤其是在金融科技领域中具有较为广阔的应用前景。因此，推动区块链技术在金融科技领域的试点应用，寻找合适的应用场景，才能全面地掌握和评估区块链应用的影响和可能出现的风险，实现对区块链技术应用的有效监管。

（三）强化标准体系建设，构建良好发展生态

标准化的建设在金融科技领域具有深远的意义，因此应继续对新兴技术推进金融标准化的建设。研究制定区块链等新兴技术在金融科技领域应用的相关标准，建立多层次的金融业标准体系，充分发挥标准的引领作用，并且应积极参与金融科技领域的国际标准研制，增强金融科技发展的影响力。

第二篇

区域经济金融篇

Regional Economy and Finance

谁在用现金?

——北京市现金使用群体分析

马玉兰*

现金运行数据的背后是一个个百姓和企业。近年来,受首都"四个中心"定位以及非现金支付发展的影响,北京市现金需求持续下降,但绝对量仍很大。本文通过问卷调查、实地走访、实证研究等方法,对现金使用群体进行大数据分析,发现不同行业现金使用特点迥异、群众对现金卫生问题高度关注、现金使用群体老化趋势明显以及个人大额存取现单笔金额巨大且合理性低等。建议完善微观主体现金统计分析体系,提高现金精准服务质量,压减不合理大额现金使用,规范现金消毒。

一、现金使用需求下降,但绝对量仍将维持相当长时期

近年来,按照北京"四个中心"定位,低端产业外迁、产业结构升级、人口规模减小,同时受非现金支付发展的影响,北京市现金需求持续下降。2017—2019 年,北京市现金投放、回笼分别减少 30.05%、29.62%;净投放连续三年负增长,降幅达 26.75%,但下降速度放缓,由 28.17% 降到 9.94%;目前依然呈现净投放态势,2019 年现金净投放近 300 亿元。① 这表明,现金的刚性需求逐步显现,特定群体、特定行业对现金需求依然较强。

---

* 马玉兰,中国人民银行营业管理部副主任。

① 数据来源:中国人民银行营业管理部。

二、特定行业、特定群体现金使用需求依然强烈

（一）行业现金使用特点分析

一是现金使用大户集中于建筑业、批发零售业、交通运输业、卫生社会工作行业[①]。现金收入排名前三的行业为批发零售业、交通运输业、卫生社会工作行业，现金支取排名前三的行业为建筑业、批发零售业、交通运输业。

二是不同行业现金使用特点差异性较大。建筑业呈现"大额多笔"的特点，主要用于支付工人工资。例如，国英建筑劳务公司反映，受项目周期长、人员流动大等影响，一般"按月发放生活费、按年清算农民工工资"，现金使用高峰集中在春节等主要假期。批发零售业呈现"小额多笔"的特点，现金存取稳定，受节假日等因素影响有固定周期性变化规律，对 10 元以下面额的现金需求量长期高位。交通运输业以小面额需求为主，地铁自动售票设备接受纸、硬币收款，找零需要小面额现金，公交公司大量回笼 1 元、5 角纸（硬）币，两者在小面额券别资源优化配置上有较强互补性。卫生社会工作行业对零辅币有较强的依赖性，虽然当前各医院推行移动支付，但受限于就医群体老龄化，且部分医院退还患者费用也需使用现金，导致该行业中现金使用比例依旧较高。

（二）居民现金使用特点分析

一是居民是现金使用的最主要群体。2020 年第一季度，个人客户现金交存和支取分别占到全部存取金额的 80.52% 和 79.4%。

二是"居民现金使用情况问卷"[②] 调查结果显示：①60 岁以上、专科以下学历、月收入在 5000 元以下人群为主要现金使用群体，通过 Speraman 系

[①] 考虑到金融业现金收支主要为同业存款，本文在行业分析中剔除了金融业。

[②] 依托"央行北京青联"微信公众号及部分商业银行，以非随机抽样调查与主动参与调查相结合的方式，向北京地区居民发放《北京市现金使用情况调查问卷》。本次调查共历时 20 天，经汇总整理的有效问卷共计 24293 份，参与调查人数占北京市常住人口的比例约为 1.12‰。

数①分析，相较于学历和收入，年龄因素对现金使用行为影响更大。②个人现金交易集中于 500 元以下的较小金额，银行卡集中于 5000 元以上，移动支付在 5000 元以下交易中的替代作用明显。③现金用途集中于消费购物和人情往来，部分被调查者表示"现金给予礼金、红包更具有存在感和厚重感"。④疫情期间现金卫生问题成为关注焦点，71.9%的居民因担心现金卫生问题而放弃使用现金。

三是 ATM 数据②显示，自助存取款主力人群为 30~40 岁，18~30 岁占比仅为 15.5%。此外，存取行为男女有别，呈现女性净存、男性净取特点。

四是个人大额现金存取值得关注。数据显示③：30 万元以上存取笔数占2.5%，但总金额占 28.4%；前 100 笔大额存取现金额在 300 万~1500 万元。大额存款多为整捆交存，凭冠字号码不能反追取款账户。大额存取人员中部分为私营业主或公司高管，自称为卖房款、还款或薪资，合理性不强，但缺乏制约手段。

三、建立适应首都经济发展的现金服务体系

一是完善微观主体现金统计分析体系，提高现金精准服务质量。分析特定群体、特定行业现金使用规律，建立现金使用大数据分析平台，科学保障现金供应。坚持需求导向，建立多元化信息反馈机制，为农村地区、老年群体以及医院、商超等重点现金使用单位提供有针对性的现金服务，实现分类管理、精准施策。

二是推进大额现金管理。加快现金冠字号码集中，补齐成捆现金冠字号码信息"断链"，扩展冠字号码应用；发挥大数据等相关技术的作用，与税务等其他部门共享资源，通过数据比对，发现违法行为，压缩不合理现金使用。

三是加强现金消毒研究，确保百姓用上干净放心钱。结合现金流通的不同场景，研究对应的消毒杀菌方式，形成现金消毒长效机制，消除公众现金使用顾虑。

---

① Spearman 系数，是衡量两个变量依赖性的非参数指标。它利用单调方程评价两个统计变量的相关性，当两个变量完全单调相关时，Spearman 系数则为+1 或-1。

② ATM 是个人存取现金的主要渠道，其现金存取数据量大、真实性高，是了解现金使用群体情况的良好窗口，本文对工商银行北京市分行 2019 年约 8500 万笔存取行为开展了分析。

③ 数据来源：招商银行北京分行。

北京房地产开发企业现金流现状、风险及政策建议

梅国辉[*]

前期的房地产调控政策已对北京房地产市场发挥积极成效，市场量价连续三年保持平稳。但也需要看到北京房地产开发企业现金流紧张的情况日益凸显，叠加疫情和债务集中到期影响，中小房企现金流风险更加严重。建议在坚持"房住不炒"政策导向的前提下，适当采取阶段性措施缓解房地产企业现金流紧张度，并通过稳定房地产投资、整合产业资源和建立房地产金融有保有压的精细化调控体系，逐步降低房地产业风险，实现稳定发展的长效机制。

一、北京房地产开发企业现金流较 2016 年更为紧张

2017 年"3·17"调控以来，北京房地产开发企业现金流承压较大，主要表现在以下方面：

一是资产负债率居高不下。根据国家统计局数据计算，2019 年北京房地产开发企业资产负债率为 81.2%，较 2016 年累计上升 3.2 个百分点。

二是累计经营现金净流出金额大。Wind 数据显示[①]，北京上市房地产开发企业自 2010 年以来的经营现金累计呈现净流出状态，截至 2019 年末，净流出额累计 1318.3 亿元。同期，上海、广州和深圳的上市房地产开发企业分别净流入 1302 亿元、277.8 亿元和 3306.9 亿元。

三是债务短期化，现金对流动负债的覆盖率明显下降。2019 年末北京上

---

*　梅国辉，中国人民银行营业管理部巡视员。

①　本文数据如无特别说明，均来自 Wind 数据。

市房地产开发企业流动负债较 2016 年末增长 75%；现金较 2016 年末下降
6.1%。现金对流动负债的覆盖率从 2016 年末的 40.5% 下降至 21.7%。

四是 2019 年开发企业到位资金缩减三成，企业愈加依赖预售回款。北京
统计局数据显示，2019 年北京房地产开发企业到位资金较 2016 年下降
29.5%，除定金及预收款与 2016 年基本持平外，其他来源资金均有下降。定
金及预收款占比从 2016 年的 31.2% 上升至 2019 年的 44.4%。

二、房企现金流紧张受多种因素影响

（一）资金占用规模巨大

一是北京囤地现象更为突出。2019 年末北京待开发土地面积为 764 万平
方米，处于 2010 年以来的高位。2019 年末上海待开发土地面积仅为 393.2 万
平方米。二是商品房库存创历史新高。截至 2019 年末，北京新建商品房待售
面积为 2489.5 万平方米，较 2016 年末增长 15.2%。土地囤积和商品房库存
积压意味着资金占压和资金成本负担加重。

（二）过度扩张

房企有规模扩张冲动。首先，更大的规模往往意味着更低的融资成本和
更多的融资；其次，开发项目越多，可支配的现金流越大，资金腾挪空间越
大。但资金链条的延伸也意味着现金流稳定性的不断下降，某一环节的迟滞
将威胁整个资金链条的稳定。

（三）过度依赖外部融资

房地产业是高资本运营行业，融资贯穿项目经营各个环节。由于每个经
营环节受到不同的融资限制，房地产企业寻求多样化的融资渠道满足不同阶
段的特殊需求。近年来，房地产融资政策逐步收紧，房地产开发企业被迫更
多依赖自有资金和销售回款。

（四）市场吸纳能力降低

据测算，目前，北京新建住房的房价收入比约 17.8①，远高于其他国际都市。目前，叠加经济下行期居民收入增长放缓和房地产调控期住房信贷杠杆降低，市场购买力的蓄积需要更长的时间。

三、现金流紧张叠加疫情影响和债务集中到期，中小房企风险暴露概率升高

（一）竞争加剧，中小企业经营劣势更加明显

在外部环境持续收紧、行业整体现金流紧张的情况下，竞争加剧，大型企业凭借规模优势进一步抢占市场资源。一是土地资源向大型企业集中；二是融资成本差异扩大；三是大、中小房企盈利分化。内部造血和外部融资方面的劣势使中小房企现金流的紧张度更高，倒闭风险更大。

（二）疫情使房企现金流回流迟滞

在新冠肺炎疫情影响下，房企销售受阻。2020 年上半年，北京新建商品住房销售额较上年同期下降 31.3%。第三季度，疫情影响减弱，房企销售有所恢复。截至 9 月末销售额仍较上年同期下降 4.7%。

（三）2020 年处于债券偿还高峰期

2015—2016 年，房地产企业债券融资快速扩张。2018 年起，房企还债压力显著增大，房地产企业负债借新还旧特征明显。北京房企 2020 年 1—10 月发行债券 1132.7 亿元，兑付 946.4 亿元，净融资仅为 186.3 亿元。发行环境如收紧可能会对房企债务正常履约产生较大影响。

---

① 利用 2019 年北京城镇居民人均可支配收入、2018 年北京城镇居民家庭平均人口（2019 年数据尚未公布）、2019 年 12 月新建住房平均成交价，以 80 平方米住房面积为基准计算。

四、建议采取措施适当缓解房企现金流紧张状况

一是分类施策，防止中小房企流动性风险暴露并蔓延扩大。优先支持开发项目有市场需求和不存在炒卖销售的中小房企的资金需求；对部分经营激进、流动性风险显著的中小房企，应在优胜劣汰的原则下，推动企业转型或企业间的并购重组；给予中小房企更多的参与城市更新改造的机会和空间；限制国企过度拿地行为，鼓励国企在保障住房领域发挥更大作用，保证中小房企适度的市场空间。

二是实施差异化购房信贷政策，稳定住房有效需求。在房住不炒的前提下，优先支持本地居民对首套住房的资金需求；对于在首套住房基础上改善住房的"卖一买一"居民可适当加大资金需求支持。

三是长远规划，建立房地产行业稳定健康发展的长效机制。一方面，在优胜劣汰的前提下，整合产业资源，减少无序和过度竞争，形成行业发展的良性循环，降低行业风险；另一方面，引导和支持中小房企开展细分领域的特色化经营，更多更好地满足市场个性化和多样化需求。

北京、上海及全国金融业增加值比较分析

周 丹 钱 珍 左慧敏[*]

金融业是北京的支柱产业，2020 年第一季度北京市人民币存贷款增速达 10.9%，高于全国和上海，但金融业增长速度却低于全国和上海。为北京市金融业更加高质量的发展，本文从核算方法、统计口径、增加值构成等方面对北京、上海和全国的金融业增加值进行了比较分析，据此提出北京市金融业发展的长短期相关政策建议。

一、引言

金融业是北京的支柱产业，近五年，北京金融业增加值增速除 2018 年以外均低于上海，但一直高于全国。2019 年北京金融业增加值略低于上海，但其在经济总量中的份额却高于上海和全国。为此，我们对北京、上海及全国的金融业增加值构成进行了深入分析，分析表明：2020 年第一季度，季度地区生产总值首次由国家统计局核算，影响金融业增加值增速大小的主要因素是金融业分行业增速和分行业增加值占金融业的比重。第一季度，北京市金融业增加值增速为 5.5%，低于全国 0.5 个百分点，主要缘于资本市场服务业和保险业增长不及全国；低于上海 1.8 个百分点，主要缘于上海金融业分布更为均衡，资本市场服务业和新型金融业占比更高，同时，当季上海期货和黄金业务增长表现尤为突出，提高了资本市场服务业的整体增速。

从北京、上海和全国金融业增长对比来看，资本市场服务业和保险业在

---

   * 周丹、左慧敏，均供职于中国人民银行营业管理部调查统计处。钱珍，供职于中国人民银行营业管理部金融研究处。

金融业中的重要性日益增强，北京仅用人民币存贷款作为金融业支撑指标，已不能准确反映金融业增长及其对经济增长的贡献。建议适时扩大金融工作评价指标范围，增加债券、股权等指标，更全面客观地反映金融对实体经济支持的情况。从金融业长期发展来看，北京亟须抓住新一轮金融业扩大开放的契机，优化金融业内部结构，加大资本市场服务业的发展，加快金融基础设施建设步伐，推动金融服务科技功能建设，强化国家金融管理中心定位；从核算方法来看，建议北京市统计局积极反映北京金融业特点，不断完善季度金融业增加值核算方法。

二、北京、上海及全国金融业增加值比较分析

（一）金融业增加值的增长情况比较

北京金融业增长总体平稳，波动相对较小。上海作为国际金融中心，资本市场发达，新型金融业态丰富。除 2018 年以外，近五年，北京金融业增加值增速均低于上海，但一直高于全国。

2010—2014 年期间，北京金融业增加值总量上高于上海，速度上与上海此起彼伏，在 10% 上下波动，较为平稳。2015 年，上海证券交易所总成交金额 266.37 万亿元，同比增长了 1.1 倍，股票成交金额 133.10 万亿元，同比增长了 2.5 倍。受股市成交量急剧放大、证券市场火热的拉动，当年上海金融业增加值增速最高超过 30%，其中，证券业增加值占金融业的比重升至 25% 左右。2016 年开始，金融监管加强，提高资金链条成本倒逼去杠杆，冲击股债市场波动性放大，影子银行缩表，表外回表、非标转标成为趋势，全国的金融业增长均有所放缓。2018 年，上海证券交易所总成交额 264.62 万亿元，同比下降 13.6%，资本市场服务业增加值占比有所降低，当年上海金融业增加值和增速双双低于北京。2019 年以来，上海推出"沪伦通"、沪深 300 股指期权等金融创新产品，持牌金融机构新增 54 家，金融市场交易总额 1933 万亿元、增长 17.5%。金融业增加值和增速再一次超过北京①。

与全国相比，北京作为首都，是"一行两会"、国家金融企业总部和重

---

① 数据来源：中华人民共和国国家统计局。

要金融基础设施所在地，也是众多国际金融机构所在地。近五年，北京金融业增加值增速均明显高于全国，2020 年第一季度首次低于全国。

（二）金融业增加值占 GDP 比重比较

2019 年北京金融业增加值略低于上海，但在经济总量中的份额却高于上海和全国。

2018 年经济普查，北京市金融业增加值 5951.3 亿元，总量略高于上海的 49.4 亿元，2019 年北京低于上海的 55.8 亿元，2020 年第一季度北京低于上海的 21.8 亿元。2016 年之前北京金融业增加值占 GDP 的比重一直高于上海和全国，2016 年以来北京和上海金融业对经济增长的重要程度均有所提高，并且越来越接近，2018 年北京市金融业比重为 18%，高于上海 1.9 个百分点；2019 年比重为 18.5%，高于上海 1.2 个百分点；2020 年第一季度比重为 22.5%，高于上海 0.8 个百分点。

北京金融业在经济总量中的比重远高于全国，2019 年北京金融业增加值占 GDP 的比重高出全国 10.7 个百分点。2020 年第一季度北京的金融业重要性进一步提升，比重高出全国 12.2 个百分点（见表 1）。

表 1　2018—2020 年全国、北京和上海金融业增加值　单位：亿元,%

区域	2018 年			2019 年			2020 年第一季度		
	总量	增速	占 GDP 比重	总量	增速	占 GDP 比重	总量	增速	占 GDP 比重
全国	70610.3	4.8	7.7	77077.1	7.2	7.8	21346.8	6.0	10.3
北京	5951.3	7.6	18.0	6544.8	9.5	18.5	1682.5	5.5	22.5
上海	5901.9	5.7	16.4	6600.6	11.6	17.3	1704.3	7.3	21.7

资料来源：中华人民共和国国家统计局。

三、2020 年第一季度北京与上海和全国金融业增加值比较分析

（一）金融业增加值核算方法

2020 年第一季度地区生产总值首次改由国家统计局统一核算，按照国家

统一核算方法，金融业增加值由货币金融服务、资本市场服务、保险业及其他金融业四部分构成。年度核算采用收入法，季度核算采用相关价值量指标增速加权推算的方法。其中，人民币存贷款余额增长速度、证券交易额增长速度、保费收入增长速度、金融机构人民币贷款余额现价增长速度分别作为金融业四部分增长速度的核算指标。各季度利用错月资料计算，即分别用2月末、5月末、8月末、11月末的数据。影响各地季度金融业增加值增速大小差异的主要因素是金融业分行业增速和分行业增加值占金融业比重。

（二）北京和全国金融业增加值的比较

2020年第一季度，北京市金融业增加值增速为5.5%，低于全国0.5个百分点，主要缘于资本市场服务业和保险业增长不及全国。

从北京和全国来看，近五年北京市金融业增加值增速均高于全国，2020年第一季度增速首次低于全国，主要考虑资本市场服务业和保险业增长不及全国①。从增速来看，3月末，北京市人民币存贷款余额增长10.9%，与全国10.8%的增速大体相当②；1—2月，北京市证券交易增长10%，大幅低于全国24.9个百分点，主要是因为股票和基金交易增长不如全国。北京证券交易中股票和基金交易约占三成，债券交易约占七成；全国证券交易中股票和基金交易约占五成，债券交易约占五成；北京的股票和基金交易增速分别低于全国4.6个和18.5个百分点，债券交易增速高于全国3.7个百分点。1—2月，北京市保费收入增长0.4%，低于全国0.7个百分点。北京市用来反映其他金融业增长的核算指标人民币贷款增速低于全国2.4个百分点（见表2）。

表2　北京和全国金融业增加值主要核算指标情况　　　单位:%

区域	货币金融服务业 核算指标	资本市场服务业 核算指标	保险业 核算指标	其他金融业 核算指标	金融业合计
	存贷款合计增速 （3月末）	证券交易额增速 （1—2月）	保费收入增速 （1—2月）	贷款增速 （3月末）	金融业增加值 增速
全国	10.8	34.9	1.1	12.7	6.0
北京	10.9	10	0.4	10.3	5.5

资料来源：中华人民共和国国家统计局。

---

① 由于无法获取全国金融业内部结构数据，仅能从增速方面进行比较。

② 2020年第一季度金融业增加值增速核算中人民币存贷款余额增速用的是3月数据，资本市场和保险业均为错月数据。

（三）北京和上海金融业增加值的比较

2020 年第一季度，北京金融业增加值增速为 5.5%，低于上海 1.8 个百分点，主要缘于上海金融业分布更为均衡，资本市场服务业和新型金融业占比更高，同时，当季上海资本市场服务业中期货和黄金业务表现尤为突出，提高了资本市场服务业的整体增速。

从北京和上海来看，第一季度北京市金融业分行业主要核算指标增速均高于上海，但金融业整体增速却低于上海，主要原因在于北京和上海金融业内部结构的差异。结构方面：北京市货币金融服务业是金融业主体；上海市金融业中资本市场金融业和其他金融业比重较高。北京市货币金融服务业是金融业的主体，增加值占比约为 75%，高于上海 5 个百分点左右；资本市场服务业占比约为 10%，低于上海 5 个百分点左右；保险业占比约为 10%，高于上海 3 个百分点左右；其他金融业占比约为 5%，低于上海 4 个百分点左右①。增速方面：虽然北京市金融业分行业主要核算指标增长整体优于上海，但上海资本市场服务业中期货和黄金交易增长较快，作为资本市场服务业增速核算的有效补充，提高了资本市场服务业的整体增速。3 月末，北京市人民币存贷款增速为 10.9%，高于上海 2.4 个百分点；1—2 月，北京证券交易额增速 10%，高于上海 2.6 个百分点，其中资本市场服务业中中国金融期货交易所和上海黄金交易所成交额增速分别达到 98.1% 和 83.5%；1—2 月，北京保险业增速 0.4%，高于上海 8.5 个百分点；其他金融业替代指标人民币贷款增速 10.3%，高于上海 5.7 个百分点（见表 3）。

表 3　2020 年第一季度北京、上海金融主要数据　　　　单位：%

区域	货币金融服务业核算指标	资本市场服务业核算指标	保险业核算指标	其他金融业核算指标	金融业合计
	存贷款合计增速（3 月末）	证券交易额增速（1—2 月）	保费收入增速（1—2 月）	贷款增速（3 月末）	金融业增加值增速
北京	10.9	10	0.4	10.3	5.5
上海	8.5	7.4	−8.1	4.6	7.3

资料来源：中华人民共和国国家统计局。

———————————

① 北京和上海金融业占比数据来自北京市统计局。

四、政策建议

（一）从金融业增长的对比来看

资本市场和保险业的重要性日益增强，仅用人民币存贷款作为北京金融业支撑指标，已不能准确反映金融业增长及其对经济增长所做的贡献。

鉴于北京市直接融资比重不断加大，以贷款为主的间接融资占社会融资规模的比重已降至 2019 年末的 45.2%，建议适时扩大金融工作评价指标范围，增加债券、股权等指标，更全面客观地反映金融对实体经济支持的情况。

（二）从金融业长期发展来看

北京市亟须抓住新一轮金融业扩大开放的契机，优化金融业内部结构，加大资本市场服务业的发展力度，加快金融基础设施建设的步伐，推动金融服务科技功能的建设，强化国家金融管理中心的定位。

一是加快金融市场体系和金融基础设施建设步伐。北京要持续加大产权交易市场发展力度，深化债权、股权等在内的综合产权交易体系建设，推进区域性股权市场创新试点；推动新三板改革发展；推动全国性绿色资产交易平台建设。二是全力推动金融服务科技功能建设。进一步加大金融科技研发力度，创新科技金融服务产品，发挥金融科技与专业服务创新示范区、北京金融科技研究院的作用，推动在支付清算、绿色金融、普惠金融等方面组织搭建更多应用场景，以金融促进科技研发，以科技带动金融发展。三是结合北京国际交往中心的定位，提高首都金融的国际影响力，强化国家金融管理中心的作用。继续利用好京交会、金融街论坛、绿色金融国际论坛等，持续提高首都金融话语权和国际影响力。

（三）从金融业核算方法来看

建议北京市统计局积极反映北京金融业特点，不断完善季度金融业增加值核算方法。

一是考虑现阶段客观条件的约束，改进金融业增加值核算替代指标的选取。以货币金融服务业及其他金融业为例，建议将人民币存贷款余额增速指标推广到涵盖存贷款、委托贷款、信托贷款和未承兑银行汇票等"广义存贷业务"，并增加反映中间业务收入的指标，使替代指标能更好地反映当季货币金融服务及其他金融业的盈余状况，进而切实反映当季金融业价值创造情况。二是建议将银行间市场债券交易纳入金融业增加值核算的资本市场服务业统计中，客观反映北京市金融业增长情况。目前金融业增加值中资本市场服务业核算指标反映债券交易的数据仅取自沪深两市交易所，而债券交易量的八成以上来自银行间债券市场。2020 年 4 月，债券市场成交量为 171.2 万亿元，其中银行间市场成交占比为 86.3%，交易所市场成交占比为 13.7%。北京市资本市场服务业证券交易也以债券交易为主，将银行间市场债券交易纳入核算统计将能够准确、客观地反映北京市金融业增长情况。

关于北京市融资担保体系的运行情况、困难及政策建议

吴德军　王薇琳　张素敏　张　丹　吕潇潇*

融资担保体系在支持普惠金融发展，促进中小微企业和农业、农村、农民资金融通，缓解市场主体融资难、融资贵问题方面发挥着重要的增信和分险作用。当前，受全球新冠肺炎疫情影响，国内经济下行压力加大，实体经济发展面临空前困难，民营和小微企业融资难、融资贵问题有待进一步解决，亟须发挥融资担保体系的作用。本文调研了北京辖内融资担保体系运行情况和助力小微市场主体融资面临的主要困难，并提出政策建议。

一、北京市融资担保体系运行情况

（一）2020 年第一季度担保费率下降，支持"三农"和小微企业力度增强

截至 2020 年第一季度末，北京市融资担保业务在保余额为 3126 亿元，较 2019 年末下降了 7.52%；小微企业和涉农担保在保余额合计 808.05 亿元，占融资担保业务在保余额的比例为 25.85%，较年初分别增加了 38.94% 和 8.64 个百分点，小微企业和涉农在保户数合计 21.76 万户，占整体在保户数的 53.09%，较年初分别增加了 76.59% 和 15.94 个百分点，担保的支农支小政策导向作用更加显著。融资担保机构累计平均加权融资担保费持续下降，较 2018 年和 2019 年平均担保费率下降了 0.98 个百分点和 0.39 个百分点。

---

*　吴德军、王薇琳、张素敏，均供职于中国人民银行营业管理部金融稳定处。张丹、吕潇潇，均供职于中国人民银行营业管理部货币信贷管理处。

（二）整体融资担保杠杆率高于全国平均水平，政策性担保仍有提升空间

截至 2018 年末、2019 年末和 2020 年第一季度末，北京市融资担保公司融资担保平均放大倍数分别为 3.14 倍、3.11 倍和 3.01 倍，高于全国平均水平（2018 年为 1.87 倍），稳中有降，担保放大能力远未达到行业监管的 10 倍上限，未能很好地发挥担保普惠性功能作用。其中，5 家市级政策性担保机构放大倍数均不到 6 倍（1.97~5.97），13 家区级政策性担保公司放大倍数不高于 5.21 倍（0~5.21），其中有 6 家放大倍数不足 1 倍，杠杆率仍有提升空间。

（三）整体代偿率持续较低，政策性融资担保机构普遍低于民营担保公司

截至 2018 年末、2019 年末和 2020 年第一季度末，整体融资担保代偿率持续下降，且处于较低水平。其中，所调研的政策性担保公司融资担保代偿率低于民营担保公司 6~7 个百分点。

（四）民营及外资控股担保机构有所收缩，国有控股担保机构规模逐年增长

截至 2020 年第一季度末，北京市融资担保体系呈现民营机构收缩，国有控股机构逐年增长的特征。其中，民营及外资控股机构 30 家，注册资本 149.10 亿元，较 2018 年末和 2019 年末分别下降了 15.06% 和 3.23%；国有控股机构 31 家，注册资本 443.96 亿元，较 2018 年末和 2019 年末分别增加了 21.47% 和 0.7%。

二、发展缓慢原因及存在的问题

（一）融资担保公司小而散，资本实力不足，从业人员专业能力欠缺

一是北京市融资担保公司仍处于数量多、规模小的小散状态，资本实力

严重不足。目前处在国内第一梯队的融资担保机构注册资本已达到 50 亿元水平，而截至 2020 年第一季度末，北京市 61 家融资担保机构注册资本合计 593.07 亿元，其中 31 家国有控股注册资本合计 443.96 亿元，均值分别为 9.72 亿元和 14.32 亿元，资本实力较国内第一梯队的融资担保机构整体偏弱，资本瓶颈问题已严重制约北京市融资担保行业的快速发展。二是融资担保从业人员专业能力不足。截至 2019 年末，北京市融资担保行业从业人数为 2806 人，本科、大专及以下学历从业人员占比为 68.32%，整体专业能力和业务素质不足以支撑融资担保行业高速发展。

（二）政策性融资担保机构的政府性责任要求加剧，其业务风险和收益不匹配

《关于有效发挥政府性融资担保基金作用，切实支持小微企业和"三农"发展的指导意见》（国办发〔2019〕6 号）（以下简称《指导意见》）要求降低小微企业和"三农"综合融资成本，且支小支农担保业务占比达到 80% 以上。政策性融资担保机构既面临市场化竞争考验和利润目标考核，又需要承担政府性职责，对小微企业和"三农"等高风险长尾客群降低收费，加剧了为实现盈亏平衡而面临的矛盾，无法简单地套用商业类或公益类国有企业的考核机制。以北京辖内发展较好的政策性融资担保机构为例，其支农支小在保余额占比已处于较高水平（约 65%），但仍未达《指导意见》"支小支农担保金额占全部担保金额的比例不得低于 80%"的要求，其表示过高比例开展小微企业项目会影响政策性融资担保机构的营收水平及财务可持续性。从盈利角度来看，非融资担保业务费率低但项目金额较大，代偿风险较低。近三年仅代偿支出不到 1000 万元，而政策鼓励支持的融资担保业务代偿风险相对较高，每年代偿支出均有数千万元甚至上亿元，保费扣减代偿支出的剩余价值远低于非融资担保业务，导致企业持续经营压力较大。

（三）风险补偿机制不健全，使融资担保公司收益收窄，支农支小积极性受挫

一是政府融资担保基金代偿补偿作用发挥不充分。根据北京市委、市政府的统筹安排，北京市设立了总规模不低于 100 亿元的融资担保基金，但基金支出主要是以股权投资的形式设立市融资担保集团或直接注资政府融资担保机构，股权投资相较于设立融资担保代偿补偿或补贴资金池方式，对担保

公司代偿支出的贴补针对性不足。二是风险补偿机制在资金总规模、支持范围、准入条件、补偿上限等方面存在局限性，且申请政府的风险补偿资金较为困难，流程繁杂、时间较长。例如，为中小微企业提供以知识产权、应收账款、收益权、机器设备等为反担保的担保融资是融资担保公司控制道德风险的必要手段，但未纳入奖补范围。三是"营改增"新政将担保公司为农户及小型微型企业提供融资担保及再担保业务的担保费收入免征增值税，但执行过程中，小微企业普遍要求开具担保费增值税专用发票，导致担保机构对开具增值税专用发票的担保收入无法享受免税优惠。

（四）风险分担机制不健全，银担合作落实力度不够，融资担保机构风险控制难度加大

《指导意见》规定银担合作各方要协商确定融资担保业务风险分担比例，"原则上国家融资担保基金和银行业金融机构承担的风险责任比例均不低于20%"。但《指导意见》仅为指导性文件，非强制性要求，各地执行情况差异较大，目前北京市银行参与分险的合作业务规模和比例都偏小。根据国家融资担保基金统计数据，2019年第四季度完成支小支农再担保合作业务规模为646.77亿元，银行参与分险的业务规模为408.28亿元，占比为63.13%，而北京市分险业务金额仅为0.37亿元，分险业务规模占比仅为0.67%，远低于全国平均水平。不少融资担保公司均表示，北京市的银行机构与担保公司之间的合作模式，目前仍以担保公司提供100%本息担保为主，未充分落实《指导意见》要求。

（五）"中担事件"[①] 后，民营担保公司信用受损

融资担保行业违规的现象比较严重，特别是"中担事件"后，民营担保公司信用受损，银行业金融机构对民营担保公司风险管控能力信任度不足，与民营担保公司的业务合作有所放缓，使民营融资担保公司的业务规模逐年下降。某融资担保公司表示，银行对国资背景的政策性融资担保公司的资本

---

① 民营担保公司北京市中担投资信用担保有限公司（以下简称"中担担保"），存在向客户"借款"和出售"理财产品"两种"雁过拔毛"式融资的情况。2011年底至2012年2月，中担担保发生资金链危机，债权企业发现其无法正常归还自己的"借款"，连锁反应导致债权企业无法足额归还银行贷款。随着事件的不断升级，中担担保危机涉及294家企业，涉及债权13亿元，22家银行卷入其中，引发了一场区域性的信用危机。

能力较为信任，合作时有较强的可商议性，针对暂时困难但还款意愿强烈的客户，通常采用续贷方式缓解客户还款压力，而和民营担保公司合作时可商议性相对不强，使民营担保公司融资担保代偿率高于政策性融资担保机构。

三、政策建议

（一）建议加大融资担保机构增资力度，切实提高资本能力、专业水平和抗风险能力

一是建议以融资担保基金等为抓手，加快落实向政策性担保机构有针对性的增资工作，切实提升政策性融资担保机构的资本金实力，形成规模效益。二是提高融资担保行业门槛，对注册资金应有更高规模的要求，同时引进专业人才，加强对从业人员的系统性培训，巩固其业务能力，切实提高识别风险能力和防控风险意识，增强从业人员的专业能力。

（二）建议地方政府和金融监管部门助力，增强政策性担保公司普惠金融服务效能

一是建议地方政府改变以利润为导向的国有企业考核机制，将小微企业担保规模、小微企业担保覆盖率、重点行业覆盖率、担保代偿率等特性指标作为绩效考核的重点，有效解决政策性融资担保机构功能错位、开展小微企业融资担保业务的意愿与动力不足的问题。二是建议金融监管部门针对政策性融资担保、再担保机构提供担保的贷款，结合银行业金融机构实际承担风险责任的比例，合理确定贷款风险权重；适当提高对担保代偿损失的监管容忍度，改进、优化、完善支小支农担保贷款监管政策。

（三）建议允许融资担保机构进行股权投资，形成"投担联动"，同时加大政府奖补政策支持力度和税收优惠执行度来增加收益

目前，《指导意见》规定，政府性融资担保、再担保机构不得向非融资担保机构进行股权投资。一是建议通过相关制度安排，允许融资担保机构开展投担联动业务，以融资担保与股权投资相结合的方式，给融资担保机构提

供创造新的盈利点，弥补担保业务代偿损失，从而增强融资担保机构的生存能力和空间。二是提高单个担保机构获得奖补金额上限，同时统筹和出台更多的专项奖励补贴资金，实现风险补偿资金的定向精准使用，最大化地发挥政策效能。三是将担保公司对小微企业要求开具增值税专用发票的担保费收入及评审费收入纳入免税范围，加大在税收优惠执行层面的实施力度。

（四）建立"政银担企"四方分险机制，同步促进银行与民营担保公司的业务合作

一是建议政府尽快出台"政银担企"风险分担的相关政策，共同推进"政银担企"风险分担机制建设，明确四方风险分担比例要求，共同施策、形成合力，更有效地缓解中小微企业融资难、融资贵问题。二是引入第三方信用评级机构，定期对民营担保公司进行信用评级，解决银行和公众对其信任度不足问题。三是建议政府根据与民营担保公司的合作规模，对辖内银行业金融机构设置奖补档次，同时推动银行与民营担保公司在获客方面的合作，形成信息共享、风险共担、互利共赢的局面。

从国库数据看北京市经济复苏情况和稳企业保就业政策落地效果

魏超然　翟盼盼　徐贞毅　李天懋[*]

2020 年 4—7 月，北京市各主体税种税收降幅不同程度收窄，显示北京市经济总体回暖。6 月出现的新发地聚集性疫情对经济复苏产生了一定影响，但影响有限，不改变北京市经济稳中向好的总体趋势。在推进疫情防控、复工复产和经济发展过程中，北京市出台的相关政策在稳企业、保就业、缓解融资难融资贵问题等方面取得了积极成效。目前，部分企业仍面临订单不足、现金流紧张、成本压力大、国际贸易不畅等问题。建议在切实抓好疫情防控和稳企业保就业政策落地见效的同时，从供给侧和需求侧两端协同发力，共同促进经济高质量发展。

一、北京市经济总体回暖

（一）地方级一般公共预算收入、税收收入降幅持续收窄，全市经济企稳回升

2020 年 1—7 月，北京市地方级一般公共预算收入、税收收入同比分别下降 10.3%、10.8%，降幅自 4 月以来持续收窄。与之相应，上半年北京市实现地区生产总值[①] 1.62 万亿元，按可比价格计算同比下降 3.2%，降幅较第一季度收窄 3.4 个百分点。

---

[*]　魏超然、翟盼盼、徐贞毅、李天懋，均供职于中国人民银行营业管理部国库处。

[①]　地区生产总值、工业增加值、工业企业利润、社会消费品零售总额、固定资产投资等相关经济数据来源于北京市统计局网站。

（二）国内增值税、企业所得税降幅明显收窄

2020 年 1—7 月，北京市地方级国内增值税同比下降 20.8%，降幅较 1—5 月（年内最低点）收窄 3 个百分点，地方级企业所得税同比下降 9.3%，降幅较 1—4 月收窄 10.1 个百分点。与之相应，1—7 月，全市规模以上工业增加值同比下降 1.9%，降幅较 1—4 月收窄 7.9 个百分点，单月增加值自 4 月以来实现连续增长；社会消费品零售总额①同比下降 15.6%，降幅较 1—4 月收窄 4.8 个百分点。

二、新发地聚集性疫情对经济复苏影响有限，北京市经济稳中向好趋势没有改变

（一）疫情反复对北京市经济复苏产生了一定影响

进入第二季度以来，北京市复工复产有序推进，各行业稳步复苏。根据对 570 家样本企业②的调查，2020 年 6 月上旬，样本企业平均产能利用率恢复至 65.6%。但新发地聚集性疫情于 6 月 11 日暴发，6 月中下旬，样本企业平均产能利用率回落至 61.8%。第二季度末，约 3.5% 的样本企业尚未复工，1.8% 的样本企业复工后再次停工。从行业情况来看，6 月当月全市餐饮收入、旅游区收入和限额以上住宿业接待人次③同比分别下降 40.1%、62.2% 和 63.3%，降幅分别较 5 月当月扩大 2.1 个、6 个和 1.1 个百分点。

（二）疫情影响时间较短、范围有限，不改变北京市经济稳中向好趋势

新发地聚集性疫情出现后，北京市政府迅速响应，采取各种防控措施，

---

① 地区生产总值、工业增加值、工业企业利润、社会消费品零售总额、固定资产投资等相关经济数据来源于北京市统计局网站。

② 570 家样本企业中，13.7% 为大型企业，29.3% 为中型企业，57.0% 为小微企业；13.2% 为国有企业，70.7% 为民营企业；28.1% 涉及进出口业务；2.5% 属于第一产业，25.8% 属于第二产业，71.7% 属于第三产业。

③ 数据来源：北京市统计局网站。

25 天内疫情得到基本控制，2020 年 7 月 20 日，全市中高风险地区清零，突发公共卫生事件应急响应级别由二级调整为三级。分行业看，上半年，规模以上工业企业营业收入、利润总额降幅分别较 1—5 月收窄 2.5 个、14.1 个百分点，规模以上批发零售业、科学技术服务业法人单位收入降幅分别较 1—5 月收窄 2.1 个、4.8 个百分点。从宏观数据来看，北京市 6 月当月社会消费品零售总额降幅较 5 月当月收窄 1.1 个百分点，上半年固定资产投资（不含农户）降幅较 1—5 月收窄 2.8 个百分点，显示北京市经济发展韧性较强，新发地疫情对北京市经济发展影响有限。

三、北京市多措并举统筹推进疫情防控、复工复产和经济发展，取得积极成效

（一）减税降费政策基本到位，企业税费负担总体减轻

为确保企业切实享受政策红利，北京市认真贯彻落实小规模纳税人增值税减免，小型微利企业和个体工商户所得税延缓缴纳，企业养老、失业、工伤保险单位缴费减免等各项税费优惠政策，企业税费负担总体减轻。据测算，上半年北京市企业总体税负①为 14.8%，较上年同期降低 3.1 个百分点。

（二）就业补贴政策效果显著，企业用工保持基本稳定

为保持居民就业，北京市推出一次性就业创业服务补助、失业保险费稳岗返还、用人单位岗位补贴和社会保险补贴等政策措施，并为经营性人力资源服务机构、保持就业稳定的企业以及招用本市登记失业人员和城乡就业困难人员的用人单位提供补贴，同时将保持就业稳定作为企业享受房租减免、延期还本付息等优惠的前提条件，取得了显著效果。据调查，2020 年第二季度，30.7% 的样本企业员工人数增加，60.5% 的样本企业员工人数不变；86.3% 的样本企业表示下半年用工人数不会出现明显变化，10% 的样本企业表示有可能扩招。

（三）信贷支持力度不断加大，普惠小微贷款增长较快

为充分发挥金融对经济发展的支撑保障作用，北京市充分利用再贷款再

---

① 企业总体税负＝地方级税收收入/全市地区生产总值。

贴现、延期还本付息、信用贷款等政策工具，建立完善首贷、续贷服务中心，引导商业银行加大信贷投放。据调查，2020 年第二季度，寻求融资的样本企业中，近九成企业获得了资金支持。据统计，6 月末，北京市企（事）业单位贷款同比增长 10.6%；北京市金融机构普惠小微贷款同比增长 22.7%，高于同期人民币各项贷款增速 13.8 个百分点①。

四、部分企业仍面临订单不足、现金流紧张、成本压力大、国际贸易不畅等困难

（一）订单不足仍是企业当前面临的主要困难

据调查，近四成样本企业表示订单量下滑问题较 2020 年第一季度没有明显缓解，约两成企业表示订单量下滑问题有所加重；47.9% 的企业认为订单不足是当前生产经营面临的主要困难，其中在住宿餐饮、居民服务、文体娱乐、批发零售等与消费直接相关的行业中，超半数的企业反映了订单不足问题。受订单不足影响，部分企业生产时断时续，如北京恒聚化工集团有限责任公司表示，由于国内外订单量显著下降，生产只能时停时开。

（二）中小微企业回款周期长、现金流紧张问题有所加剧

北京某医疗器械有限公司反映，订单量下滑、客户回款账期拉长，导致企业现金流吃紧；北京某生物技术股份有限公司反映，受国外疫情影响，进口原材料交付周期延长，为满足生产需要不得不提前储备，因而占用了企业大量资金。

（三）部分企业用工和房租等成本压力较大

据调查，分别有 25.6%、24% 的样本企业认为，用工成本、房租成本高是当前生产经营面临的主要困难。为缓解房租成本高的问题，北京市出台的减免租金相关政策取得了一定效果，但仍有部分政策未充分发挥作用，如政策规定针对非国有企业将名下房产租给中小微企业、在疫情期间减免中小微

---

① 数据来源：中国人民银行营业管理部。

企业房租的，可以获得一定的资金补贴，但由于补贴规模较小，不足以弥补减免租金给企业带来的损失，非国有企业主动减免租金的动力不足，小微企业房租成本压力仍然较大。

（四）国际贸易不畅、境外项目停滞、汇兑风险大等问题仍然存在，企业对全球经济形势多持悲观看法

北京某国际贸易有限公司反映，受国外疫情影响，原定于年初交付的订单被国外客户取消或暂停；由于签证问题，双方不能互相派遣技术人员，造成既有项目延期。

五、政策建议

（一）抓好疫情防控，加大"六稳""六保"工作力度

一是统筹常态化、精准化疫情防控和全面复工复产之间的关系，切实抓好各项政策落地见效，解决企业生产经营中面临的实际困难。二是强化稳企业保就业的财税金融支持措施，多措并举继续降低企业融资成本，加快推动融资模式创新，不断扩大民营中小微企业融资覆盖面。

（二）鼓励创新投资，不断深化供给侧结构性改革

一是鼓励企业进行业务创新和产业整合，加大投资力度，紧跟市场需求变化，不断提高供给质量和效益。二是加快推进新一代信息技术与制造业的融合发展，以供给侧结构性改革为主线，推进智能制造，培育新兴产业集群，加速实体经济转型升级。

（三）坚持扩大内需，促进消费回补和潜力释放

一是加强保障和改善民生，提高居民消费能力和消费信心，着力改善消费环境，用好消费券等政策，促进多领域消费回补。二是坚定实施扩大内需战略，培育壮大网络消费、智能消费、健康消费等消费新热点，积极发展消费新业态、新模式，加快释放国内市场需求，促进消费升级扩容。

中小微企业复工复产问题分析

魏　韬[*]

为了解北京地区中小微企业复工复产及资金链风险情况，本文对290家中小微企业^①开展问卷调查。结果显示：2020年3月中旬，北京市中小微企业复工超七成，但复工未复产情况凸显，受到人流受限、下游市场需求不足等问题制约；企业营收、利润下降，资金周转速度变慢，扩产意愿偏低，部分企业2020年第二季度或面临资金链断裂的风险；建议统筹应对疫情冲击的短期政策和中小微企业长效支撑发展机制相结合，加快谋划国内产业链重构和升级，加大融资纾困力度。

一、中小微企业复工超七成，但复工未复产情况凸显

（一）中小微企业复工超七成

调查显示，截至2020年3月中旬，中小微企业整体复工率为75.2%^②。分行业看，复工率在80%以上的行业主要涉及保障城市运行相关行业，包括交通运输、仓储和邮政业（89.5%），租赁和商务服务业（88.9%），批发和零售业（80.8%）；住宿餐饮、文化娱乐等居民消费服务业由于当前市场需求明显不足，复工率最低（67.6%）。复工企业中，30%的企业全部到岗（含居家办公），40.8%的企业到岗率在90%以上，8.5%的企业到岗率在80%~90%。

＊　魏韬，供职于中国人民银行营业管理部调查统计处。

① 其中：工业中小微企业占27%，服务业中小微企业73%；中型企业占55%，小微企业占45%。

② 复工率＝已复工样本企业/总样本企业数。

（二）中小微企业复工但未完全复产现象凸显

一是产能利用率相对较低。据调研测算，2020 年 3 月中旬，复工中小微企业平均设备利用率为 51.5%。其中，设备利用率在 80% 以上的复工企业仅占 26.3%，35.2% 的企业设备利用率在 40%~80%，38.5% 的企业设备利用率低于 40%。

二是居民消费服务业、工业、信息技术产业产能利用率相对较低。分行业看，已复工企业中，交通运输、仓储和邮政业，批发和零售业复产情况较好，设备利用率超过 40% 的企业分别占 64.7%、64.3%；住宿餐饮、文化娱乐等居民消费服务业①，工业，信息传输、软件和信息技术服务业开工率相对较低，设备利用率超过 40% 的企业占比分别为 52%、52%、50%。如眉州东坡餐饮管理（北京）有限公司、华联咖世家（北京）餐饮管理有限公司等餐饮企业仅保留少部分店面或外卖业务，产能利用率不足 50%。又如北京燕山和成橡塑新材料有限公司按主管部门要求将全部一线返岗工人派至防疫产品生产线，非防疫产品仅维持 30% 左右的产能。

（三）近七成中小微企业预计 2020 年上半年恢复正常生产经营

调查显示，关于生产经营恢复正常所需时间，21% 的企业预计在 1 个月内，46.5% 的企业预计在 1~3 个月，16.9% 的企业预计 3 个月以上；预计需半年以上恢复正常生产经营的企业共 16 家，主要集中在居民消费类企业，如北京好特热国际酒店管理有限公司、恩微影业有限责任公司反映，餐饮、影院、购物中心等业务短期内客源难以恢复，房租、贷款利息等刚性支出导致企业年内经营状况难以好转。

二、中小微企业复工复产受到政策、需求等多方面因素制约

（一）政策导致人流受限是当前复工主要制约因素

一是当前政策对人员跨区域流动限制较为严格，劳务工人、关键岗位人

---

① 居民消费服务业主要包括住宿和餐饮业、文化体育和娱乐业、教育等行业。

员缺失对企业生产经营造成了较大影响。调查显示，认为"受政策限制无法正常开工"是当前最主要困难的企业占比最高，达51.7%①。导致企业劳务人员不足、到岗率低的主要原因有因疫情防控和交通运输等影响劳务人员返京。调查中，北京国风建业门窗制造有限公司、北京世纪科环生态农业研究院反映，受隔离政策影响，企业一线外地员工返京困难，即便返京仍需隔离，生活难以保障，导致返京意愿较低；劳务市场上外地工人供给不足，新招录工人困难。

二是疫情期间社区和工地管理政策也给企业复工带来影响。北京盛融汇金信息技术有限公司、丹诺（北京）石油技术服务有限公司虽已复工，但由于很多单位物业不允许非本单位人员进入，导致其无法外派技术员为下游企业提供数据支持服务，外派技术员多处待岗状态。部分中心城区项目因工地现场或施工场所空间狭小，无法达到封闭式集中管理要求或工人住宿标准，暂无法复工复产。

（二）下游需求不足影响企业复产意愿

一是企业普遍反映订单不足，市场需求疲弱，居民服务业订单下降最为明显。调查显示，关于2020年第一季度新增订单，37.2%的企业预计同比下降超20%，25.5%的企业预计下降20%以内，33.8%的企业预计持平。分行业看，租赁和商务服务业订单情况相对较好，83.3%的企业预计第一季度订单下降20%以内（含增加），仅有3.4%的企业预计订单量同比增长，这些多为防疫用品、医药生产销售及运输仓储企业。居民服务业，62.2%的企业预计订单下降超20%。如北京大诚文化传播有限公司、北京保利国际拍卖有限公司等文创类企业产品、服务下游需求基本停滞，订单大幅下降。

二是外贸企业受疫情影响较大。4家样本企业出口订单被全部取消，如北京京日东大食品有限公司主要对美出口豆沙食品，美方客户出于食品安全考虑取消了全部订单。

---

① 此项为多选。

三、北京市中小微企业资金压力及资金链风险情况

（一）四成中小微企业预判 2020 年第一季度营收、利润降幅在 20%以上

调查显示，第一季度营业收入方面，39%的企业预计同比下降 20%以上，35.2%的企业预计下降 20%以内，23.1%的企业预计持平，仅有 2.7%的企业预计收入增加。第一季度利润方面，40.7%的企业预计下降 20%以上，31.7%的企业预计下降 20%以内，25.2%的企业预计持平，仅有 2.4%的企业预计利润增长。近期北京市科委联合北京创业孵育协会对 1173 家中小微企业问卷调查结果显示：224 家企业（19.1%）反映疫情影响造成不同程度的直接经济损失，其中直接损失 20 万元（含）以下的企业有 67 家（29.9%），损失 20 万~100 万元（含）的企业有 96 家（42.9%），损失 100 万~500 万元（含）的企业有 54 家（24.1%），损失 500 万元以上的企业有 7 家。部分行业运营压力较大，5.2%的企业预计第一季度利润降幅达 100%，除住宿餐饮、娱乐等居民消费类企业外，还涉及金属制品、水泥等传统制造业企业。如北京市高强混凝土有限责任公司、北京新兴大阳钢结构工程有限公司反映，主要产品国内市场已饱和，疫情进一步压制需求，订单缺失严重，影响盈利。

（二）中小微企业资金周转速度变慢，扩产意愿偏低

一是中小微企业资金周转速度变慢，但预计不会形成坏账。调查显示，56.5%的企业反映总体账期延长，但不会形成坏账，仅 8%的企业认为会形成坏账，且其中绝大多数企业认为应收账款形成坏账的比例在 20%以内。

二是企业扩产意愿偏低。据企业反映，融资困难对企业经营掣肘程度较低，在当前疫情走势尚未明朗的情况下，企业扩产意愿不高，新增融资主要用于刚性成本费用支出。对有新增融资需求的企业调查显示，49.2%的企业表示新增融资主要用于支付厂房租金、员工薪酬等固定成本费用支出，40.6%的企业用于支付原材料采购、流转税金等可变成本费用支出。仅有个别企业存在非刚性融资需求，10.1%的企业用于销售渠道与服务平台投资，仅 8 家企业用于增加厂房、设备等固定资产投资。

（三）部分中小微企业第二季度或面临资金链断裂风险

一是企业短期偿债能力偏弱。基于对 78 家中小微工业企业 2019 年末财务数据压力测试，企业平均流动比率①为 1.2，远低于 2 的理想水平，32% 的企业低于 1 的警戒线。二是现金保障水平较低。近期北京市经济和信息化局对 2634 家中小企业问卷调查结果显示，账上资金预计只能支撑 3 个月以下的中小企业比例高达 81.0%，其中低于 1 个月者占比达 36.1%。

四、相关建议

一是统筹应对疫情冲击短期政策和中小微企业长效支撑发展机制相结合，有序释放经济活力。疫情对餐饮、旅游、零售、影视文化、线下教育等企业冲击最大，这些行业均以中小微企业为主。建议抓好已出台应对疫情的中小微企业短期扶持政策的落实、落细，加强政策效果评估。视情况延长政策时限、扩大覆盖面、简化手续，全力支持企业复工复产。在落实好短期政策的同时，研究支持中小微企业的长效支撑发展机制，在财政、税收、营商环境以及货币信贷方面综合施策。

二是统筹国际与国内，加快谋划国内产业链重构和升级。积极应对全球疫情蔓延带来的国际产业链冲击，加大对产业链关键节点企业的融资倾斜，通过辐射上下游企业的融资，打通供应链堵点。疫情对产业发展既是挑战也是机遇。抓住疫情倒逼带来的完善国内产业链条、推动产业集群高质量发展契机，适时出台产业支持政策和金融配套措施，加快补齐链条短板，改造提升传统产业，培育壮大新兴产业，推动全产业链国产化和优化产业链全球布局。

三是统筹重点领域和薄弱环节，加大融资纾困力度。建议聚焦支持以中小微企业为主体的科创、文化等行业，围绕企业全生命周期，整合科技信贷、创业投资、信用体系等资源，加快金融创新改革步伐。针对受疫情影响大的科技文化类小微企业设立专项纾困基金，提供中长期全额担保增信，推广"见贷即保"业务，取消反担保要求，提高企业信贷可获得性。

---

① 流动比率=流动资产/流动负债。

文娱企业复工难点较多
呼吁加强产业支持政策

韩睿玺[*]

为了解北京地区文娱企业复工复产状况，2020 年 8 月，我们对北京市 112 家文化、体育和娱乐企业经营状况进行调查。结果显示：企业复工后营业收入难以恢复，部分行业无法复工，短期内扭亏为盈困难较大。文化、体育和娱乐业企业复工后吸纳就业减少、薪酬缩水。境内化、线上化、室外化有助于 2020 年第三季度文娱企业经营复苏。与此同时，逐步放宽防疫政策，加强产业支持政策有助于企业复工复产。

一、企业复工后营业收入难以恢复，部分行业无法复工，短期内扭亏为盈困难较大

（一）77.3% 的企业反映复工后业务量不及 2019 年同期，营业收入普遍下降五成以上

某文化产业集团有限公司反映，目前 70% 的影城已恢复营业，收入恢复到上年同期的 5%，预计 2020 年第三季度能恢复到上年同期的 15%，但影视和体育相关产业仍未形成收入。某文化旅游股份有限公司的主营业务为电影的拍摄及发行，该公司 2020 年第三季度在手影片预计在 9 月排片，票房分账时间将在第四季度，收入确认也会延迟到第四季度，因此 2020 年第三季度预计仍无法实现营业收入。某网络技术有限公司反映，许多民宿的供应商或房东不再做民宿旅游业，不再续签合同，营业收入下降 50%。某集团反映，一

---

* 韩睿玺，供职于中国人民银行营业管理部调查统计处。

是实体书店业务领域受到巨大冲击，门店客流呈现断崖式下滑，下降近90%。二是对外批发和团购馆配业务领域，由于疫情的反复，企事业单位、公共、学校等图书馆均尽量避免外部人员上门，批发客户出行受限也尽量减少了采购频率，造成企业无法开展相关的业务洽谈工作，相关业务基本处于停滞状态。三是出口业务领域。海外疫情日益严峻，难以得到有效控制，受此影响，海外业务进出口都无法正常开展。四是联营和出租商户不稳定。受疫情影响，部分联营和出租商户因无力支撑，开始有撤店的动向。网络平台、电视剧、网剧、游戏制作、广告传媒类企业受冲击程度较小。

（二）演艺票务、境外旅游、体育赛事行业仍无法复工

某文化传播股份有限公司反映，目前室内演艺活动要求上座率不高于30%，无法覆盖商业演出成本，现在演艺经营、票务全线停业，相关场馆、设备租赁、演出组织预支无法收回。某影业投资有限公司反映，票房收入、卖品收入及广告收入几乎为零，预售电影票、售卖卖品、直播宣传以及线上的推广小活动等收入有限。某有限公司反映，京外游客骤减，营业收入较2019年同期相比下降84%。某国际旅行社有限公司反映，主营业务为欧洲中东非组团出境游，因境外疫情，预计2020年第三季度营业收入仍为0。某体育推广有限公司反映，2020年中网赛事已确定不举办，目前无新签赛事赞助协议，中网赞助协议一般是3~5年的长期合同，原有延续协议权益正在商讨中，2020年第三季度预计无营业收入，有可能还将产生退回已收赞助款。

（三）文娱设施运营企业维护成本高昂，较难在短期内扭亏为盈

某科技有限公司反映，因该公司为动物养殖及展示企业，保障动物健康是首要工作，不管经营与否，相关养殖费、能源费、饵料费、动物保健费等基本无下降空间，再加上进口渠道受疫情影响，饵料价格明显上涨，目前经营收入仍无法覆盖成本。某文化体育中心有限公司反映，体育场馆基础运行的日常维护、清扫、消杀，基本的水、电、气、热、通信等运维支出巨大，不动产折旧费用较高，目前营业收入已恢复至上年同期的70%，但是2020年第三季度仍将处于亏损状态。某文化创意有限公司反映，园区中餐饮、宾馆、文玩珠宝等企业复工率较低，商户退租、拖欠租金情况严重，营业收入下降55%。某科技有限公司反映，健身房固定客群受疫情影响，流失较多，营业

收入下降超 95%。某健身服务有限公司经营的 4 家店面只有 1 家能够正常营业，营业收入下降超 90%。

二、文化、体育和娱乐业企业复工后吸纳就业减少、薪酬缩水

（一）37.5%的企业裁减员工人数或因员工流失，企业减员近三成

文娱企业中专业技术人员较多，被调查企业普遍反映，为保证项目团队的稳定性，即使营业收入下降也尽量不裁员。但是，体育赛事组织、体育培训业由于大部分人员为外聘制，目前大都解除聘用合同。旅游、院线、艺术品销售行业一线服务人员减少较多。某国际旅行社有限公司员工数减少80%。某影业集团股份有限公司反映复工后员工数减少 50%。某影业投资有限公司反映复工后员工数减少 40%。某文化艺术品投资有限公司由于文化艺术品销售市场冷清，员工数减少 20%。

（二）53.7%的企业表示员工薪酬下降近四成

某国际旅行社有限公司反映，目前未复工，员工无底薪，只缴纳社保。某旅行社股份有限公司反映，员工工资下降 70%。某文化旅游产业投资有限公司反映，目前电影放映场次减少，客流不足，工资减半发放。某传媒集团有限公司反映，目前影视剧制作还未完全恢复、高单价广告需求减少，员工工资减半发放。某文化传播有限责任公司复工后员工人数没有变化，仍为轮岗制，工资减半发放。

三、境内化、线上化、室外化有助于 2020 年第三季度文娱企业经营复苏

（一）国内旅游、景点园区、出版行业 2020 年第三季度收入有望恢复

某旅游服务有限公司、某文化传播有限公司均反映，受疫情影响，市内

各大中小学校、企事业单位基本暂停团建、社会大课堂等活动，目前主要客户均为散客，如果2020年第三季度团队活动恢复，营业收入将有大幅回升。某投资发展中心反映，蝶恋花馆现已开馆，游客增多，营业收入恢复到上年的40%。第三季度正值鲜花港旺季，该企业将举办菊花展，届时游客量会大幅增加，营业收入快速上升，但是鲜花展览耗费人力和物力资源较高，故利润总额恢复将延后。某发行集团反映，随着全面复工复学，企事业单位、公共图书馆、学校批发、团购和馆配业务有望恢复接洽，实体书店客流恢复有助于稳定联营和出租商户，预计相关板块营业收入将在第三季度恢复。

（二）室内文娱企业恢复速度较慢，境内化、线上化、室外化有望加快复工进度

某体育文化发展有限公司反映，目前政府政策尚未全面开放赛事举办事宜，同时对于体育空间的开放程度较小，第三季度主营业务全面开展还有一定难度。某文化发展有限公司反映，目前KTV才开业几天，客户对密闭空间仍有恐惧心理，预计疫情平稳后，营业收入在第三季度可能缓慢回升。某旅行社（集团）有限公司反映，公司积极从事国内旅游产品的开发、设计，与北京市文旅局合作开发走遍北京的文旅项目，其中敦煌莫高窟、陕西美食、西藏特色游线路受到热捧，营业收入恢复至上年的60%。某拍卖有限公司反映，目前艺术品征集受阻，还未恢复线下拍卖会，转向开展线上拍卖等业务后，营业收入恢复至70%。某出版集团股份有限公司反映，疫情前该公司50%的业务收入来自图书馆、学校等阅读、展示屏业务收入。目前线下业务完全停止，依靠新开拓的网文音频内容服务，业务量恢复至2019年的90%。某体育健身俱乐部有限公司、某体育管理有限公司均反映，户外健身场馆逐步恢复，室内场馆恢复情况不理想，目前通过开发户外健身项目吸引客流。

（三）线上业务竞争大、其他行业经营复苏慢影响影音传媒等细分行业恢复

某科技有限公司反映，运营方向暂无变化，销售单价会受到一定程度的冲击，电台和视频的广告收入会有影响进而影响销售价格。某科技有限公司反映，尽管疫情期间大家居家隔离，爱奇艺的会员收入上涨，但是疫情导致企业投放广告需求下降，广告收入锐减。某科技有限公司反映，需要人员运营的游戏部分受影响严重，前期运营人员不能到岗，业务无法正常运转，部

分业务上线、营销等业务都出现延滞，营业收入下降较多。某文化传媒股份有限公司反映，由于该公司业务着重针对老年人和儿童的互联网服务。由于上半年节目编排采集难度增大，加上更多教育、娱乐服务线上化，各种辅导班都通过网课教学，这两类人群上网时间有限，经营渠道受冲击严重，营业收入较 2019 年有所下降。

四、自有资金、银行贷款成为现金流主要来源，现金流压力普遍较大

33.3%的企业反映，资金来源结构发生变化，经营性现金流缩减对应收账款、自有资金和银行融资的依赖度增高。57.1%的企业反映，现金流存在较大压力。某影业有限责任公司反映，现金流主要依靠银行贷款，目前现金流仅能维持企业生存 1 个月。某有限责任公司反映，现金流主要为部分应收账款收回，企业开源节流，可解决日常经营的基本资金需求，但只能维持企业生存 3~5 个月。某文化传媒有限公司反映，因回款周期变长，预付款项增加，资金周转变慢，资金较疫情前存在压力。某国际旅行社有限公司出境游与入境游均被叫停，经营现金流大幅减少，目前转向国内的省内游门票销售。

五、政策建议

一是逐步放宽防疫政策。52.1%的企业反映，目前的复工复产政策不足以支撑行业复苏。对演出、娱乐、展会场所的人数要求导致运营收入远无法覆盖成本，建议根据疫情稳定情况放开室外中大型文化娱乐活动组织、赛事举办，开放公共的体育空间。企事业单位、社区、学校等组织团队活动缺乏明确指引。尤其是跨省的团队旅游、企业团建等活动面临的困难较大。由于各地的防疫要求不完全一样，政策标准不统一增加了复工复产难度。

二是加强产业补贴等支持政策。37.5%的企业建议，希望增加产业专项补贴，为企业上线新项目提供资金支持。目前海外影视剧制作、书籍版权引进、境外明星入境演出、国际赛事举办等都处于停滞状态，建议简化放宽国内文化、体育和娱乐产品审批标准及流程。建议政府通过与企业组织联合营

销、发放消费券等方式增强消费者信心，降低室内文体活动的恐惧心理，从而带动文娱行业消费。

三是延长社保减免、缓缴的期限。27.9%的企业建议延长减免、缓缴2020年社保的期限。第一波疫情，1、2月的社保可通过申请缓缴至7月；新发地聚集性疫情暴发，希望能够延续1、2月的申请条件。部分地区社保减免政策优惠力度更大。上海地区除了减免之外社保还可以推迟缴纳，截至8月还未扣款，支持政策比北京力度更大。

四是企业建议政策支持减免房租。27.2%的企业普遍反映，由于未承租市级和区级国有企业房产，所以不属于减免房租政策收益范围。私有物业小企业协商空间很小。建议公共国有企业租赁，物业继续给予一定的免租支持；对于非国有的商场购物中心，建议出台以租赁面积、工资发放或社保缴纳金额为衡量标准的直补政策；同时建议有关部门协调各大商场和购物中心等物业方，鼓励现有租金缴纳延迟至2020年6月。部分地区有房租专项减免政策，如武汉当地有针对房租等项目的政府补贴，可申请。

企业融资综合信用服务平台比较研究及新模式探索

——北京"创信融"打通小微企业融资梗阻

赵　睿　杨媛媛*

为深入贯彻党中央、国务院关于扎实做好"六稳""六保"工作的决策部署，进一步深化中小微企业金融服务，人行营业管理部赴广州、苏州、台州、杭州、厦门等地调研，探索出信用信息支持小微企业融资的新模式，在全国率先搭建"模型驱动的嵌入式金融服务模式"，建设"金融管理大数据+金融科技+政府政策配套"三位一体的"创信融"企业融资综合信用服务平台并在 2020 年中关村论坛发布，通过"纯信用、全线上"金融服务，为北京市小微企业发展和科技创新创业提供金融助推。平台试运行 9 个月以来，已精准支持 1700 多家中小微企业，小微企业占比 99%；首贷企业占比近八成，支持就业人数近 5 万；发放贷款突破 15 亿元，信用贷款率达 100%，全部为随借随还贷款；贷款加权平均利率 4%，比同期全国普惠小微贷款低 160个 BP，获贷平均时长仅 12 分钟。

一、各地平台的供给情况及对比分析

广州、苏州、台州是国内较早筹建金融服务平台的城市，经过多年的探索实践，在信用信息归集及使用方面走在全国前列，对支持小微企业融资发挥了重要作用。杭州、厦门是近两年金融服务平台建设较快的城市，已初具规模。总体来看，国内的金融服务平台主要有两种模式，一种是信息驱动的撮合式服务，另一种是数据驱动的供数式服务。

---

*　赵睿、杨媛媛，均供职于中国人民银行营业管理部征信管理处。

（一）信息驱动的撮合式服务

广州、苏州、台州、厦门的金融服务平台是汇集金融机构的金融产品和小微企业的融资需求，提供信息驱动的撮合式服务。区别主要有两点：一是附加信息类型不同。在给金融机构推送企业融资需求的同时，有的平台会附上企业信用评分或报告，有的平台会允许金融机构查看企业的部分信息。二是平台服务模式不同。广州金融服务平台是银行单向发布产品，企业根据产品在线申请融资；苏州金融服务平台是银行发布产品，企业发布需求，双向选择，银行有抢单机制；台州金融服务平台具备智能撮合功能。

1. 主要优点

一是政府部门主导推动，市场机构负责运营。广东省政府发文，明确由人民银行牵头组织建设粤信融；苏州将征信体系建设作为市政府的"一把手"工程，由人民银行与金融局双牵头，持牌的企业征信机构负责承接建设。

二是以金融城域网为基础，减少重复建设。广州、苏州、台州的平台系统均通过金融城域网连接金融机构，实现了安全、高效的数据传输，节约了金融机构的综合对接成本。

三是以大数据平台为核心，自建企业评价模型。三地平台在给金融机构推送企业融资需求的同时，会根据各自的评分模型，附上企业信用评分或报告。

2. 主要不足

一是以加工数据为主，未纳入银行授信审批模型中。几地平台汇集数据后，建立各自的企业评分模型，并向银行输出企业信用评分或报告。但由于未纳入银行的授信审批模型中，大部分银行仅将此作为授信参考，未能对小微企业融资起到显著支撑作用。

二是仍以线下对接为主，未能解决小微企业信贷审批慢问题。几地平台都是线上撮合，线下审批，再线上登记。主要原因在于未能做到线上授信直连，银行难以开发纯线上的小微企业融资产品。

三是平台建设成本较高，对小微企业的支持性较弱。几地建设先后投入超亿元，且周期较长。但从目前对小微企业融资的效果来看，每笔融资均在500万元以上，普惠程度一般。

（二）数据驱动的供数式服务

目前，全国仅有浙江采取数据驱动的供数式服务。该模式的特点是：银行直接获取原始数据，提高了获取企业信息的效率。当企业发起融资申请时，金融机构可提交查询申请，直接获取企业的原始数据，但由于平台未充分取得信息主体的相应授权，存在一定的法律风险和安全隐患。

二、金融机构的核心需求及 SWOT 分析

通过对辖内银行调研，北京市银行业金融机构在授信模型中，除了应用本银行的信贷数据（贷后），还大量使用企业非负债的替代数据。课题组将企业非负债的替代数据分为四大类：企业基本信息、生产经营信息、企业风险信息、企业正面信息，并将四类信息中的 11 个数据类别按重要程度进行分层，以 1~4 标注重要程度，1 代表此项信息最重要，银行最需要（见表 1）。

表 1　企业非负债的替代数据表

信息类型	数据类别	数据来源	数据获取情况	重要程度
企业基本信息	工商信息（包括照面信息，股东出资信息，管理人员信息，投资关联、高管关联信息等）	市场监管局	有部分数据	3
	企业高管或小企业主的婚姻信息等个人信息	公安	无	4
生产经营信息	税务信息（财务报表+纳税信息）	税务局（人民银行）	有少量行内数据	1
	水、电、燃气三表信息	电力、供水、燃气等部门	无	2（生产型企业）
	社保、公积金缴纳信息	人社局、公积金中心	有少量行内数据	4
	进出口信息	海关	无	2（商贸类企业）
	结售汇信息	人民银行	无	2
	跨行转账等清算数据	人民银行	无	1

续表

信息类型	数据类别	数据来源	数据获取情况	重要程度
企业风险信息	司法信息（诉讼与执行、抵押与查封、关停倒闭以及其他违法行为信息等）	法院	有公开数据	3
	负面信息（欠缴社保、公积金、税款，环保处罚，行政处罚等黑名单信息）	发改委	有公开数据	4
企业正面信息	环保、食品药品及质监等部门相关许可证信息，市场监管、质监等部门奖励信息等	各相关部门	无	4

资料来源：笔者整理。

税务信息是银行最核心、最迫切的需求，清算数据也是银行非常看重的一项。对于生产型企业，在贷前和贷款存续期监控时，为更好掌握企业的经营持续情况，需要掌握其用水用电信息。对于进出口商贸类企业，在信贷和项目合作时需要核实其进出口报关信息、结售汇信息。在银行的核心需求中，人行营业管理部大数据平台至少涵盖三项。人行营业管理部构建北京市企业信用信息服务平台具备一定的优势与劣势、机遇与挑战（见表2）。

表2　SWOT 分析表

优势	劣势
1. 拥有国库、结算、外汇的全量数据 2. 行内的大数据平台即将建设完成 3. 拥有安全成熟的金融城域网，节约了金融机构的综合对接成本（人力、物力、财力、时间） 4. 选取中关村作为试点区域，可大可小，收放自如	1. 北京市大数据局和金控集团目前都没有汇集全各部门数据信息，较难获取北京市各政府部门的公共信用信息数据 2. 未得到北京市政府的发文支持，未成为地方信用信息平台建设的牵头部门
机遇	**挑战**
1. 金控集团平台建设及数据归集的速度与小微企业金融服务的迫切性不匹配 2. 应用互联网而非金融城域网与数据信息传输安全、高效的要求不匹配 3. 利用自有模型输出企业信用评分与金融机构实际需求不匹配	1. 金控集团已获得北京市政府的全力支持，被认定为"唯一的数据集散中心" 2. 征信中心金融信用信息数据的开放运用 3. 银保监与国家税务总局推动的"银税互动"

资料来源：笔者整理。

三、新模式探索——"创信融"平台的应用

通过对各地征信服务平台的经验总结和银行需求分析，人行营业管理部探索出信用信息支持小微企业融资的新模式。"创信融"平台是一种模型驱动的嵌入式金融服务模式，具有"联合建模、沙盒评价、授信直连、政策助推"的特点。"创信融"平台首先在中关村国家自主创新示范区开展试点，着力提升商业银行小微企业金融服务能力，提高小微企业融资的获贷率、首贷率、信用贷款率，降低利率和不良率，促进"获得信贷"营商环境持续优化。

（一）主要做法

一是充分利用人行营业管理部大数据平台，汇聚 4 亿多条上千维度的市场主体数据，在沙盒环境中与银行联合构建评价模型，将评价结果直接纳入银行自身风控模型，实现平台与银行授信审批系统直连，最快可秒级放贷。

二是充分发挥部门合力，协调推动中关村管委会对平台上符合条件的获贷企业提供贷款贴息，对试点银行按照年度业务规模的一定比例提供风险补贴。

三是充分调动市场资源，指导试点银行推出"纯信用、全线上"小微企业专属产品，单笔最高授信额度可达 500 万元，利率不超过商业银行小微贷款平均利率。目前已有 6 家银行的专属产品上线，得到了小微企业的高度评价。

（二）平台特点

一是"无抵押"信用化，破解小微企业轻资产难题。小微和科创企业融资难的突出痛点在于轻资产无抵押。商业银行依托"创信融"平台，通过数据驱动，提供"无抵押、无担保、纯信用"信贷产品，实现企业自主支用、随借随还、按日计息。

二是"全流程"线上化，破解商业银行风险责任认定难题。商业银行通过自身风控系统与"创信融"平台风险评价系统协同联动，实现了授信审批全流程线上化，电脑替代传统人工操作，最快可以秒级放贷。在提高融资效率的同时，打通了原来由于风险责任难认定形成的"梗阻"。

三是"大数据"技术化，破解企业信息不对称难题。小微和科创企业融

资信息不对称问题，一方面是由于数据离散、未能有效融合，另一方面是缺乏安全可信的数据共享渠道，形成了金融部门与实体经济之间的信息墙阻。"创信融"平台积极探索区块链等技术应用，在确保数据安全的前提下，联通金融、政务、市场等多领域数据仓，融合多方数据资源，主动为小微企业融资提供精准画像。

四是"政府+"市场化，破解创新可复制难题。"创信融"平台由金融管理部门主导推动，既能够确保安全性、公允性，又有利于更好、更快地调动金融资源，加速市场化创新。同时，政府部门"几家抬"，给予政策配套支持，形成"政府+市场"的双轮驱动，为局部经验到全面适用提供政策动力和制度保障。

四、政策建议

（一）进一步推动涉企信用信息对"创信融"平台的数据支持

人行营业管理部大数据平台与北京市金融公共数据专区已完成联通，并已推送了首批政务数据，建议北京市能加快推送社保、公积金等相关数据，以便更好地利用替代数据支持中小微企业融资。

（二）进一步加强营业管理部金融服务平台与北京市政务服务平台联通

人行营业管理部已建成多个金融服务平台，如银企对接平台、信用北京查等，其中信用北京查已与北京市"指尖政务"联通，下一步将推动"创信融"平台与北京市政务服务平台联通，增强金融服务的延展性，加快推动政务服务与金融服务深度融合。

（三）探索建立中关村科创型小微企业征信试验区

建议将中关村作为北京市小微和科创企业征信创新试点区域，以进一步推动中关村管委会等北京市政府部门出台制度化配套政策，更有效地支持优质中小微企业成长为创新重要发源地。

关于北京地区商业银行金融与科技融合情况的调研

张 岩 赵伟欣*

随着科技在金融领域的深入应用，金融科技通过减少信息不对称、优化决策过程、增强金融服务的易得性和便捷性，显著提高了金融交易效率。有的商业银行自主开发金融科技手段，应用于营销拓展、风险管控等领域；还有部分商业银行与金融科技公司合作，应用于客户引流、智能投顾、支付业务等领域。为了解商业银行金融与科技融合情况，我们调研了北京地区 8 家商业银行，包含 4 家股份制商业银行、1 家城市商业银行、1 家农村商业银行、1 家民营银行和 1 家其他类型银行。

一、北京地区商业银行金融与科技融合情况

（一）金融科技应用情况

整体金融科技应用方面，北京地区商业银行金融科技发展水平相对较高。按照金融科技应用三个阶段划分[①]，除 1 家民营银行仍停留在互联网线上化阶段外，其他银行均已进入智能化阶段。大部分银行金融科技主要应用于营销拓展，少部分银行应用于风险管控场景，应用最多的技术是大数据和云计算，只有 1 家银行开展了较多的人工智能技术应用。

金融科技投入方面，民营银行的投入力量远高于其他类型银行。大部分银行投资于金融科技的费用占银行营业收入的比重在 5% 以下，两家民营银

---

* 张岩、赵伟欣，均供职于中国人民银行营业管理部金融稳定处。

① 金融科技应用三阶段是指金融 IT 阶段、互联网线上化阶段和智能化阶段。

行投入比重均接近20%。此外，民营银行金融科技开发人员数量占中后台人员的比重均在30%以上，其他类型银行金融科技开发人员比重通常在10%以下。一方面，部分民营银行主要股东为大型科技公司，科技研发和应用能力较强；另一方面，民营银行大部分成立时间较短、网点数量较少，相对于其他类型银行有较为明显的后发劣势。

（二）金融科技主要合作业务领域情况

多数银行参与了联合贷业务，主要希望利用金融科技手段精准触客。调研结果显示，大部分辖内银行均在不同程度上开展了联合贷业务，银行资金一般占90%左右，个别银行高达99%。相关银行主要希望通过联合贷平台进行客户引流，少数银行还希望借助金融科技手段降低不良率、实现降本增效，从而获取较高贷款收益。在贷款发放过程中，除部分客户数据和模型构建交流外，银行和金融科技公司各自独立进行风险防控和后期催收，实际融合程度一般。

理财销售基本实现互联网化，智能投顾技术已进入试运行。大部分银行95%左右的理财和基金通过互联网销售。部分银行已经尝试联合金融科技公司开展智能投顾业务，一家银行智能投顾系统已进入试运行阶段，系统采用外部金融科技公司的技术，交易系统部署在银行内部，策略由基金公司提供，试运行阶段的实盘业绩验证其策略有效。

大部分银行倾向外部技术合作，大数据、移动支付应用最广。被调研银行表示，由于自身开发能力较弱或难以承担独立开发的成本，更倾向与金融科技公司或大型银行合作，弥补技术开发力量不足的短板。有的银行与金融科技公司合作，应用大数据技术，开展业务营销和风险管控；有的银行与金融科技公司合作，对接代收、代付、协议支付、鉴权等业务，业务类型广、交易成本低、银行列表及交易限额灵活、交易时效性强；还有的银行使用人脸识别等技术用于支付业务，利用其算法建模能力及海量数据确保整体功能模块的安全性、精确度和响应速度。

二、金融科技对商业银行业务发展的主要影响

（一）银行工作效率提高效果有限，金融科技发展目前对网点数量影响有限

调研结果显示，金融科技发展对商业银行网点数量影响较小。仅有 2 家银行最近两年因业务向本行线上渠道迁移，减少网点数量；2 家银行近两年因业务扩张需求，网点数量反而增加；还有 2 家银行均认为未来网点数量会继续增加，金融科技应用难以影响网点数量。据与部分银行等机构了解，在现行监管要求下，部分业务必须依靠线下网点才能开展。比如线上只能开设 Ⅱ、Ⅲ 类账户，理财首次购买需要线下面签，客户在购买部分产品时需要"双录"，目前在技术上基本可以实现线上操作，但监管规定尚不允许。

（二）科技人员数量不足，对金融科技长期发展不利

银行在调研中表示底层技术研发能力不足是其在应用金融科技方面面临的最大问题。相对国内技术较为成熟的大型银行和金融科技公司，中小银行在人才招募中欠缺竞争力，反过来进一步加深了中小银行对大型银行和金融科技公司的技术依赖，减弱银行 IT 部门自身的技术掌控力，加大了两者之间的技术鸿沟。此外，科技开发人员不足和人员流动导致能够接触客户信息的群体范围更大，提高了银行客户信息泄露的风险。

（三）联合贷业务中银行承担多重风险，金融科技收益责任不对等

调研显示，虽然银行在联合贷业务中承担了约 90% 的出资比例，但是在收益分成中却未能获得预期回报，甚至出现了金融科技公司收取大部分收益的情况。以某股份制商业银行为例，其在与蚂蚁金服的借呗和花呗合作过程中，负责承担 90% 的资金，在最终收益分成时仅分得 65%；但在承担相关业务损失时，却要按照 90% 的出资比例吸收坏账，形成了风险和收益的倒挂。此外，部分联合贷利率较一般银行贷款更高，且金融科技公司多通过小额贷款公司发放贷款，属于民间借贷的管理范围，银行与其组成联合贷将可能面

临非法转贷及高利贷诉讼风险。

（四）金融科技公司垄断数据信息，商业银行最为关注

8 家参与调研的银行中，各有 3 家银行关注信息壁垒和数据孤岛问题。部分银行表示，金融科技公司仅提供加工后的标签和评价信息，数据质量参差不齐，银行只对客户准入结论等判定结果进行反馈，会出现因外部数据质量问题等导致交易失败的情况，不利于客户正常融资。

三、政策建议

一是建立健全法律法规，对同类业务、同类主体一视同仁。加快制定金融数据安全标准、金融科技创新监管规范，关注银行内部数据的安全性问题和外部数据获取的合规性问题。对于开展银行同类业务的市场主体适用相同的监管要求，避免由于监管标准不一形成套利空间。

二是加快金融科技基础设施建设，实现数据互联互通。打造金融大数据平台，在保证合法合规使用的前提下提高银行、企业间数据的互联互通，提高中小银行和金融科技公司服务小微企业的能力。

三是健全金融科技人才激励与考核制度，大力培养金融科技复合型人才。鼓励培养兼具金融和科技双方面知识的复合型人才，摆脱金融活动仅有科技外壳、科技技术脱离金融业务需求的局面。

居民现金使用现状及影响因素分析

——基于北京市现金使用调查问卷实证

胡　月*

一、居民使用现金基本情况

从宏观方面看，通过对比我国 2010—2019 年 M0 以及 GDP 数据（见图1）可以看出，虽然我国流通中现金数量增速低于 GDP，但是绝对数量仍呈上升趋势。对比发达经济体的流通现金变化来看，除了瑞典等少数北欧国家在提出无现金化社会后流通中现金数量有所减少，其他发达国家现金数量均有不同程度的增加。

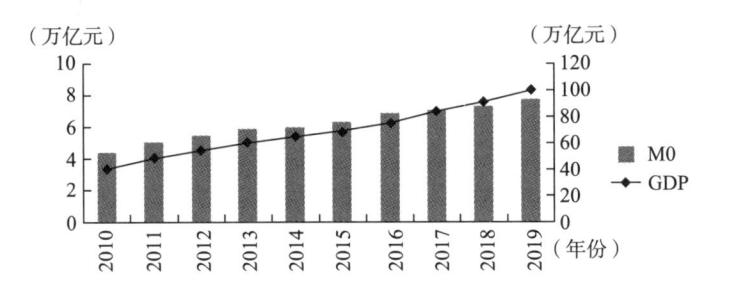

图1　2010—2019 年我国 GDP 及流通中现金量（M0）

资料来源：中国人民银行及中华人民共和国国家统计局网站。

---

* 胡月，供职于中国人民银行营业管理部货币金银处。

从微观方面看，虽然在微信、支付宝等移动支付的影响下，我国公民的支付习惯已经发生了改变，但是，当前现金的使用仍以个人为主。以2020年第一季度北京现金收支情况来看，个人客户现金交存和支取分别占到全部存取金额的80.52%和79.4%；2020年2月对北京市部分商业银行大额存取款客户的调查结果显示，存款和取款金额前100位的客户中，个人客户分别排第29位和第40位，当月累计存取款金额均在100万元以上。

上述数据表明，现金需求和供应对大多数国家和地区的经济发展具有重要影响，居民在现金的使用中仍占有主导地位，有必要对居民现金的使用情况和影响因素进行调查和分析。

二、居民现金使用现状分析

为了掌握北京市居民现金使用基本情况及对现金的不同需求，收集现金相关数据，我们向北京地区居民发放《北京市现金使用情况调查问卷》。本次调查共历时20天，经汇总整理的有效问卷共计24293份，参与调查人数占北京市常住人口的比例约为1.12‰。

（一）参与调查人员情况描述

本文从性别、年龄、受教育程度、所在区域、月收入共计5个维度对调查样本进行了划分（见表1）。

表1　参与《北京市现金使用情况调查问卷》样本信息

	类别	样本量（人）	占比（%）
性别	男	10256	42.2
	女	14037	57.8
年龄	25岁（含）以下	2857	11.8
	25~35岁（含）	7764	32
	35~45岁（含）	4918	20.2
	45~60岁（含）	5413	22.3
	60岁以上	3341	13.8

续表

	类别	样本量（人）	占比（%）
受教育程度	专科以下	5894	24.3
	大学专科	4460	18.4
	大学本科	11731	48.3
	博士或硕士研究生	2208	9.1
所在区域	北京市三环（含）以内	4432	18.2
	北京市三环至五环（含）	7395	30.4
	北京市五环外	12466	51.4
月收入	5000元（含）以下	7471	30.8
	5000~10000元（含）	10956	45.1
	10000~20000元（含）	4333	17.8
	20000元以上	1533	6.3

资料来源：笔者整理。

（二）现金使用特征分析

1. 现金持有数量、交易金额及频率

居民携带现金的数量主要集中于500元以下，占比高达71.4%（见图2）。家庭储备现金的数量以2000元以下为主，占比为44.2%。从现金使用的频率来看，采用现金方式支付的金额占比与次数占比基本一致，集中于10%区间。近期使用现金的笔数中，选择0笔的占48%，1笔的占24.9%。

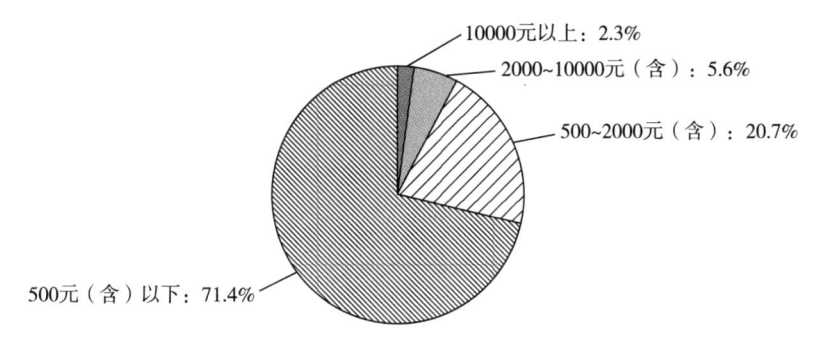

图2　"居民携带现金数量"调查结果

资料来源：笔者整理。

调查结果表明，以现金作为主要支付方式的居民越来越少，且多数家庭不再以现金的方式贮藏财富。

2. 现金主要用途

从您使用现金的主要用途（多选）调查中，排在前三位的分别是日常生活用品采购、停车费/过路费、礼金红包，选择比例分别占参与调查人数的38.6%、33.9%、32.9%；其他选项占11.0%，用途主要集中在医院挂号缴费、行政事业单位收费等方面（见图3）。

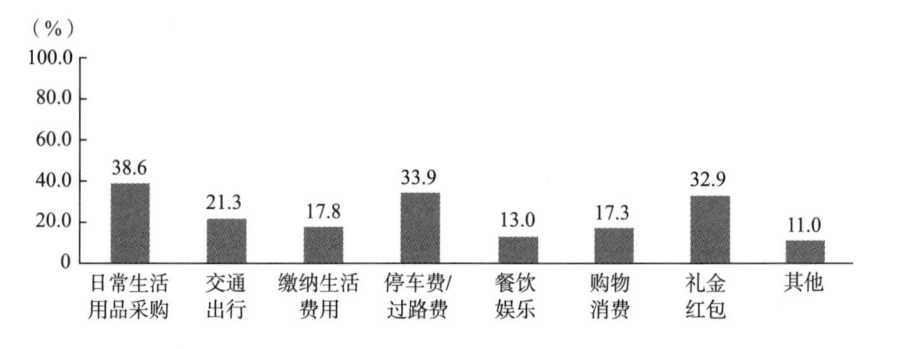

图3 "现金主要用途"调查结果

资料来源：笔者整理。

3. 未来支付趋势

在现金使用频率与上年相比的调查中，65.5%的居民选择了减少；60岁以上的居民中选择增加和持平的占比达到57.6%（见图4）。

子问题	25岁（含）以下	25~35岁（含）	35~45岁（含）	45~60岁（含）	60岁以上
增加	233（8.2%）	548（7.1%）	337（6.9%）	421（7.8%）	338（10.1%）
持平	717（25.1%）	1730（22.3%）	1018（20.7%）	1454（26.9%）	1587（47.5%）
减少	1907（66.7%）	5486（70.6%）	3563（72.4%）	3538（65.3%）	1416（42.4%）

图4 "现金使用频率与上年相比"与年龄段分布交叉分布图

资料来源：笔者整理。

在今后使用现金的意愿调查中，仍会一直使用的占 35.2%，会逐渐放弃使用的占 45.7%，已经放弃使用的占 19.1%；在选择仍会一直使用的群体中，60 岁以上的老年人占比达到 55.6%。在是否已经使用移动支付中，选择还未使用的占 8.5%，其中 48.1% 为 60 岁以上群体。在未使用移动支付的原因调查中，最主要的原因为移动支付风险大、学习移动支付太麻烦。

上述数据表明，老年人在当前和今后都是现金使用的主要群体，且这种趋势并不会随着移动支付的发展而改变，主要原因是老年人对移动支付的安全性有所担忧，现金交易依旧是对老年人最安全、最友好的支付方式。

4. 疫情对居民现金使用影响

新冠肺炎疫情以来，北京市现金投放回笼数量的断崖式下降。本次调查中设置了新冠肺炎疫情期间，您使用现金数量有何变化一题，选择减少的占比为 71.8%。在减少的原因（多选）中，最重要的原因为不卫生（71.9%），其次为交易烦琐（53.6%）、携带不便（52.5%）。由此可见，卫生安全性已经成为公众在使用现金时最为关注的焦点，整洁度对公众现金接纳态度发挥着重要影响。

三、居民现金使用影响因素实证研究

为进一步研究不同因素对居民使用现金的影响，基于问卷调查结果，本文采用卡方检验及克莱姆 V 系数、Spearman 系数，以确定性别、年龄、收入、受教育程度、居住区域等因素对现金使用是否存在影响及关联程度的大小。

（一）卡方检验

结合调查问卷的问题，卡方检验适用于单选题间的相互比对。本文将性别、年龄、受教育程度、所在区域、月收入 5 项样本信息作为自变量，将携带现金金额、日均现金支付笔数、现金使用频率变化情况、未来现金使用倾向 4 项现金使用特征作为因变量，通过自变量与因变量卡方检验，确定相互间是否存在显著影响。根据卡方检验要求，需对不同变量进行分类及赋值（见表 2）。

表2　变量分类及赋值

变量名称	表达符号	变量类型	赋值说明
性别	G（Gender）	定类	男性＝1；女性＝2
年龄	A（Age）	定序	≤25岁＝1；25～35岁＝2；35～45岁＝3；45～60岁＝4；≥60岁＝5
受教育程度	E（Education）	定序	专科以下＝1；大学专科＝2；大学本科＝3；博士或硕士研究生＝4
所在区域	D（District）	定序	三环（含）以内＝1；三环至五环＝2；五环以外＝3
月收入	I（Income）	定序	≤5000元＝1；5000～10000元＝2；10000～20000元＝3；≥20000元＝4
携带现金金额	M（Money）	定序	≤500元＝1；500～2000元＝2；2000～10000元＝3；≥10000元＝4
日均现金支付笔数	T（Time）	定序	0笔＝1；1笔＝2；2笔＝3；3笔＝4；4笔＝5；≥5笔＝6
现金使用频率变化	C（Change）	定类	增加＝1；持平＝2；减少＝3
未来现金使用倾向	F（Future）	定类	继续使用＝1；逐渐放弃使用＝2；已经放弃使用＝3

资料来源：笔者整理。

经过卡方检验，各自变量对因变量的卡方值检验结果均在 P<0.05 上显著，说明各自变量分别对各因变量有影响，可以对上述各自变量与因变量进行关联性分析（见表3）。

表3　自变量与因变量卡方检验结果

检验指标		性别	年龄	受教育程度	所在区域	月收入
携带现金金额	卡方值	330.17	1106.948	496.808	113.71	298.931
	自由度	3	12	9	9	9
	P值	0.000	0.000	0.000	0.015	0.000
日均现金支付笔数	卡方值	375.731	3757.033	4091.572	492.017	1768.070
	自由度	5	20	15	15	15
	P值	0.000	0.000	0.000	0.000	0.000
现金使用频率变化	卡方值	163.704	1023.052	896.886	111.338	519.640
	自由度	2	8	6	6	6
	P值	0.000	0.000	0.000	0.000	0.000

检验指标		性别	年龄	受教育程度	所在区域	月收入
未来现金使用倾向	卡方值	166.693	1073.442	1344.275	327.713	911.086
	自由度	2	8	6	6	6
	P 值	0.000	0.000	0.000	0.000	0.000

资料来源：笔者整理。

（二）关联测度

本文引用克莱姆 V 系数、Spearman 系数，测算各类型变量间关联程度，以确定不同样本特征对居民使用现金影响的大小。

根据克莱姆 V 系数和 Spearman 系数公式，得到如下测算结果（见表4）。

表4 因变量与自变量关联度测算结果

检验指标		性别	年龄	教育程度	居住区域	月收入
携带现金金额	克莱姆 V 系数	0.117	—	—	—	—
	Spearman 系数	—	0.191	−0.113	0.02	−0.049
日均现金支付笔数	克莱姆 V 系数	0.125	—	—	—	—
	Spearman 系数	—	0.34	−0.38	0.12	−0.243
现金使用频率变化	克莱姆 V 系数	0.082	0.146	0.136	0.048	0.104
	Spearman 系数					
未来现金使用倾向	克莱姆 V 系数	0.083	0.149	0.167	0.082	0.137
	Spearman 系数					

资料来源：笔者整理。

（三）结果分析

1. 单个自变量对多个因变量的影响分析

一是性别对居民现金使用有一定影响，男性相比于女性更愿意携带现金，以现金方式消费更为频繁。二是年龄对居民现金使用有明显影响，且呈正相关。三是受教育程度对居民现金使用有明显影响，且呈负相关，学历越高的群体携带现金数量和使用现金支付的频率越少。四是所在区域对居民现金使用有微弱影响。五是月收入对居民现金使用有明显影响，且呈负相关，收入越高的群体更愿意采取非现金支付方式结算。

2. 多个自变量对单个因变量影响分析

（1）定类变量分析。影响"现金使用频率变化"因素中，关联程度由高到低为：年龄>受教育程度>月收入>性别>所在区域。影响"未来现金使用倾向"因素中，关联程度由高到低为：受教育程度>年龄>月收入>性别>所在区域。

（2）定序变量分析。影响"携带现金金额"因素中，关联程度由高到低为：年龄>受教育程度>月收入>所在区域。用公示表达为：

$$M = \alpha_1 + 0.191 \times A - 0.113 \times E - 0.049 \times I + 0.02 \times D \tag{1}$$

其中，α_1 为常数项。

影响"日均现金支付笔数"因素中，关联程度由高到低分别为：受教育程度>年龄>月收入>所在区域。用公示表达为：

$$T = \alpha_2 + 0.34 \times A - 0.38 \times E - 0.243 \times I + 0.12 \times D \tag{2}$$

其中，α_2 为常数项。

通过公式可以看出，对居民使用现金行为影响程度最大的因素为受教育程度和年龄，其次为月收入，最微弱的为所在区域，这与北京城市化程度高、城乡差距不明显有着直接关系。

四、政策建议

（一）坚持"需求管理"理念，提高现金供应科学化水平

建立多元化的现金使用反馈机制，完善现金使用行为抽样调查，依托调查问卷、支付日记账等形式，掌握一手资料，量化分析现金交易和持有行为特征，及时判断未来居民现金使用偏好和趋势。针对不同地域、年龄等群体需求，采取适当的现金供应方式，如在北方地区适度加大纸币的投放力度，进一步增加在老年人较多的老城区、远郊区县的现金供应，加大重点地区ATM机具布放等。

（二）建立突发卫生公共事件现金保障机制

调查结果显示，新冠肺炎疫情期间，居民对现金的卫生情况尤其关注，"卫生安全性"成为影响现金使用的最主要因素。因此，应建立适应地区特点的突发公共卫生事件现金保障机制，疫情期间，协调区域现金供应联动，加大原封新券投放力度，采取科学方式对回笼现金进行消毒处理，加强宣传引导，消除公众顾虑。

（三）加大反假货币力度，保障居民现金使用权益

强化人民币防伪知识宣传，提高居民"识假、反假"能力，联合公安部门开展打击假币专项行动，消除假币犯罪土壤。畅通现金使用渠道，依法整治拒收现金行为，维护现金的法定支付地位，保障居民合法权益。通过"以新逐旧"的方式，加大残损币的回收力度，不断提高流通中人民币的整洁度，让公众"敢用钱、用新钱"。

（四）推进大额现金管理

通过对比调查结果与 2020 年 2 月北京市大额客户存取款情况，有相当一部分大额现金去向难以解释。人民银行应全面推广大额现金管理，将大额现金管理纳入对银行业金融机构的考核，督促商业银行落实现金管理和反洗钱工作要求，引导商业银行建立大额现金流通内控制度，提高员工对该项工作的重视程度；发挥大数据作用，与税务等其他部门共享资源，通过比对数据，及时发现偷税漏税等违法行为；营造合理使用现金的社会氛围，优化现金服务，不断提升大额现金管理水平。

北京市现金流通与地区经济及产业发展关联分析

王 超[*]

现金是货币供应量中最活跃的一个层次，在经济发展中具有重要作用。本文选取 2007—2019 年北京市现金投放回笼数据及地区产业增加值数据，对现金运行和宏观经济的关联关系进行理论和实证分析，研究得出：北京市现金投放、回笼与第一产业、第二产业、第三产业增加值具有同向同步变动效应；受非现金支付的影响，在地区生产总值规模及产业结构保持不变的前提下，现金投放、回笼规模呈现逐年缩减的倾向，现金投放规模预计比 2018 年同期缩减 11%，现金回笼规模预计比 2018 年同期缩减 9%。在此基础上，就今后现金工作的方向提出了政策建议，力求为北京市经济发展提供金融助力。

一、北京市现金运行与地区经济发展特征分析

（一）北京市现金运行与地区经济发展总体相匹配

近年来，北京市经济迅猛发展，GDP 由 2010 年的 13777.9 亿元增长到 2019 年的 35371.3 亿元，年均增长率为 7.4%。同期，北京市现金运行持续保持大量现金净投放状态，现金需求与宏观经济增长相匹配，市场持续发展激发了大量的现金需求。2010—2016 年，北京市现金净投放量持续攀升，2016 年突破 500 亿元大关，2017 年开始，现金净投放规模急剧下滑，恰在此期间，我国经济结束了近十年的高速增长期，经济发展进入新常态。虽然现金净投放量呈逐年下降趋势，但净投放量仍维持在正值。这也说明，随着经

---
[*] 王超，供职于中国人民银行营业管理部货币金银处。

济的不断发展，现金作为主要支付工具在北京仍然存在较强的刚性需要。

（二）现金对经济的刺激作用逐年下降

近年来，北京市经济由高速增长转变为高质量增长以及非现金支付的普及，随之出现的是现金投放、回笼数量逐年减少。2019 年，北京市现金投放 1757.8 亿元，同比下降了 11.51%；现金回笼 1465.0 亿元，同比下降了 11.82%。我们以现金投放与回笼总量除以 GDP 来衡量现金收支对 GDP 的刺激效应，公式如下：

$$K = \frac{DE+WD}{GDP}$$

其中，K 代表刺激系数，DE 代表现金投放总量，WD 代表现金回笼总量。

通过计算，2011 年至今，刺激系数随 GDP 的不断增长而下降，可见现金的投放、回笼总量对经济发展刺激效应呈现逐年下降的趋势。同时也表明，北京市人民币管理工作的重心已经由数量满足转向精准服务，在科学合理保障现金供应的基础上，提升现金服务和管理能力成为今后工作的重中之重。

（三）在当前经济形势下，个人使用现金的习惯相对于企业更加稳定

从辖内商业银行报送的现金收支数据来看，近年来北京市各银行对外现金收付规模从 2015 年开始，呈现逐年下降的趋势。从客户分类来看，商业银行的现金收付业务主要发生在个人客户。近三年，个人客户存现占比为 77%~81%，取现占比为 79%~82%，并且该比例有逐渐增大的趋势，部分银行 2019 年个人客户取现超过总取现金额的 90%。可以说，在现金使用量日渐萎缩的背景下，企业的现金萎缩速度更快，而个人使用现金的习惯相对更加稳定。

二、北京市现金流通与宏观经济关联分析

（一）变量选取及描述性统计

选取 2007—2019 年期间，通过分析各变量发展速度之间的关系，来定量

分析区域产业结构与现金运行的相关性。为了加强数据的平稳性，我们以 cds、cws 分别表示现金投放发展速度和现金回笼量发展速度，以 pis、sis、tis 分别表示三大产业发展速度，通过分析各变量发展速度之间的关系，来定量分析区域产业结构与现金运行的相关性（见表1）。

表1　变量说明及描述性统计

变量	变量表示的含义	均值	标准差	最大值	最小值
cd	现金投放量（亿元）	2267.43	325.70	2718.70	1757.80
cw	现金回笼量（亿元）	2002.37	311.31	2416.90	1465.00
pi	第一产业增加值（亿元）	129.75	18.66	161.80	101.30
si	第二产业增加值（亿元）	4147.18	1099.92	5715.10	2479.30
ti	第三产业增加值（亿元）	15825.41	6980.90	29542.50	6425.60
cds	现金投放发展速度	0.993582	0.09369	1.16693	0.84548
cws	现金回笼发展速度	0.974903	0.10384	1.11069	0.75340
pis	第一产业发展速度	1.012529	0.07898	1.11352	0.88176
sis	第二产业发展速度	1.073499	0.05861	1.21144	0.99580
tis	第三产业发展速度	1.136232	0.04090	1.20318	1.08792

资料来源：中国人民银行会计核算子系统、北京市统计局。

（二）平稳性检验

$$\Delta y_t = \gamma y_{t-1} + \sum_{i=1}^{p} \beta_i \Delta y_{t-i} + u_t$$

$$\Delta y_t = \gamma y_{t-1} + \alpha + \sum_{i=1}^{p} \beta_i \Delta y_{t-i} + u_t$$

$$\Delta y_t = \gamma y_{t-1} + \alpha + \delta_t + \sum_{i=1}^{p} \beta_i \Delta y_{t-i} + u_t$$

对现金投放、回笼发展速度指标与各主要宏观经济发展速度指标进行单位根检验发现，在5%的显著性水平下，所有变量均不能拒绝原假设，说明所有变量都是非平稳序列，需继续对其一阶差分序列进行 ADF 检验。一阶差分序列 ADF 检验结果显示，在5%的显著性水平下，所有变量均拒绝存在单位根的原假设，说明所有变量都是一阶单整序列（见表2）。

表2　各指标单位根检验结果

变量名称	ADF 统计量	1%临界值	5%临界值	10%临界值	p 值
cds	−1.607062	−2.847250	−1.988198	−1.600140	0.0988
Δcds	−6.188911	−4.420595	−3.259808	−2.771129	0.0012
cws	−3.450330	−5.124875	−3.933364	−3.420030	0.0960
Δcws	−4.141180	−2.847250	−1.988198	−1.600140	0.0010
pis	−0.972843	−2.792154	−1.977738	−1.602074	0.2750
Δpis	−2.551140	−2.816740	−1.982344	−1.601144	0.0167
sis	−2.600078	−4.200056	−3.175352	−2.728985	0.1216
Δsis	−4.500207	−2.816740	−1.982344	−1.601144	0.0004
tis	−1.948285	−4.297073	−3.212696	−2.747676	0.3006
Δtis	−5.479515	−5.295384	−4.008157	−3.460791	0.0080

资料来源：笔者整理。

（三）EG 协整分析

1. 现金投放发展速度与各宏观经济指标的单一关系分析

将现金投放发展速度序列与各主要宏观经济指标的发展速度序列分别进行回归，发现现金投放发展速度序列与第一产业、第二产业增加值发展速度序列拟合方程是平稳的，与第三产业增加值发展速度序列回归的方程拟合度过低，说明现金投放与该指标间无明显的数量关系，但并不能表明不存在相互影响，从而得到方程1、方程2。通过对各方程的残差进行单位根检验，确定各公式的残差均为平稳序列，说明拟合方程是平稳的（见表3）。

表3　方程拟合及残差检验结果

	Equation Estimate						RESID ADF−Statistic	
Variable	Coefficient	Std. Error	t−Statistic	Prob.	R²	DW−Statistic	t−Statistic	Prob.
C	0.328756	0.317202	2.436425	0.0008	0.851420	0.963158	−3.922271	0.0012
pis	1.153599	0.312407	2.101740	0.0001				
C	−0.244585	0.376159	−0.650218	0	0.889685	0.75868	−2.735612	0.0112
sis	0.163393	0.349927	3.296096	0.0081				

续表

	Equation Estimate						RESID ADF-Statistic
C	0. 287344	0. 792535	0. 362562	0. 7245	0. 073647	1. 147949	
tis	0. 621562	0. 697098	0. 891641	0. 3935			

资料来源：笔者整理。

$$cds_t = 0.33 + 1.15pis_t + e \qquad （方程 1）$$
$$cds_t = -0.24 + 0.16sis_t + e \qquad （方程 2）$$

从方程 1 和方程 2 可以看出，自 2007 年以来，北京市现金投放发展速度与第一产业、第二产业增加值的发展速度呈同向变动，第一产业增加值发展速度每增加 1 个单位，现金投放发展速度就增加 1.15 个单位，第二产业增加值发展速度每增加 1 个单位，现金投放发展速度就增加 0.16 个单位。

2. 现金投放发展速度与各宏观经济指标的组合关系分析

以现金投放发展速度序列为因变量，与各主要宏观经济指标的发展速度序列进行一次方程拟合，得到如表 4 所示结果。从拟合结果来看，方程残差通过了平稳性检验，表明拟合方程是平稳的。

表 4　与主要宏观经济指标组合的拟合结果

	Equation Estimate						RESID ADF-Statistic	
Variable	Coefficient	Std. Error	t-Statistic	Prob.	R^2	DW-Statistic	t-Statistic	Prob.
C	−0. 623577	0. 685003	−0. 910327	0. 0210	0. 882751	0. 843668	−3. 335161	0. 0034
pis	0. 975342	0. 329112	0. 836621	0. 0004				
sis	0. 137980	0. 440147	2. 391743	0. 0129				
tis	0. 393363	0. 569809	0. 462196	0. 0724				

资料来源：笔者整理。

$$cds_t = -0.62 + 0.98pis_t + 0.14sis_t + 0.39tis_t + e \qquad （方程 3）$$

方程 3 表明，自 2007 年以来，北京市现金投放发展速度与第一产业、第二产业、第三产业增加值发展速度呈同向变动。由于近年来非现金支付对现金支付的替代率明显增强，因此，带有截距项的拟合方程更加符合实际情况。各发展速度变量实际上是各原始变量的当年数值与前一年数值之比，上述协整方程也可表示为：

$$\frac{cd_t}{cd_{t-1}} = -0.62 + 0.98\frac{pi_t}{pi_{t-1}} + 0.14\frac{si_t}{si_{t-1}} + 0.39\frac{ti_t}{ti_{t-1}} + e$$

这个公式中，当 $\frac{pi_t}{pi_{t-1}} = \frac{si_t}{si_{t-1}} = \frac{ti_t}{ti_{t-1}} = 1$ 时，$\frac{cd_t}{cd_{t-1}} = 0.89$

如果某一年的一、二、三产业增加值均与上年同期相等，则在其他条件不变的前提下，这一年的现金投放规模预计将是上年同期的89%，相当于比上年同期缩减11%。也就是说，在地区生产总值规模及产业结构保持不变的前提下，现金投放规模存在逐年缩减的自然倾向。

3. 现金回笼发展速度与各宏观经济指标的单一关系分析

将现金回笼发展速度序列与各主要宏观经济指标的发展速度序列分别进行回归，发现现金回笼发展速度序列与第一产业增加值发展速度序列回归的方程拟合度过低，说明现金回笼与该指标间无明显的数量关系，但并不表明不存在相互影响；与第二产业、第三产业增加值发展速度序列拟合方程是平稳的，从而得到方程4、方程5，通过对各方程的残差进行单位根检验，确定各方程的残差均为平稳序列，说明拟合方程是平稳的（见表5）。

表5　方程拟合及残差检验结果

	Equation Estimate						RESID ADF-Statistic	
Variable	Coefficient	Std. Error	t-Statistic	Prob.	R^2	DW-Statistic	t-Statistic	Prob.
C	0.499591	0.394340	1.266905	0.2339	0.127471	0.040219		
pis	0.469431	0.388378	1.208695	0.2546				
C	-0.190722	0.475882	-0.400777	0	0.829505	0.847910	-5.270339	0.0001
sis	0.185818	0.442695	2.452747	0.0341				
C	0.436060	0.896643	0.486325	0.0372	0.837860	0.858149	-3.144784	0.0049
tis	0.474237	0.788669	0.601313	0.0001				

资料来源：笔者整理。

$$cws_t = -0.19 + 0.18sis_t + e \qquad （方程4）$$
$$cws_t = 0.43 + 0.47tis_t + e \qquad （方程5）$$

从方程4、方程5可以看出，自2007年以来，北京市现金回笼发展速度与第二产业、第三产业增加值发展速度呈同方向变动，第二产业增加值发展速度每增加1个单位，现金回笼发展速度就增加0.18个单位，第三产业增加值发展速度每增加 1 个单位,现金回笼发展速度就增加 0.47 个单位。

4. 现金回笼发展速度与各宏观经济指标的组合关系分析

以现金回笼发展速度序列为因变量,与各主要宏观经济指标的发展速度序列进行一次方程拟合,得到如表 6 所示结果。从拟合结果来看,方程残差通过了平稳性检验,表明拟合方程是平稳的。

表6　与主要宏观经济指标组合的拟合结果

Equation Estimate						RESID ADF-Statistic	
Variable	Coefficient	Std. Error	t-Statistic	Prob.	R^2	DW-Statistic	t-Statistic	Prob.
C	-0.509108	0.931107	-0.546778	0.0031	0.866710	1.486935	-5.616401	0.0001
ln (pi)	1.027161	0.447353	0.145979	0.0052				
ln (si)	0.113304	0.550122	1.867153	0.0413				
ln (ti)	0.277437	0.774526	0.358202	0.0360				

资料来源:笔者整理。

$$cws_t = -0.51 + 1.03pis_t + 0.11sis_t + 0.28tis_t + e \qquad (方程6)$$

由于各发展速度变量实际上是各原始变量的当年数值与前一年数值之比,上述协整方程也可表示为:

$$\frac{cw_t}{cw_{t-1}} = -0.51 + 1.03\frac{pi_t}{pi_{t-1}} + 0.11\frac{si_t}{si_{t-1}} + 0.28\frac{ti_t}{ti_{t-1}} + e$$

这个公式中,当 $\frac{pi_t}{pi_{t-1}} = \frac{si_t}{si_{t-1}} = \frac{ti_t}{ti_{t-1}} = 1$ 时, $\frac{cw_t}{cw_{t-1}} = 0.91$ 。

如果某一年的一、二、三产业增加值均与上年同期相等,则在其他条件不变的前提下,这一年的现金回笼规模预计将是上年同期的 91%,相当于比上年同期缩减 9%。也就是说,在地区生产总值规模及产业结构保持不变的前提下,现金回笼规模也存在着逐年缩减的自然倾向。

三、政策建议

(一)提升现金服务质量,满足多层次现金服务需求

在现金需求总量下降的情况下,按照现金服务示范区建设的总要求,不

断加大现金基础设施建设力度，改进现金服务的传统工作方式，提高现金服务的质量。特别是在小面额人民币兑换、纸硬币兑换、残损币兑换、券别结构搭配等方面，充分掌握市场需求规律，确实提高现金服务的综合品质，满足不同消费群体的差异化需求。

（二）加强现金分析预测，优化现金服务体系

在第二代货币发行管理系统推广上线运行的基础上，应积极推进大数据应用与现金分析预测相结合，采取科学的货币投放对策，及时灵活地调拨发行基金，合理调剂市场流通券别结构。同时对重点地区、重点行业、重点单位进行持续跟踪监测，及时掌握辖内经济金融运行动态，了解辖内经济增长结构和增长方式的变化，分析影响辖内现金运行的重点经济因素，总结现金运行规律，提高现金预测分析的科学性和准确性。

（三）做好发行库对人民币流通的监测工作，实现各类券别合理搭配

在继续满足市场供应及保持大面额人民币投放的同时，加大对流通频率快、磨损严重的小面额人民币的投放力度。并结合总行相关文件精神，加强对银行业金融机构营业网点合理摆布现金库存方面的指导，要求其均衡搭配各种面额人民币，确保各种面额人民币的投放量，满足社会需求，并通过对各商业银行机构制定残损币上缴任务，通过"以新逐旧"的方式提高北京地区流通中人民币的整洁度。

金融监管与金融稳定

Financial Supervision and Financial Stability

第二辑

新经济框架下的中国新经济金融监管研究与实践

构建系统性金融风险指标体系
加强地区宏观审慎管理

刘玉苓*

系统性金融风险是指通过时间和空间维度对金融稳定及经济运行带来重大负面影响的风险。有效识别并监测辖内系统性金融风险，以此为基础对于开展区域宏观审慎管理工作具有重要意义。本文采用主成分分析法构建地区系统性金融风险指标体系并进行定量分析。总体来看，北京地区系统性金融风险指数相对稳定，未出现预警；但仍需关注银行业风险及个别金融机构的不稳定性对地区系统性风险的影响。系统性金融风险指数的动态监测分析有助于解决宏观审慎管理及工具运用中面临的"何时发力""对谁发力"的问题。

一、北京地区系统性金融风险来源相对复杂，风险的传染性和外溢性较强

2019 年末，北京在全球金融中心（GFCI）排名中上升到全球第七位，金融业资产总值达 150.05 万亿元[①]。人行营业管理部辖区央行金融机构评级工作涉及 113 家机构，其中包括 5 家大型商业银行、23 家地方法人银行，以及 85 家非银行金融机构。结合地区经济金融运行情况，北京辖内系统性风险的主要来源为：一是地区金融机构高度集中，金融网络复杂；二是地区本外币跨境收支位居全国前列，跨境资本流动对金融稳定的影响较大；三是地区债

---

* 刘玉苓，中国人民银行营业管理部副主任。

① 北京市地方金融监管局公布数据显示，2018 年全市金融业资产总额为 142.5 万亿元，2019 年全市金融业资产总额同比增速为 5.3%，计算得出 2019 年数据。

券市场融资额较高，300 余家上市公司的注册地在北京，资本市场与实体经济的相互影响程度高；四是房地产行业顺周期性的特点易对银行信用风险产生冲击。

二、构建北京地区系统性金融风险指标体系，加强对主要风险来源的监测分析

（一）采用主成分分析法形成系统性金融风险指数

目前，学术界主要采用主成分分析法衡量系统性风险。综合现有文献并充分考虑辖内系统性风险的来源和数据的可得性，本文从 6 个维度①构建了系统性金融风险指标体系（见表 1）。

表 1　北京地区系统性金融风险指数 SFRI 构成

主成分	指标	方差贡献率（%）
F1（银行业）	资本充足率	32.3
	流动性覆盖率 LCR	
	不良贷款率	
	平均资产回报率 ROAA	
	同业业务占比	
F2（外汇市场）	实际有效汇率指数	16.8
	一年期境内外 NDF 升贴水率	
F3（股票市场）	辖内上市公司市值同比增速	12.1
	辖内上市公司成交额同比增速	

---

① 数据来源为 Wind、CSMAR 和 BVD 数据库。对于银行业市场运行情况，考虑到央行金融机构分类评级的属地原则和上市银行数据的可得性，本文选取注册地在北京的 5 家法人银行机构（北京银行、中信银行、中国光大银行、华夏银行和中国民生银行）为代表进行计算；对于股票市场运行情况，选取了注册地在北京的 336 家 A 股上市公司为样本进行计算。此外，季度数据通过非线性模型，由低频数据转为月度高频数据；日频数据通过月度平均的方式转换为月均数据。

续表

主成分	指标	方差贡献率（%）
F4（宏观经济运行）	GDP 同比增速	8.4
	社会融资规模同比增速	
	CPI 同比增速	
	地区进出口总值同比增速	
F5（房地产市场）	住宅房地产开发投资额同比增速	7.5
	二手房住宅销售价格同比增速	
F6（利率市场）	5 年期国债与 3 个月国债到期收益率利差	4.8
	6 个月企业债（AAA）与同期限国债的利差	
	银行间债券市场 7 天回购利率	
	1 周和 1 年期 SHIBOR 利差	

资料来源：笔者整理。

根据 2014—2019 年的基础数据，主成分模型赋予了上述 6 个维度（即主成分 F1~F6）不同的权重（即方差贡献率），6 个维度乘以各自的权重形成了北京地区系统性金融风险指数 SFRI。权重直接反映了指标体系中各主成分对系统性风险的贡献，其中，银行业（F1）对地区系统性金融风险的贡献率最高，为 32.3%。

（二）进一步对系统性金融风险指数进行时序分析

1. 2014—2019 年，北京地区系统性金融风险缓慢上升，但基本处于低位

2018 年 3 月后，受中美贸易摩擦、房地产市场阶段性波动等多重因素叠加影响，地区风险显著上升。2019 年 1 月，随着供给侧结构性改革和金融调控政策效果显现，市场主体预期逐步平稳，地区风险开始整体趋于下降（见图 1）。

2. SFRI 各维度的指数表明，各部门风险指数有所波动，表现不尽相同

银行业风险仍处高位，外汇市场风险自高位回落，股票市场风险处于上升通道，宏观经济、房地产和利率市场风险则相对可控（见图 2）。

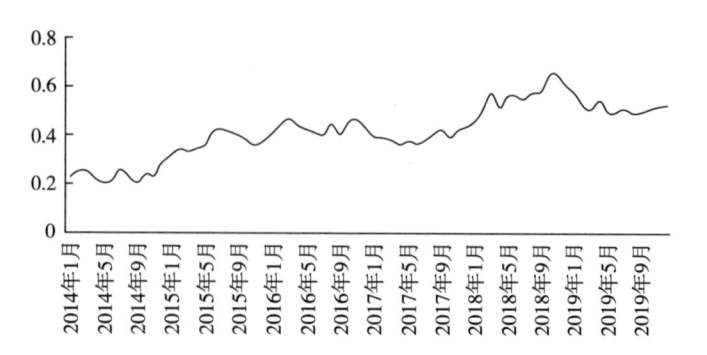

图 1　2014—2019 年北京地区系统性金融风险指数 SFRI

注：2018 年 2 月，SFRI 为 0.51，可定义为风险中性，未出现系统性风险预警

资料来源：笔者整理。

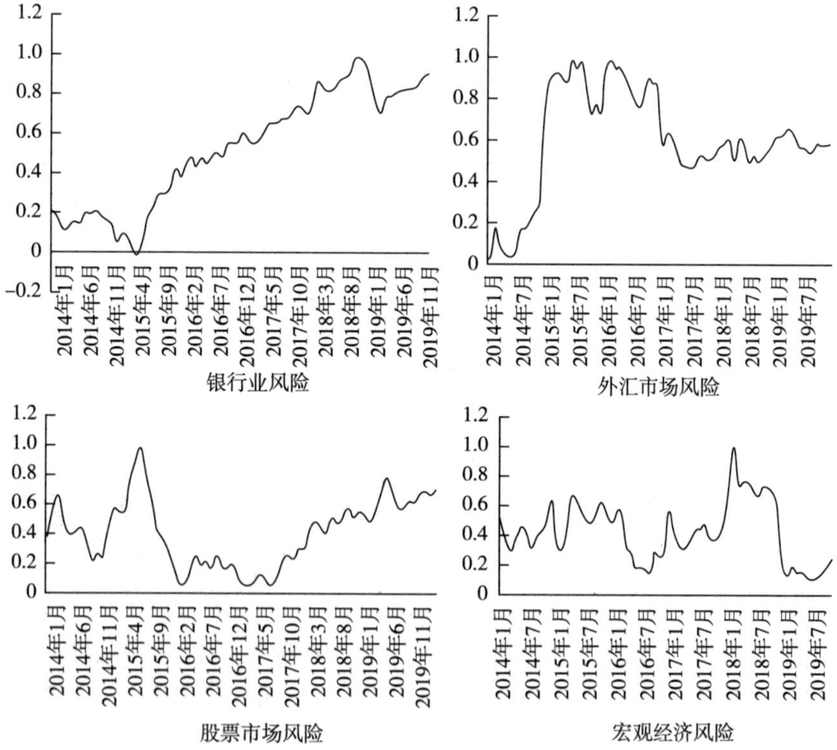

银行业风险

外汇市场风险

股票市场风险

宏观经济风险

图 2　分部门风险指数

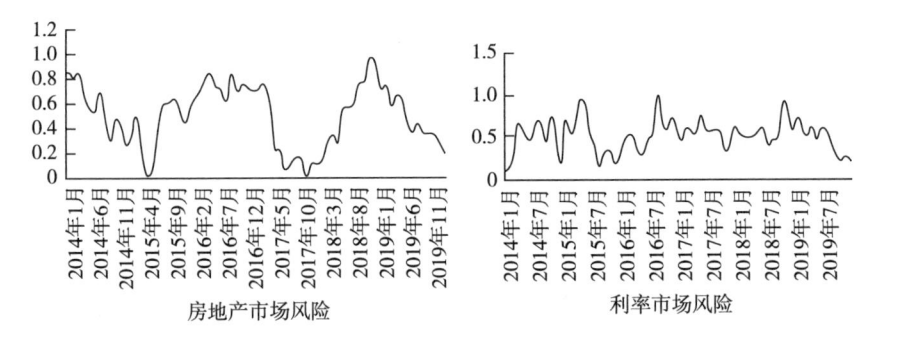

房地产市场风险　　　　　利率市场风险

图 2　分部门风险指数（续）

资料来源：笔者测算。

（三）从微观维度看单家银行风险对辖内系统性金融风险的贡献程度

进一步使用 CoVaR 模型，剖析单家银行机构①对地区系统性风险的影响。结果显示：一是从条件风险价值（CoVaR）看，华夏银行和北京银行条件风险价值的绝对值较大，表明这两家银行抵御风险的能力相对较弱；二是从单家银行对系统性风险的溢出效应（%ΔCoVaR）看，华夏银行和光大银行的单家银行对系统性风险的溢出效应相对较高，风险溢出效应大，可能会对辖内金融系统稳定造成较大影响（见表 2）。

表 2　单家银行风险对系统性风险的贡献度

银行名称	变量	VaR	CoVaR	ΔCoVaR	%ΔCoVaR
民生银行	V1	−4.9661	−3.4683	−1.4634	29.47
华夏银行	V2	−6.0237	−4.1624	−2.6380	43.79
光大银行	V3	−5.7132	−3.3105	−2.6914	47.11
中信银行	V4	−6.8934	−3.7908	−2.5342	36.76
北京银行	V5	−5.8399	−4.1700	−2.2609	38.71

资料来源：笔者测算。

---

① 银行机构口径与前相同，仍为北京银行、中信银行、中国光大银行、华夏银行和中国民生银行。在计算银行系统风险指数时，使用的是 SFRI 指数与 Wind 银行指数合成的加权平均数。此外，数据频次为每周，并进行对数化处理。

三、运用系统性金融风险指标体系，加强北京地区宏观审慎管理

充分利用内外部数据，构建"宏观审慎指标监测+重要微观主体分析"的双维度工作体系有利于加强北京地区宏观审慎管理。一是从宏观维度建立跨市场、跨机构、跨部门的地区系统性金融风险"全流程、多角度"的指标体系。在 SFRI 指数及相关子领域指数出现异常波动时，能够"早发现"，做到精准识别。二是从微观维度采取差异化监管，对地区重要性银行开展宏观审慎监测分析。特别是对于具有系统负溢出性的银行机构，要建立健全风险预警机制，通过"早预警"防范风险由单家银行外溢到整个系统。三是完善宏观审慎管理工具箱，研究和评估各项调控政策执行情况及效果，实现"早处置"。一旦 SFRI 指数出现异动，能够做到有针对性地选择工具，通过精准施策尽可能降低风险损失。

关于完善我国反洗钱监测分析体系的思考

姚 力[*]

资金监测分析是反洗钱的重要手段，也是反洗钱目标实现及效能发挥的重要保障。经过十余年的发展，我国建立起了一套具有自身特色的反洗钱监测分析体系。但与金融行动特别工作组（FATF）有关国际标准、一些发达国家相比，我国的反洗钱监测分析体系仍存在一定差距。当前，在我国落实互评估后续整改之际，完善反洗钱监测分析体系对于提高央行反洗钱履职能力、实现我国反洗钱工作高质量发展具有极其重要的意义。

一、我国反洗钱监测分析体系基本情况

我国建立了以人民银行为核心、义务机构为基础、其他相关部门相互配合的反洗钱监测分析组织体系。通过情报指引、线索追溯和信息刻画，反洗钱监测分析在打击违法犯罪、防范金融风险、保障国家安全等方面的作用日益凸显。

FAFT 第四轮互评估认可我国反洗钱监测分析工作取得的积极进展，但也指出了一些问题：一是金融情报分散在中国反洗钱监测分析中心、人民银行反洗钱局和 36 家人民银行省级分行，不利于综合分析；二是金融情报局限于义务机构上报数据，情报来源单一；三是执法机构多使用金融情报调查洗钱上游犯罪，而非洗钱和恐怖融资活动。

---

* 姚力，中国人民银行营业管理部副主任。

二、反洗钱监测分析体系建设的国际经验

（一）监测分析充分体现出预警性、战略性定位

将监测分析用于揭示趋势性安全风险，为维护国家利益提供支持。如英国、俄罗斯等均利用反洗钱数据生成国家洗钱风险指标，及时提示违法犯罪活动的新趋势和新特征，为打击违法犯罪提供指引。美国出台《2020 年打击恐怖主义及其他非法金融活动国家战略》，利用监测分析精准识别并进行打击。

（二）监测分析具有数据来源多样性、高度共享性特征

建立来源广泛的信息共享平台和及时响应的情报交互机制。如美国金融犯罪执法局（FinCEN）建立包括金融、商业和执法部门的情报信息库，为地方执法机构和监督机构的约 10000 个授权用户提供自助式数据访问服务。英国国家打击犯罪局（NCA）牵头成立涵盖政府部门、执法部门以及大型商业银行的联合反洗钱情报小组（JMLIT），通过定期情报交流和线索会商，整合各方优势，发挥情报价值。

（三）信息系统和基础设施功能强大

运用智能化数据挖掘和分析工具实现高效分析。如美国 FinCEN 建立 Gateway 数据平台，根据自动化规则，形成接近实时、主动派生的情报闪现（Flash）报告，预警恐怖融资。加拿大金融交易和报告分析中心（FINTRAC）自主研发了智能化程度较高的数据分析系统，采用查询、搜索、自动匹配、模式识别、数据挖掘等技术进行数据分析。

三、我国反洗钱监测分析体系存在的问题

（一）反洗钱监测分析的职能定位有待提升

我国反洗钱监测分析主要定位于追踪可疑交易、打击违法犯罪等，在揭

示趋势性安全风险、服务国家安全和利益等方面与发达国家还存在较大差距，也缺乏对外国敌对势力的反制措施。金融情报的重要性未提升至国家战略层面，制约了监测分析体系的整体规划和深入推进。

（二）未形成有效的部门间信息共享机制

《中华人民共和国反洗钱法》和反洗钱部际联席会议制度中对信息共享的规定过于原则，实际工作中各部门信息共享进展缓慢，共享平台建设难有突破。金融情报数据来源单一，缺乏执法司法、行业主管等部门的数据；执法部门对信息应用未能及时有效反馈，制约了监测分析能力和金融情报质量的提升。

（三）人民银行内部监测分析工作未形成有效整体

反洗钱中心拥有全国大额和可疑交易数据，但监测分析系统功能有待提升，分析人员数量难以满足海量数据分析需求。各省级分行无法直接对反洗钱中心系统数据进行查询、下载和分析，其监测分析工作依赖于个别机构的情报信息，跨机构、跨地域分析不足。同时，也无法获知辖内机构向反洗钱中心报送数据情况，难以有效开展监管指导。

（四）义务机构的监测分析有效性不高

义务机构对反洗钱监测分析重视不够，监测分析能力不足，不能及时发现并判断异常交易，导致应上报的可疑交易未上报，或为应对监管报送而提交防御性报告，线索价值不高。

四、相关建议

（一）立足战略性定位规划反洗钱监测分析工作

借鉴国外先进经验，从服务国家利益和国家安全大局角度统筹规划反洗钱监测组织体系及基础设施建设，强化反洗钱宏观监测和战略预警功能，真正发挥金融情报在参与宏观决策、维护国家利益中的积极作用。

（二）推进部门合作和信息共享机制建设

以《中华人民共和国反洗钱法》修订为契机，从信息共享的内容、方式、频率、范围和数据安全等方面，规范各合作部门权利和义务。搭建信息共享平台，逐步建立覆盖司法、执法、工商、税务、海关、征信等多维度的数据库，为各合作方提供数据查询支持。

（三）推进人民银行系统内监测分析形成有效整体

优化反洗钱中心系统功能，加大人工智能、大数据等技术手段的应用，提高系统智能化水平。加大反洗钱中心和各省级分行数据整合力度，分步推进反洗钱中心系统向分支行开放，满足地方数据应用需求。

（四）优化反洗钱数据治理体系

建立对义务机构可疑交易报告评价制度，加大监管和指导力度，督促机构优化可疑交易监测模型，提高数据报送质量，提升数据清洁度。

关于北京地区支付结算举报案件情况的调研报告

洪　波*

受新冠肺炎疫情及强监管的影响，2020 年以来人行营业管理部以下支付结算投诉举报量大幅下降，但仍是营业管理部纪委转办的"绝对大户"。为推动妥善处置，通过座谈走访等形式开展了调研，分析北京地区支付结算案件的发展变化并提出建议。

一、支付举报案件基本情况

人行营业管理部认真办理群众关于支付结算举报，依法解决举报人合理诉求，保障群众合法权益。

（一）举报案件数量显著下降与重复举报现象突出并存

人行营业管理部认真分析辖区内举报反映的问题，综合采取监管措施，举报数量有效减少。截至 2020 年 12 月 25 日，营管部 2020 年共开展调查核实的支付结算举报案件 613 件，涉及人数 349 人，案件数量同比 2019 年下降66%。与此同时，部分举报人"信访不信法"，重复举报现象仍突出。上述349 人中，重复举报 124 人，占总人数的 36%。

（二）举报涉及支付机构相对集中

2020 年以来，排名前六家机构被举报次数总和占所有被举报支付机构总举报次数的比重高达 65%。上述六家支付机构在各项主要违规问题上的违规

---

* 洪波，中国人民银行营业管理部纪委书记。

次数总和，几乎占全部被举报机构的一半以上。

（三）被举报类型涉及面仍集中但有所延伸

近年来支付违规类型中商户准入审核不严、违规直连、违规代付问题一直突出。同时，不了解客户、违规转让或开立账户、身份识别及获取协议授权义务不规范等成为新问题。2020年以来，此类违规次数总和占所有违规问题的62%。

二、支付举报案件高发的原因分析

支付举报案件高发，与互联网金融乱象整治仍未完成、金融消费者权益保护意识增强等因素相关。直接原因是，向监管部门举报成本较低，预期收益相对较高，受害人目前最愿意采取此种维权途径。

（一）向公安报案存在立案、破案和追赃三项困难

如果受害人认为支付机构或者商户存在刑事犯罪，可向公安机关报案，待扣押冻结违法所得后主张返还。实践中，此种维权途径面临立案难、破案难和追赃难三项困难。受害人往往难以收集相关有效证据。对于经济类纠纷，在证据有限的情况下，公安机关在启动刑事程序方面较为谨慎，多数不予立案。电信网络诈骗类案件主体在境内仅有少部分低层级员工，立案后抓获犯罪嫌疑人难度较大。待受害人报案后，赃款往往已转至境外。

（二）提起民事诉讼存在立案难、胜诉难问题

如果受害人认为支付机构违约或侵犯其财产权，也可向法院起诉主张民事损害赔偿。实践中，此种维权途径面临立案难和胜诉难问题。受害人难以赴支付机构所在地法院提起诉讼。根据现有判例，多数法院判决认为，支付机构为受害人划转资金的行为与商户和受害人间的民事行为相互独立，支付机构未违反合同约定。此外，即使部分法院依据侵权责任纠纷做出判决，也认定支付机构审核义务有限。

（三）向监管部门举报受理易、操作易和获赔易

受害人认为支付机构存在违规行为，可向监管部门举报。实践中，此种维权途径成本最低，收益最高。向人民银行举报仅需要提供初步线索，且举报方式可以是现场举报也可以是信件邮寄，受理门槛大大降低。受害人无须对其主张事实承担举证责任，还可反复多次举报。支付机构获知举报情况后，出于维护稳定、化解风险等考虑，为争取监管正面评价，保持形象，亦有意愿与受害人和解赔偿。

三、处理支付举报案件的政策建议

服务好人民群众是人民银行作为行政机关的天然职责。与此同时，人民银行并不具有对支付举报人的民事权益受损、责任主体等情况进行认定、处理和解决的职责。在做好举报办理工作的同时，人民银行应回归监管本位，推动通过司法途径解决支付纠纷，不断优化支付市场秩序。

（一）认真办理支付举报案件

要时刻把群众利益放在第一位，凡是群众反映强烈的突出问题都要严肃认真对待。继续做好本职工作，完善举报、投诉等制度，依法依规办理好举报案件。不应由人民银行办理的案件，应及时向举报者讲明政策。

（二）强化合规监管，压实支付机构主体责任

用好群众举报等线索，对于举报属实的，要及时维护当事人合法权益，符合规定的应按照有关办法进行奖励。对于发现潜在风险的，要及时提示风险、约谈整改。对于投诉事项，要压实各支付机构的投诉处理主体责任，引导投诉人通过合法途径解决争议。

（三）发挥专业调解委员职能作用

目前，北京、南京、广东等多地均已成立金融消费纠纷调解委员会。要继续发挥好金融消费纠纷调解委员会作为从事金融消费纠纷调解的专业机构的作用，切实把该机制打造成为人民调解工作在金融消费领域的"防火墙"

"灭火器"和"警示灯"。

（四）推动完善司法途径解决民事纠纷机制

加强金融管理部门与法院系统的交流，牢牢把握社会公平正义这一法治价值追求，努力让群众在每一个支付案件中感受到公平正义，为群众走法治渠道解决支付问题创造良好的法律环境。

（五）依法打击支付举报涉及的违法犯罪行为

对于以支付举报名义谋取不当利益的，相关部门应加强线索收集，对于涉嫌违法犯罪的，及时移送公安机关予以打击。对于涉及无证经营支付业务的，及时移送线索给公安机关、网信部门等予以打击。

以"矩阵"监管体系破解北京地区非银行支付机构监管难题

李海辉 徐海勇 冯 玮 侯圣博 王一琛*

一、北京地区支付机构现状及监管困难

自非银行支付机构纳入中国人民银行监管以来，行业规模不断扩大，交易量逐年上升。2020年第一季度，支付机构综合交易规模已达64万亿元，与经济发展和居民生活深度融合，场景覆盖餐饮、航旅、商超、医疗等社会生活各方面。

（一）支付机构基本情况与特点

一是机构数量多、业务全。北京地区法人支付机构共49家，数量居各省第一，约占全国机构总数的21%[①]。外地支付机构在京备案分公司共21家，涵盖所有支付业务类型。二是背景与控制权关系复杂。既有国企，也有民营企业、外资企业；既有电商平台、共享经济等新业态，也有传统支付行业。其中，29家机构具有上市公司、国内500强企业等集团背景，12家具有国资背景。部分大型机构股权极为复杂，存在股权质押、VIE架构等情况。三是合规基础薄弱，投诉举报高发。启动互联网金融风险专项整治工作以来，引发P2P网贷等风险逐步溢出，2018年至今，人行营业管理部收到涉支付机构举报案件达3600余件，月均逾100件。接待、调查、处置和答复等工作给监管工作带来较大压力。

---

* 李海辉、徐海勇、冯玮、侯圣博、王一琛，均供职于中国人民银行营业管理部支付结算处。
① 截至2020年9月10日，全国支付机构总数为237家（数据来源：中国人民银行官网）。

（二）面临的监管困难

一是监管手段与创新需求不匹配。创新是支付机构存在和发展的动力。大型支付机构涉足电商平台、共享经济等新兴产业，在业务模式、场景与技术运用上不断推陈出新，特别是整体风险难以及时准确判断，亟须现代化监管手段加以弥补。

二是传统监管理念与公司治理新问题不适应。传统监管理念主要从法人角度关注公司行为。包商银行、先锋支付等案例表明，中小机构股东、实控人行为不审慎，"三会一层"沦为形式，极易导致内控失效。以实控人、高管人员管理为核心的公司治理应列入监管工作的重中之重。

三是投诉举报压力与人民银行履职定位不平衡。大量信访举报处理严重挤占人民银行行政资源，且易引发诸多风险。近年来，举报衍生的各类投诉、信访、纪检检举等呈爆发式增长，极大增加了群众矛盾，影响中国人民银行形象；衍生的政务公开、行政复议、诉讼也大大增加中国人民银行履职的法律风险。

四是监管协同与行业发展不协调。头部机构自建生态，混业经营，大而不倒；中小机构生存空间狭窄，铤而走险，违法违规高发；支付业务模式、资金链条、技术路径日趋复杂。中国人民银行需紧跟行业发展趋势，与法院、公安、银保监等外部力量加强数据共享与监管协同，形成有效合力。

二、"矩阵"监管的由来和目的

矩阵式管理始于20世纪50年代，早期在国际投行等大型组织（如高盛、摩根等）内部管理中广泛应用，后期在政府治理（包括金融治理，如金融稳定理事会FSB）中也得到了应用。究其实质，是在纵向组织结构上搭建横向管理系统，形成纵横交错、结构紧凑、问责有效的管理体系，便于统筹决策、协调落实和信息共享。

针对中国人民银行在支付机构监管过程中的实际困难，营业管理部以落实支付供给侧结构性改革为主线，坚持"严监管常态化"工作主基调，借鉴矩阵式管理理念，努力构建具有北京特色的支付机构"矩阵"监管体系。通过构建支付监管的"四梁八柱"，提高监管效率，扫除监管盲区，打击监管套利。既解决当前困难，维护人民群众的切身利益，又着眼构建长治久安的健康支付行业生态。

三、"矩阵"监管体系的支付实践

（一）以党委统筹领导、纪委监督执纪、总行科学指导作为监管工作的首要前提与核心基础

营业管理部党委高度重视支付机构监管，将其多次列入党委重点工作。营业管理部纪委坚持严管与厚爱相结合，对机构监管、投诉举报等工作高度关注，运用监督执纪四种形态，既帮监管干部绷紧担当作为之弦，也为监管干部撑腰打气。总行支付结算司顶层设计科学指导，为分支机构监管工作指明方向、把好总舵。

（二）建立主监管人制度，纵向一抓到底

一是健全从业人员管理。制定《北京市非银行支付机构高级管理人员任职资格考察工作方案》，构建"考律学管"长效治理机制，持续提高支付机构管理层的政治素质与业务能力。二是强化公司治理监管。严格把关机构合并、分立等变更事项的审批，以股东、受益人、实控人为抓手监管公司治理。三是关注业务拓展监管。通过机构日常数据报送、创新事项备案等深入了解机构业务发展新动向，完善机构管理。四是严把资金安全关。与银联、网联建立协作机制，对机构集中存管账户的资金规模、出入金等事项实时监测核查。2019 年以来，核查风险事件近 200 次。五是用好"投诉举报"监督手段。通过调查办理投诉举报，及时发现隐藏违规行为，维护金融消费者合法权益。截至 2020 年 9 月，受理举报发现机构违规商户 500 余户，均依法纳入检查或作出处罚。六是做好日常监管工作。以分类评级、支付业务许可证续展等日常监管手段为抓手，严格机构日常管理。

（三）六大专项工作组统筹协调，横向补齐短板

建立监督检查组，统筹开展支付机构监管走访、现场核查、执法检查等工作。2018 年以来，走访核查支付机构 200 余次，开展执法检查 13 次。建

立舆情监测组，动态监测机构网络舆情、突发事件，定期分析支付机构备付金等业务数据。累计抓取网络舆情线索 9802 条，为机构监管提供一手信息。建立信访举报组，统筹登记、调查办理涉支付机构投诉举报，接待、处置群众信访。2018 年至今，办理举报 3600 余件，接待现场信访 300 余人次。建立调研信息组，关注支付行业最新时事动态，分析支付法律法规，加深行业思考。及时撰写报告、文章，推动监管手段更新。建立突发事件处置组，快速稳妥处置支付系统、人员重大突发事故，涉众群访维稳事件等。2018 年至今，处置某机构重复出款事件、某机构百人群访等多起突发事件。建立跨境赌博打击治理组，围绕打击跨境赌博相关支付违法犯罪活动，开展专项非现场与现场监管。

（四）外围筑牢加固，拓宽监管协作渠道

一是联合北京市支付清算协会，开展机构高管人员任职资格考察、业务培训等工作，发挥行业自律组织作用。二是推动成立北京市金融消费纠纷人民调解委员会，搭建独立第三方调解平台，建立多元纠纷解决机制，更好维护金融消费者权益，化解群众矛盾。成立至今，已成功调解纠纷 200 余起。三是与北京市公安局共建"警银联合办公室"，签订合作备忘录。完善情报资源共享、疑案共商、案件跟踪机制。推动监管司法精细化协作，进一步加大金融违法行为打击力度。四是与北京市金融局联合开展互联网金融风险专项整治，协同处置 P2P 等重点领域风险。移交涉嫌违规 P2P 商户线索 50 余条，协助维护平台还款资金通道。

（五）严守监管底线，丰富多元监管手段

对于支付机构出现一般瑕疵，通过函询、监管走访等方式了解并提出监管要求。违规情节显著轻微、未发生危害后果的，责令限期整改；存在违规风险或经责令整改不到位的，正式下发监管意见函；对于发生重大亏损、出现重大违规行为或经营风险的，责令停止部分或全部支付业务（含支付创新业务备案等）。如支付机构违反《中华人民共和国中国人民银行法》等法律法规的，应该及时开展执法检查，作出行政处罚。支付机构存在中断支付业务、拒绝或阻碍监督检查等严重危害支付服务市场等行为的，可建议总行不予续展支付业务许可（见图 1）。

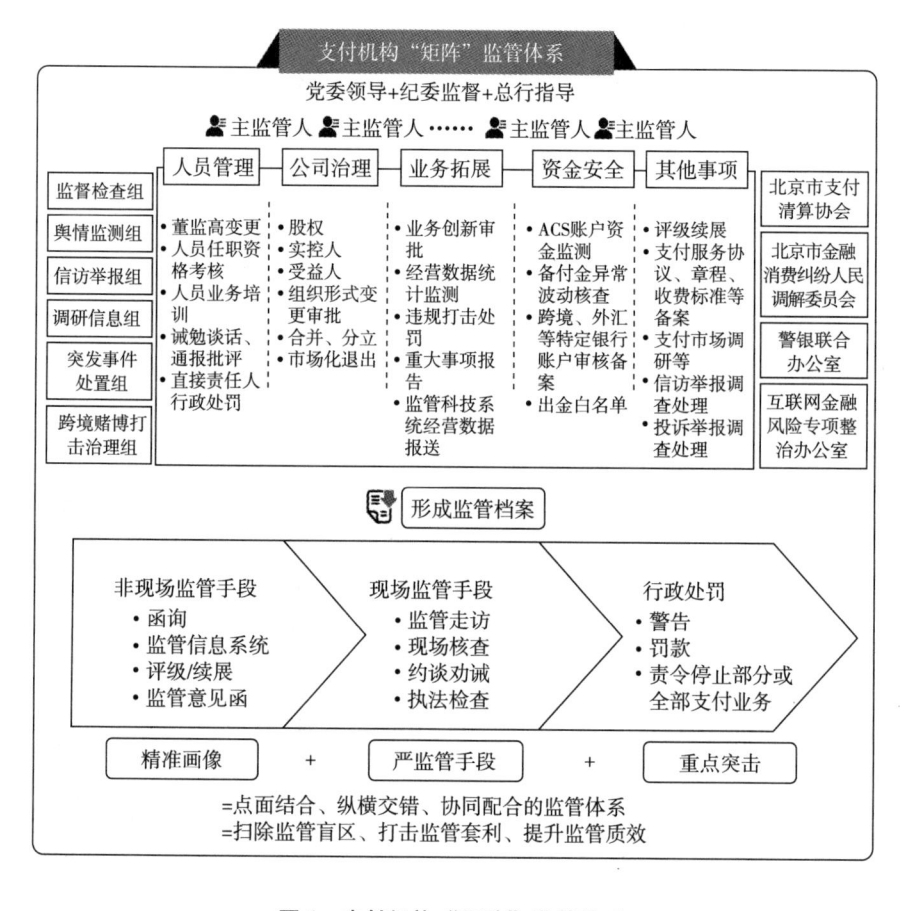

图1　支付机构"矩阵"监管体系

资料来源：笔者整理。

四、"矩阵"体系下北京监管亮点与创新成果

（一）以"矩阵"体系实现监管三"一"五"化"

1. 一企一人

"主监管人制"监管方式为每家机构指定一位主监管人。既可压实监管主体责任，确保职责落实到人，关键时刻不缺位、不越位；也便于结合机构具体情况，对监管措施跟踪、调整、评价全流程操作管理。

2. 一企一像

"矩阵"体系采用纵横结合的监管手段，辅以外部协作补充，为支付机构绘制立体监管画像，可确保监管工作在时间、地域、监管事项全方位、无遗漏。

3. 一企一案

通过主监管人与监管画像机制，可为人民银行监管收集充足信息。在统一监管规范的基础上，针对机构牌照类型、行业背景等个性化特点，进一步精细化监管方案。将好政策精准滴灌，对违规者靶向治疗。

4. 机构监管五"化"

"矩阵"监管充分发挥党委对监管工作的领导，突出纪委监督，以及总行层面业务指导，务求支付机构监管规范化。"矩阵"内以主体监管为横轴，事项监管为纵轴，纵横交错搭建内部监管体系；外部通过联系公安、金融局、行业协会等，内引外联，规范机构监管体系化。"矩阵"体系从人员、资金、业务等维度对机构开展监管，辅以不同专项工作组，切实推动机构监管专业化。搭建点面结合、纵横交错的"矩阵"体系，进一步扎实、扎严监管网络，划清监管边界，打击监管套利，务求机构监管严格化。最终通过监管体系的构建，使监管工作不因一人、一时、一事而变化；达致稳定监管预期与市场秩序的管理格局，使机构监管长效化。

（二）以"矩阵"体系推动监管突破创新

一是创新处罚纪录。营业管理部坚持猛药去疴、重典治乱，于 2020 年对某公司违规行为处罚 1.15 亿元，创中国人民银行对支付机构处罚纪录。充分释放了监管信号，达到"惩处一个，警示一片"的正面宣传效果。二是创新监管手段。责令违规机构暂停新增业务、暂停股权变更、暂停创新备案，创新开展"三停"监管方式，有力震慑违规机构。三是创新监管方式。以主监管人负责制，一企一人、一企一案，使监管做到对症下药、靶向治疗。四是创新纠纷解决机制。建立投诉纠纷多元化解决机制，吸收专业律师组建投诉举报处置专班，成立金融消费纠纷调解委并率先开展支付机构调解，与北京市高法"诉调"对接，有效化解矛盾纠纷，积极回应群众关切。

五、新形势下完善支付机构监管的思考

一是科技赋能监管画像，提高监管效率。依托"矩阵"监管体系，落实"主监管人首问负责制"，汇总数据信息形成机构监管档案、建立监管画像，提升数据可视化水平。日常监管抓早、抓小、抓细、抓实，开展有效监测分析，达到穿透式监管目标。

二是降低投诉举报，营造风清气正的支付生态。通过强化监管，及时、有效地打击违规行为，遏制新增举报，稳妥化解存量举报，切实维护金融消费者的合法权益，营造风清气正的支付生态。

三是助推优胜劣汰、有进有出的支付市场秩序。"矩阵"监管体系下，将有效扫除监管盲区，打击监管套利。不断激浊扬清、明真削伪，助推行业优胜劣汰，优化行业秩序。

四是大力支持支付供给侧结构性改革，服务实体经济发展。以监管体系规范升级，深化支付供给侧结构性改革。以监管促市场牢记产业发展初心，回归支付本源，服务实体经济发展。

关于反洗钱举报处理工作的分析及思考

赵　清　周珺星　杨月笛[*]

2019 年以来，中国人行营业管理部反洗钱处接收举报 502 份，其中单纯举报单位或个人涉嫌洗钱的有 287 份，单纯举报义务机构未履行反洗钱义务的有 130 份，既举报义务机构未履行反洗钱义务又举报该机构涉嫌洗钱的有 85 份。从举报对象来看，涉及支付机构、银行、互联网借贷平台、个人、民营企业等。

一、处理举报工作的特点

（一）举报面临情况繁复多样，处理难度不断加大

一是举报对象多元化，过去举报对象仅涉及支付机构，如今举报对象已扩大到个人、银行、民营企业等多种身份。二是举报主体专业化，部分举报人选择专业的律师团队为其代理投诉举报事项。当举报内容涉及的部分行为发生在海外时，还会聘用外资律所律师起草举报信等相关文书。三是举报内容复杂化，当前，举报人不仅举报义务机构洗钱，还举报义务机构未履行反洗钱义务，要求人民银行对其开展反洗钱调查。举报处理难度不断加大，需要工作人员具备更高的法律素养和专业水平。

---

*　赵清，供职于中国人民银行营业管理部纪检监察办公室。周珺星，供职于中国人民银行营业管理部反洗钱处。杨月笛，供职于北京市支付清算协会。

（二）举报内容贴靠专项整治行动，意在引起行政部门重视

举报人为引起行政部门重视，举报内容多贴靠"扫黑除恶""互联网金融风险专项整治"等政府专项整治行动，例如举报人举报某小额贷款公司涉嫌黑恶势力犯罪等。在处理过程中发现，举报人往往属于过错方，其举报目的是为实现个人私利。但行政机关为落实专项行动要求，严防线索遗漏，需核查每一个与专项行动相关的线索，对此类举报的处理严重消耗了行政资源。

（三）举报洗钱线索价值不高，多为谋求个人利益

分析涉及"洗钱"的举报材料发现，举报人举报"洗钱"多是为了追回资金损失或者不想还本付息等，举报内容实质上与"洗钱"行为无关，且举报人无法提供实质性证据，难以形成有效的线索。在明确要求补充证据后，举报人仍反复提交推测性的补充材料，致使行政部门不得不重复答复，工作人员疲于应对，甚至影响部门其他日常工作。

（四）团伙性举报数量激增，恶意举报意图明显

部分举报材料呈内容模板化、诉求同质化趋势，团伙性质明显，且该类举报多委托同一职业代理人处理，有明显恶意举报目的，具体表现为：

一是目的唯利化。举报人以获取高额索赔为目的，诉求多为要求义务机构退回损失资金和理财利息，私下与义务机构达成赔偿协议，且获赔后又以恶劣行径毁约，并要求更多赔偿，已构成向义务机构敲诈勒索行为。

二是手段模式化。目前举报模式呈"举报—索赔—行政复议或申请政府信息公开"三部曲。职业举报人有计划、有组织地寻找具有类似索赔诉求的群体，批量制作举报信模板，通过向行政机关举报的方式，向被举报机构要求先行赔付。如果没达成索赔目的，就以申请政府信息公开或行政复议的手段继续向行政部门施压，从而希望实现索赔的目的。

三是人员职业化。部分被委托的职业举报人具有法律知识背景，甚至从事过律师职业，有着较高的法律运用水平，披着"合法"的外衣，以获取不义之财谋生。

二、举报处理工作存在的问题及困难

（一）当事人材料涉及举报、投诉等杂糅混同问题，按实质内容分类处理存在困难

《中国人民银行办公厅关于印发〈金融违法行为举报处理操作指南（试行）〉的通知》（银办发〔2018〕148 号，以下简称《指南》）分别对举报、投诉、信访的定义及处理方式作出明确的规定，要求各分支机构甄别实质内容，按照相应程序区分处理。但是由于当事人提交的材料中通常存在举报、投诉等多种诉求杂糅混同且涉及不同业务条线。为降低法律风险，考虑到举报处理程序最为严苛，通常选择将此类材料按照举报程序处理，导致举报工作量居高不下。

（二）投诉件、信访件向举报件转化导致处理结果无法满足当事人预期

由于大部分当事人提交的材料的本质诉求为赔偿损失等与个人私权利益相关的内容，但按照《指南》的相关规定，该诉求并不属于举报处理事项。因此举报答复内容通常只涉及中国人民银行履职情况及举报事项的调查结果，无法解决当事人的实质问题，导致当事人对行政机关处理举报工作的不满，进一步引发其他具体行政行为及相关法律风险。

（三）举报内容形式上覆盖多条线业务，导致非必要调查任务加重

大部分举报人只陈述相关违法违规事实或提供线索，且为引起行政部门的重视，举报人往往罗列可能涉及的所有业务部门的法律条文，但没有提供相应的证据。为了防范法律风险，人民银行分支机构按照举报人罗列的所有法规文件分由不同执法业务部门办理。例如，80% 以上提交到反洗钱部门的举报材料只涉及被举报机构违规开展支付结算业务的违规事实，但是引用法律依据时举报人还罗列《中华人民共和国反洗钱法》等其他部门法律法规，但实际上举报人既无法证明被举报主体涉嫌洗钱的交易资金来源于上游犯罪

所得及收益，也无法提供义务机构违反反洗钱义务等基本证明材料。大量此类毫无依据、猜测性举报事项的处理加重了工作人员非必要的工作任务。

（四）告知举报人处理结果超出行政机关履职义务范围

对于举报材料请求行政机关履行监管职责的行为，2017 年最高人民法院行政再审案（〔2017〕最高法行申 281 号）认为行政机关答复或不答复举报处理结果均与举报人自身合法权益没有直接关系，举报人不具有请求行政机关对第三人实施处罚的请求权。按照司法裁判的引导，举报处理工作应当被视作行政机关监管调查的重要线索来源而不是满足公民的个人利益诉求，向举报人告知调查核实结果和处罚结果也并非行政机关应履行的义务。但是，根据《指南》相关要求，执法职能部门对每项举报事项进行充分调查核实后告知实名举报人，实际上是超出了行政机关的履职义务范围。

（五）难以把握举报答复的告知尺度，易引起外部法律风险

反洗钱部门的举报处理工作通常涉及账户及资金交易等涉密信息，根据《指南》的相关规定，不应将上述事项的处理结论告知举报人，但在实际操作中存在涉密范围和告知尺度难以把握等问题。对于举报人明确提出的但又涉及保密事项的诉求，行政机关无法向举报人告知具体的调查情况及处理结论。而举报人如认为上述调查结论可能关乎其未来维权等切身利益时，往往以行政机关未勤勉尽责为由发起行政复议或行政诉讼，以此途径向行政机关施压。

（六）举报答复时限和延期告知等规定有待优化

执法职能部门对于复杂疑难的举报事项等涉诉风险高的举报件通常无法在 60 日内完成调查，但是根据《指南》的要求，行政机关应当将延期及办理情况及时告知举报人。然而举报人在得知延期后，维权预期可能进一步提高，如经过长时间等待后得到的《举报答复意见书》未对其民事权益予以处理，极易引起对处理结论的不满。

（七）多条线部门各自为战，存在潜在履职法律风险

目前，举报人就同一举报事项向行政机关内部不同条线部门举报，使多部门因举报内容涉及的业务关联性，在程序上互为主办、辅办部门，致使多

部门重复调查和答复，严重浪费行政资源，且举报人可能利用不同条线业务部门的答复口径不同，挖掘潜在漏洞，这样将增大行政部门被复议或诉讼的风险。

三、相关工作建议

（一）完善举报、投诉等相关制度，强化分流工作

进一步完善并对外发布举报、投诉等相关制度，告知举报人关于举报、投诉和信访的定义以及相关办理流程及要求，指导当事人正确表达诉求，从源头上区分举报、投诉和信访，减少行政机关甄别实质内容的环节和投诉件向举报件转化等趋势，减轻执法业务部门的工作压力。

（二）引导当事人明确诉求，统一答复范围和尺度

通过对外提供统一的举报填写格式，明确细化举报人的诉求。工作人员根据举报诉求进行分办，并结合诉求有针对性地调查并答复。对于举报内容仅涉及金融机构履职情况，如举报洗钱或金融机构违反反洗钱义务等线索，建议将其作为可疑交易报告的线索来源或者未来金融机构现场监管或非现场监管的参考，不再对举报人进行实质性答复。

（三）提高举报受理标准，加大主动筛选和办理力度

进一步细化举报受理范围和条件，探索实现立案登记制和立案审查制相结合，加大对举报件的主动筛选，改变疲于应对的被动局面。对于举报材料只单纯地罗列相关业务条线的法律法规或只陈述猜测性的违法违规事实的，可明确不再受理。

（四）优化举报受理时间起算方法

一是修改《指南》关于举报办理期限的规定，对于按《补充举报材料告知书》要求再次收到的补正举报材料，建议将收到补正材料之日作为重新起算的举报受理时间；二是明确合并办理的举报件的受理时间起算方式，对于举报人陆续提交的针对同一被举报对象的举报件可合并办理，举报受理时间

以最新收到举报材料的时间为准，尽可能地为执法业务部门争取充分的调查核实时间。

（五）优化举报事项延期办理的告知程序

修改《指南》中关于举报延期办理的告知要求，对于无法在规定时限内办理完结的举报件，考虑通过内部审批程序等方式办理延期事项，取消告知举报人延期及办理情况的要求，避免提高举报人维权预期。

（六）多条线形成合力，防范化解法律风险

构建专业的举报处理中心，打造"一个窗口对外"新模式，对外统一提供受理、查询、咨询等一站式服务，减少中间流转环节。各业务条线形成合力，集中处理举报材料，避免因答复口径不一而引发潜在的法律风险。

（七）加大对恶意举报打击力度，发挥震慑效应

加强与司法机关的协作，加大对恶意举报行为引发的敲诈勒索、寻衅滋事等违法犯罪行为的惩治力度。同时，注重典型案例的震慑效应，多途径宣传恶意举报的危害，增强社会公众对于恶意举报会触犯敲诈勒索等刑事犯罪的意识，从源头上抑制恶意举报案件的剧增。

房地产金融宏观审慎管理监测体系及工具研究

蒋湘伶 陈 岩 安 飒 潘洋帆 朱琳琳 雨 虹 孙 雪[*]

2008 年金融危机之后，各国高度重视房地产市场对金融稳定的影响，将房地产金融纳入宏观审慎管理体系。本文通过总结分析我国房地产市场金融风险的来源和传导机制，构建一个从宏观审慎视角出发的房地产金融风险监测指标体系。结合整理国际上主要的房地产金融宏观审慎管理工具的实施情况，提出进一步完善我国房地产金融宏观审慎管理的相关政策和建议。

一、我国房地产金融风险监测体系的构建

（一）房地产市场是我国系统性风险的重要来源之一

我们通过主成分分析法，以北京地区数据为例，测算房地产部门对系统性风险的影响。选取宏观经济、房地产市场、银行业、股票市场、债券市场和外汇市场等指标，构建北京地区系统性金融风险指标 SFI，描述 2014—2019 年北京地区系统性金融风险和子领域金融风险的演变历程。结果显示：一方面，房地产市场是系统性金融风险的重要源头。地区系统性金融风险指数走势与房地产市场风险走势相关性较高。另一方面，房地产市场风险演变情况与调控政策高度相关。2014 年以来，一系列政策调控使房地产市场风险持续下跌。2015 年，"3·30 新政"重启楼市模式，房地产市场风险急剧累积。2017 年，"3·17 政策"持续推出政策"组合拳"，房地产市场风险逐步

---

* 蒋湘伶、陈岩、安飒、潘洋帆、朱琳琳、雨虹、孙雪，均供职于中国人民银行营业管理部跨境办。

降低。2018 年，北京地区房地产的限购限贷持续高压，但市场需求及房地产开发投资恢复缓慢，房地产市场风险再现持续性上升。2019 年后，楼市严控背景下，房企融资渠道全面收紧，北京地区房地产市场风险又开始走低。

（二）房地产市场金融风险的来源及传导

1. 房地产市场金融风险的来源

一是我国住户部门债务收入比、房贷收入比呈上升趋势。一方面，我国住户部门房贷收入比（个人住房贷款/可支配收入）从 2008 年末的 22.6% 增至 2019 年末的 47.4%[①]。截至 2019 年 3 月底，我国住房抵押贷款余额中超过 93% 是首套房贷款，违约风险较低[②]。另一方面，2019 年全国个人住房贷款余额同比增长 16.7%，而城镇居民人均可支配收入实际增速仅为 5.8%[③]。

二是金融机构信贷结构中房地产集中度较高。2019 年全国主要金融机构房地产贷款余额占各项贷款余额的比重近 30%，房地产贷款余额增速大于本外币贷款余额增速近 3 个百分点。其中，尚未包含以房地产作担保的贷款占贷款的余额。

2. 房地产金融风险的传导渠道

当房产价格大幅下降时，有以下几方面的风险传导路径：一是居民部门抵押贷款信用风险；二是房地产企业部门信贷和债券违约风险；三是政府部门债务违约风险；四是金融机构期限错配的流动性风险；五是"正反馈效应"作用下向金融体系扩散的风险。

（三）基于风险来源构建房地产金融风险监测指标体系

我们认为，房地产金融监管应结合当前实践，增加宏观审慎监管指标，形成对微观审慎监管的加强协调和补充。房地产金融风险监测分析框架应包括需求侧和供给侧 2 个维度，房地产市场、居民、金融机构、宏观经济 4 个部门，涵盖风险源、风险传导、风险实现、风险扩散等多个环节。结合我国金融市场以间接融资为主，且银行业规模占比在金融业态中具有显著地位的特点，应侧重对银行机构抵押贷款质量和房地产风险敞口以及风险变化情况

---

① 数据来源：中国人民银行《中国金融稳定报告（2019）》。
② 数据来源：IMF 关于中国的《部分问题》报告，2019 年 8 月。
③ 数据来源：中国人民银行《2019 年第四季度货币政策执行报告》。

的监测分析。一是抵押贷款质量风险方面，应特别关注个人住房新增贷款价值比（LTV）变化，这一指标说明购房中使用自有资金的比例，可以反映房价下跌对银行坏账的影响。二是房地产风险敞口方面，应特别关注银行机构房地产信贷集中度和资产风险赋权情况，以辅助监管部门研判是否需要向金融机构提高房地产行业放贷的资本约束和向房地产融资的流动性约束提供支持。

二、房地产金融宏观审慎管理工具

（一）国际主要经济体工具研发实践

国际上针对房地产金融的宏观审慎工具可以分为供给侧和需求侧维度：一是供给侧工具，主要目的在于约束金融机构信贷投放。在资本约束方面，主要有（部门）逆周期资本缓冲（CCyB）、行业资本要求（SCRs）；在限制风险敞口方面，主要有房地产信贷集中度要求、房地产资产风险权重调整；在抵押价值方面，主要有贷款价值比（LTV）、房贷期限等；在流动性约束方面，主要有动态拨备计提、动态准备金要求、利息覆盖率要求等。二是需求侧工具，主要目的在于抑制购房需求，包括债务收入比（DSTI）、偿债收入比（DTI）、贷款收入比（LTI）等（见表1）。

表1　国际上主要使用的房地产宏观审慎管理工具

	贷款价值比（LTV）	偿债收入比（DTI）或债务收入比（DSTI）或贷款收入比（LTI）	资产风险权重（Risk Weight）	行业资本要求（SCR）
优点	1. 提高借款人在面临违约条件下的缓冲能力 2. 降低银行部门的违约损失率（不良率）	1. 遇到收入和利率的波动时，能确保居民的还贷能力和降低居民的流动性风险 2. 针对房价对居民消费的"挤出效应"方面更加有效	增强银行抗风险的韧性	更高的资本要求对增强银行抗风险的韧性有直接作用

续表

	贷款价值比（LTV）	偿债收入比（DTI）或债务收入比（DSTI）或贷款收入比（LTI）	资产风险权重（Risk Weight）	行业资本要求（SCR）
缺点	1. 具有市场敏感性，不方便进行相机抉择，当市场预期该限额将调整时，可能反而加剧房价波动，所以一般调整频率较低 2. 部分购房者可以利用消费贷、金融创新等产品规避贷款价值比的限制	1. 部分购房者可以利用消费贷、信用贷和其他金融创新产品规避偿债收入比的限制 2. 可能影响信贷资源的公平性，房屋的可获得性	无法直接影响银行的放贷行为	1. 对于信贷周期的影响取决于银行微观审慎行为 2. 有可能对其他部门贷款业务产生"挤出"效应

资料来源：笔者整理。

1. 欧盟

2018 年，28 个成员国中六成使用了贷款价值比（LTV）工具，LTV 上限最高为 100%（荷兰），最低为 35%～80%（匈牙利，根据贷款总额设定具体上限）；四成使用了偿债收入比（DSTI）工具，设定上限从 30%～40%（奥地利）到较高的 80%～100%（斯洛伐克）；少数国家还使用了资产风险权重工具和行业额外资本要求（见表 2）。

表 2　2018 年欧盟房地产金融宏观审慎工具实施情况

工具名称	28 个成员国中使用该工具的国家数量
LTV	17
DSTI	12
DTI	2
LTI	2
风险权重	7
逆周期资本缓冲	10

资料来源：欧洲系统风险委员会。

2. 新西兰

新西兰联储于 2013 年 10 月开始推出贷款价值比（LVR，Loan-to-Talue

Tatio，等同于 LTV）限制。具体政策为：银行发放给 LVR 高于 80% 的自住房贷款不能超过自住房抵押贷款总额的 20%，发放给 LVR 高于 70% 的投资房贷款不能超过投资房抵押贷款总额的 5%。2017 年，新西兰曾考虑将需求端的 DTI 纳入宏观审慎框架，但最后该提议未能被采纳。值得注意的是，2020 年 5 月，由于新冠肺炎疫情带来的经济冲击，新西兰联储决定行使 LVR 作为逆周期工具的功能，于 5 月 1 日起取消对银行的住房抵押贷款，为期 12 个月。

（二）我国房地产金融宏观审慎管理工具实践

2016 年，中央经济工作会议提出"房住不炒"并将房地产金融纳入宏观审慎管理，逐步构建以"因城施策"差别化信贷政策为核心的房地产金融宏观审慎管理框架，中国人民银行也初步积累了房地产宏观审慎管理的经验。目前，我国综合运用各类政策工具对房地产信贷市场进行逆周期调节，包括：一是最低首付比例要求（与 LTV 类似），目前我国实行差别化的信贷政策，首套房最低首付比例为 20%~35%，二套房为 40%~80%，与其他国家相比，我国对首付比要求更为严格；二是借款人偿债能力要求，《商业银行房地产贷款风险管理指引》规定个人申请购买住房时，偿债收入比（DSR）即房产支出与收入的比例应不超过 50%，商业银行对个人发放贷款时也会依据自身微观审慎经营策略审核房贷月供收入比；三是资本风险权重要求，《商业银行资本管理办法（试行）》规定商业银行个人住房抵押贷款的风险权重为 50%；四是评估商业银行房地产按揭贷和开发贷增速及比例，评估结果与 MPA 激励约束工具挂钩；五是窗口指导等。

三、相关建议

（一）分区域、分部门建立房地产金融系统性风险监测预警体系

一是在目前房地产政策"一城一策"的背景下，建立区域房地产金融预警监测体系，对区域系统性金融风险重点领域进行监测预警。二是进一步完善房地产金融压力测试，从贷款集中度、借款人偿债能力等多方面加强风险的主动管理能力。三是构建能更加精确评估居民住房支付能力的指标体系，

监测居民偿债能力。

（二）坚持"房住不炒"，不断丰富房地产金融宏观审慎政策工具箱

参考国际经验并结合我国现阶段房地产宏观审慎调控目标，进一步加强政策工具的开发。根据房地产金融宏观审慎管理基本思路，结合当前实践，可考虑从控制房地产信贷集中度、做实债务收入比（DSTI）要求、调整房地产资产风险权重几个方面入手，制定房地产宏观审慎管理政策。

（三）促进房地产金融宏观审慎与其他政策的配合

在"双支柱"的框架下，协调货币政策和宏观审慎管理政策，落实好各项制度和机制建设，宏观上管住货币，微观上支持合理自住购房。此外，建议从完善财税制度、改进土地占补平衡等方面入手，从供给端解决房地产供需错配问题，构建房地产市场健康发展的长效机制。

英国监管科技政策工具 TechSprint 及其启示

陈涛　赵圻　吕伟梅　李文姣　毛星宇[*]

金融科技与现代金融深度融合、创新和发展，为监管科技的发展应用提供了现实诱因及施展舞台。如何在促进金融创新、激发市场活力的同时趋利避害，更好保护金融消费者合法权益，有效防范"黑天鹅""灰犀牛"等金融风险，成为金融监管机构面临的全新挑战与发展机遇。作为监管科技的策源地，英国通过创设包括 TechSprint 在内的系列监管科技政策工具，积极推动监管科技创新应用，成为全球监管科技发展的重要引领者。

一、TechSprint 简介

TechSprint 可译作"技术冲刺"，是英国金融行为监管局（Financial Conduct Authority，FCA）借鉴 Hackathon（"黑客马拉松"）的形式创设的监管科技政策工具。它通常是为期若干天的活动，将来自金融业内、外的参与主体聚集在一起，由跨越行业、地域和机构的多领域、多角色人员重新组合成若干个团队，各自独立开发基于技术的想法或概念验证原型，以应对特定的行业挑战。它侧重于解决单个机构无法独立解决的行业"痛点"和难题，有助于揭示问题实质并扩大业界对潜在解决方案的讨论和认识。它的参与主体包括但不限于监管机构、金融机构、金融消费者、金融科技公司、监管科技公司、初创企业、数据提供商、咨询公司、风投基金公司、高校及科研机构，参与人员涵盖监管、科技、行业专家、法律、商业等多个相关领域，并在活

---

[*]　陈涛、吕伟梅、李文姣、毛星宇，均供职于中国人民银行营业管理部清算中心。赵圻，供职于中国人民银行营业管理部，目前在中国人民银行支付结算司工作。

动最后的成果展示环节邀请高层行业代表、专家、学者和投资者等为观众分享各团队的解决方案。自 2016 年 4 月首次 TechSprint 起，FCA 共成功组织完成了 7 次 TechSprint，主题依次涉及 "客户访问""解锁监管""金融服务和精神健康""模型驱动机器可执行监管报告""国际反洗钱和金融犯罪Ⅰ""养老金" 和 "国际反洗钱和金融犯罪Ⅱ" 7 个领域。

实践证明，TechSprint 在跟踪行业动态、增进协作交流、促进金融创新和推动行业发展等方面取得了积极成效。例如，在 2017 年 FCA 和英格兰银行（Bank of England，BoE）联合举办的 "模型驱动及其可执行监管报告" Tech-Sprint 中，成功开发了监管报告机器可读、可执行的概念验证原型，由此启动的数字化监管报告项目已经获得英国政府先锋基金投资，并得到 FCA、BoE 及相关被监管机构的持续资源支持。此外，TechSprint 也得到了全球范围的关注和应用。比如，2020 年 4 月，聚焦 "针对危机的监管动态信息共享""监控洗钱与恐怖主义融资" 以及 "监管报告与合规性的数字化" 3 个主题，G20 轮值主席国沙特阿拉伯和国际清算银行（Bank for International Settlements，BIS）联合启动了 TechSprint 计划，力求通过新技术解决相应的合规和监管挑战。

二、TechSprint 工作流程

为充分实现 TechSprint 预期目标，活动筹备期需要开展深入广泛的调研、完善的基础设施支持和大量的沟通协调，做好充分准备，这些工作有时可能会耗时若干个月。FCA 注重全流程积极沟通和参与，坚持公正、透明和一致的原则，明确活动各参与主体交流合作的时机、方式和内容。综合以往经验，FCA 在组织举办 TechSprint 时主要遵循图 1 所示流程。

（一）确定主题

确定为 TechSprint 主题的问题，应满足如下条件：

（1）需要协作解决的行业性 "痛点" 或挑战。

（2）问题复杂、有趣，有较强的挑战性和激励性。

（3）可以通过新技术解决。

（4）技术解决方案原型提出后可以持续深入推进。

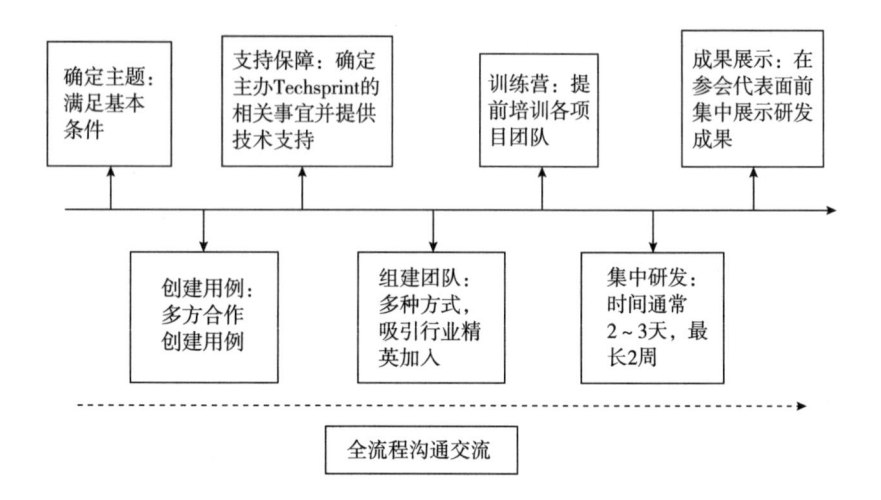

图1　TechSprint 工作流程图

资料来源：笔者整理。

（5）不适用监管辅导、监管沙盒等其他政策工具。

（二）创建用例

确定主题后，FCA 将待解决的问题以用例（Use Case）的形式进行更为具体细致的描述。通过召开研讨会和圆桌会议的方式，FCA 深入广泛调研，并组织利益相关者、行业专家创建和细化用例。针对不同的问题，FCA 主要采用两类用例进行描述：一类是结合客户行为和生活场景引出具体问题，比如"金融服务和精神健康"；另一类是对行业问题和挑战的宏观描述，比如"国际反洗钱和金融犯罪"。

（三）支持保障

确定活动的时间、地点、机构、人员等，做好场地环境、高速 Wi-Fi、团队协作软件、高质量视听演示设备、项目资料、数据支持和云计算服务设施等技术保障。

（四）组建团队

通过 FCA 官网、社交媒体公示和宣传 TechSprint 项目，加强与活动潜在目标人群的沟通交流，吸引行业精英加入项目团队，发放相关背景材料。通常 FCA 要组建若干个团队，各团队需要针对共同的主题，独立并行提出各自的技术解决方案。

（五）训练营

在活动开始前 7~10 个工作日对各项目团队进行培训，介绍用例、可用的数据、技术以及团队成员的角色，以及云计算环境、协作工具和沟通渠道。在有些 TechSprint 的训练营中，还会就相关技术、专业知识进行讲解和演示。此外，训练营还允许尚未加入任何团队的参与人员找到或者组建团队，并就活动和前期发放的材料进行答疑。

（六）集中研发

TechSprint 准备时间可达数个月，但各团队集中研发时间通常只有 2~3 天，最长一次集中研发时间为 2 个星期。通过各团队成员间的思想碰撞和协同合作，研究提出相应的技术解决方案。

（七）成果展示

活动最后一天，FCA 组织各团队采用 NASA "240 秒荣耀模式"，在有限的时间内集中展示各自的解决方案，邀请监管机构、行业专家和学者、企业高管、金融机构和风险投资者等多方代表进行现场分享，并且由特别嘉宾为整个活动做主旨发言。同时，FCA 组织专门的评审团队，按照特定的标准对各团队的方案进行评分，但并不提供经济奖励。活动结束后，FCA 将各团队的解决方案和成果在其官网公布，供市场机构和个人参考。

三、TechSprint 的特点

（一）着眼于合作促进金融及监管科技创新

TechSprint 旨在汇聚来自金融业内、外不同机构和人员的智慧、经验和方法，通过短期内高强度的思维碰撞和协作配合，激发跨行业、跨领域、跨机构的灵感和 "1+1>2" 的化学反应，探讨并开发创造性的、全新的技术解决方案原型，从而为相关领域的实践创新和市场化应用提供参考，可行性较强的原型项目也有可能获得机构（如监管机构、投资基金等）的关注、孵化和支持。特别需要指出的是，TechSprint 强调合作思维和创新基因，而非特定利益主体（如金融科技公司）推介既有产品和解决方案的"开放日"或"展示日"。

（二）致力于持续构建金融生态圈交流机制

高效的交流和互动才能催生高质量的合作与创新。合作的过程，离不开 TechSprint 团队中来自不同机构、行业以及专长、背景各不相同的团队成员在专业、理念及技术上的交流与碰撞。对各参与主体而言，既可以学习、交流和跟踪业界前沿动态，又可以和拥有不同经验、技能、产品的机构及人员建立信任和联系。因此，尽管 FCA 并不向参与机构和个人支付任何费用，但还是吸引了大量的机构和个人踊跃参与。对监管机构而言，TechSprint 同样是其跟踪行业进展、加强行业交流、传达监管要求和提供监管辅导的重要媒介。FCA 秉持透明、开放的原则，注意保持参与机构及人员组合的多样性，行业领军者、挑战者、初创企业、不同解决方案的供应商，以及不同领域的专家，可以在 TechSprint 协作和碰撞中充分交流。同时，这也有助于 FCA 全面了解行业动态和金融生态圈内不同利益主体的关切及诉求。

（三）聚焦于推动解决行业级"痛点"和挑战

TechSprint 被用来应对行业共性问题或者全局性挑战，通常无法由单个机构独立解决，比如数字化监管报告报送，以及金融基础数据安全合法共享等问题，都需要一定种类和数量的机构协作解决。TechSprint 开始前，FCA 会提供不泄露个人识别信息的真实数据、匿名数据或者基于真实信息和统计学特征的合成数据，以及临时的云计算基础设施，从而为参与主体提供宝贵的测试数据环境。此外，参与主体在本领域内的专业性，以及参与主体组合的多样性，也有助于激发创新的可能性。

（四）依赖于全流程资源投入推动市场化应用

经过 TechSprint 验证的方案原型，证明其可以在理论层面进行工作。然而，TechSprint 团队的临时性，意味着来自不同机构、地域和领域的团队成员难以在 TechSprint 结束后继续跟进项目。活动期间的测试数据环境和相关基础设施，在活动后也会关闭或失去授权。即便是获得企业或资金支持的方案或团队，也需要可信的测试环境以及跨机构的协作配合。因此，TechSprint 的概念验证只是起点而非终点，从概念验证到价值证明，再到解决方案的落地实施，还需要人、财、物等资源的持续投入。"后 TechSprint"阶段，仍需配套的促进机制或与其他政策工具协同配合，才能推动创新解决方案的市场化应用。

四、启示及建议

（一）探索实施"中国版"TechSprint

借鉴国际经验，以积极主动的监管介入促进金融和监管科技创新，探索设立并打磨完善符合我国国情的创新激励型监管科技政策工具。围绕行业"痛点"和挑战，坚持问题导向、目标导向，调动包括但不限于监管机构、金融机构、科技企业、初创企业、金融消费者等金融生态圈参与主体的积极性和创造性，在牢守监管规则"刚性"底线的基础上，以协作式的"柔性"撮合深化业界交流协作、激活行业创新基因，切实推动我国金融和监管科技守正创新、开放共赢。

（二）持续完善监管科技政策工具箱

加强监管科技顶层设计，动态调整完善包容审慎的监管科技政策工具箱，建立健全金融和监管科技创新全流程促进及风险防控机制。探索以开放日、展示日、创新论坛等方式发现创新，以 TechSprint 激发创新，以数字沙箱支持创新，以金融科技创新监管工具（监管沙箱）和金融科技应用试点试验创新，以监管协调、监管探针、舆情监测等工具监测创新，以持牌经营、风险拨备、保险赔付等工具缓释风险，各政策工具有机配合、同向发力，纾解创新从现实需求、概念验证、价值证明到市场化应用的"梗阻点"，促进金融和监管科技创新在安全可控、普惠民生的基础上竞相迸发涌流。

（三）客观中立推动监管科技创新

监管机构在促进创新的过程中保持技术和竞争中立，充分依靠市场力量检验创新、去伪存真，同时，通过构建良好的促进机制和市场环境更好地推动创新。一方面，对于各类新技术及解决方案不预设技术路线，摒弃技术崇拜和歧视思维，尊重市场主体创新精神，尊重技术发展内在规律，鼓励金融生态圈各参与主体"量体裁衣"，采用最适合、最稳妥而非"最先进""最时髦"的技术方案务实解决问题。另一方面，客观公正对待各市场参与主体，积极跟踪行业前沿动态，扩大深化各界协作交流，合理听取各方诉求和建议，不为特定市场主体"背书""增信"，营造透明、开放、公平竞争的监管环境。

（四）积极参与全球监管科技治理

主动加强与国外金融监管机构、国际经济合作组织（如 BIS 等）、全球性监管科技组织（如 FCA 主导的全球金融创新网络 GFIN）的交流互鉴，吸收成熟经验、做法，取长补短、为我所用。持续深化跨境监管协调与合作，畅通金融和创新要素流动渠道，优化全球金融和创新资源配置，推动建立完善共商、共建、共享的全球金融和监管科技创新机制。积极参与国际监管科技标准、规范的研发制定和认证检测，为全球金融及监管科技创新合作贡献中国监管智慧，提升我国在全球金融治理中的制度性话语权。

基于数据治理视角的数字对象体系架构（DOA）及其金融科技应用研究

陈　涛[*]

随着金融科技创新发展和深入运用，数据已成为金融高质量发展的关键生产要素。如何安全、高效地实现金融数据互联互通和挖潜释能，打造以数据为核心的金融产业生态，成为金融业面临的现实挑战与发展机遇。数字对象体系架构（Digital Object Architecture，DOA）及 Handle 解析体系，或许能为金融数据治理提供潜在的选择和可能性。

一、数字对象体系架构（DOA）简介

数字对象体系架构（DOA）是一种互联网环境下对数字对象进行标识、解析、管理和安全控制的数据治理基础设施。除了将各类数据封装和抽象为互联网上的数字对象，DOA 基于 Handle 解析体系还建立了一整套完善的治理机制，实现了数字对象之间安全、高效的互联互通和互操作（见图 1）。传统域名解析系统（Domain Names System，DNS）是基于 IP 地址的、主机间的互联互通，存储在不同主机上的数据及其访问控制由主机自行管理，这也是造成"数据壁垒"的原因之一。

Handle 解析体系由互联网之父、TCP/IP 协议联合发明人 Robert Kahn 领导的美国国家创新研究所研发，面世于 1995 年，迄今为止已更新至版本 9。起初，DOA 和 Handle 着眼于解决以 DNS 为核心基础设施的互联网在安全性、扩展性、分布式管理等方面的缺陷。后来，拓展到数字化内容的标识、解析和链接、定位，在数字出版、物联网等领域得到了广泛运用。例如，基于 Handle 的

＊　陈涛，供职于中国人民银行营业管理部清算中心。

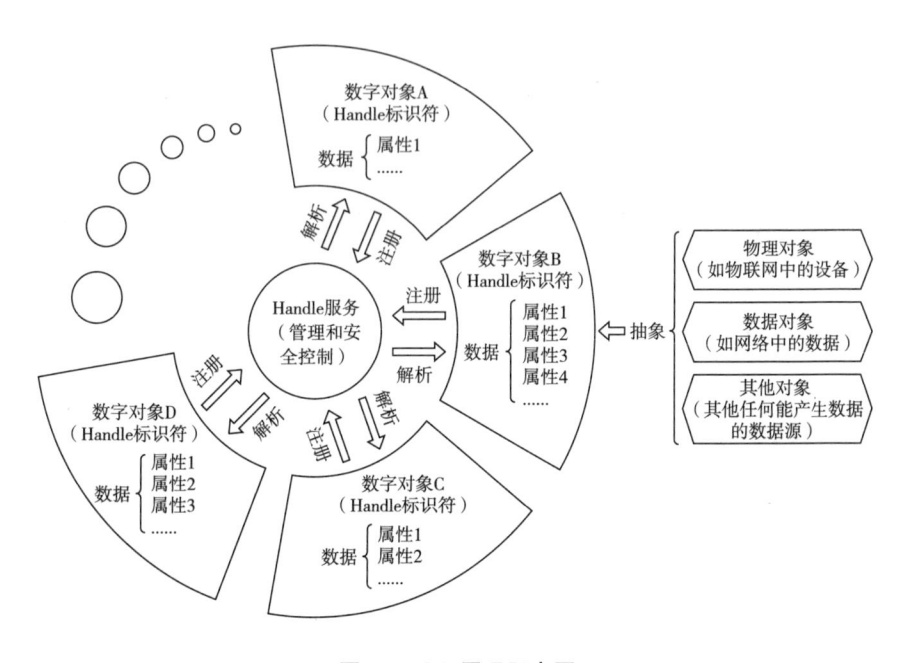

图 1　DOA 原理示意图

资料来源：笔者整理。

唯一标识符 DOI 系统（Digital Object Identifier），已被 Elsevier、Springer 等众多知名数字文献生产商和出版机构广泛采用、国家物联网标识管理公共服务平台兼容 Handle 等主流标识解析体系，在重要产品溯源、智慧物流等领域初步实现了应用示范和产业化推广。

二、数字对象体系架构（DOA）的框架

DOA 和 Handle 系统采用层次化网状服务模型（见图 2）。它的顶层目前包括 10 个全球并联顶级根节点（Global Handle Registry，GHR），根节点间互相连接且互为备份，是 Handle 系统实现全球化互联互通的基础和核心。这 10 个物理上的顶级根节点构成了逻辑上全球唯一的 GHR，分别由世界各地经授权的全球根节点机构（Multi-Primary Authority，MPA）来运营和维护。其中，9 个位于中国、美国、德国等主权国家，还有 1 个部署在联合国直属机构——国际电信联盟。在 GHR 的下层，部署有若干层次的本地 Handle 服务

（Local Handle Service，LHS）节点，负责对从数据源中抽象而来的数字对象进行标识、解析和管理。每个 GHR 均拥有唯一的 Handle 标识，并为下层的 LHS 分配该 GHR 命名空间内不重复的 Handle 标识。LHS 为其下层 LHS 或者其标识和管理的数字对象分配该 LHS 命名空间内不重复的 Handle 标识。依次类推，每个 GHR 根节点下形成了层次化的树状服务结构，这些树状服务结构又因为其所属的 GHR 根节点相互连接而形成了层次化的网状服务结构，并且保证了 Handle 体系管理的每个数字对象均拥有全球唯一的标识符。

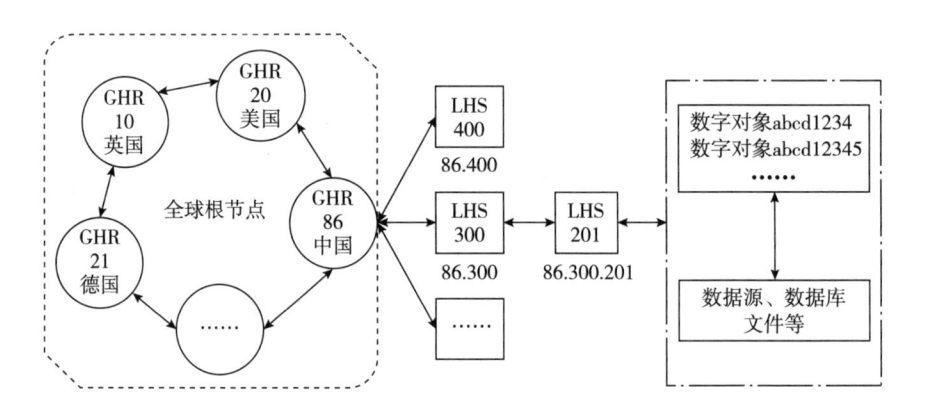

图 2　DOA 层次化网状服务模型

资料来源：笔者整理。

三、数字对象体系架构（DOA）的特点

（一）开放共享：兼容并蓄的标识解析体系

Handle 可以兼容 IPv6 和 DNS，以及 OID、Ecode 等其他标识解析体系。更为重要的是，DOA 是以数字对象为载体来管理数据，被管理的数据只需抽象为数字对象在 LHS 进行注册，就可以通过 Handle 标识、链接、解析和访问，而不需要为了规范数据治理或者特定的数据使用需求，重新进行数据标准的顶层设计和开发新的信息系统。DOA 和 Handle 系统就好比连通各个"信息孤岛"的"神经系统"，既可以继续使用现有的系统和数据源，又可以

降低设计、开发和系统迁移成本，从而较好地解决了异主、异构、异地系统和数据的兼容、整合及共享问题。

（二）多中心化：多边平等的全球治理机制

各个 MPA 之间是并联、平等、协商和共管的关系，Handle 系统在相当程度上打破了基于 DNS 的传统互联网治理中个别国家的把持和垄断，一方面单个 MPA 无法切断全球或特定 MPA 的 Handle 服务，另一方面即便单个全球根节点在极端情况下被完全孤立，该根节点区域内部的 Handle 系统仍能独立正常运行。

（三）管理灵活：灵活定制的数据管理方案

当前互联网依靠 TCP/IP 协议及 DNS 进行数据传输，对数据的使用和管理需要开发额外的应用系统，数据标准和应用系统的差异便可能导致数据无法高效有序共享。Handle 则主要着眼于主机设备上数据的互联互通，在创建和注册数字对象时即可灵活、自主地定义其属性，实现数据标准的统一，在数字对象传输时就可以实现数据的识别、使用和管理。此外，DOA 和 Handle 系统不仅解决了"如何定义数据""谁拥有数据"以及"数据在哪里"的问题，还提供了"谁可以访问数据"和"谁访问了数据"的访问控制及审计功能。

（四）安全可靠：自主可控的数据安全架构

一是打破了个别国家对互联网全球根节点的垄断。将只有一个全球根节点的树状服务架构，升级为具有多个全球根节点的网状服务架构。二是数据所有者可以在本地自主存储和管理数据，无须集中上传，保证用户数据主权、所有权和数据安全。三是内生的权限认证机制。支持用户身份和访问权限的自主管理，保证身份安全和行为安全。四是兼容分布式、集中式、云存储等不同数据存储方式，不依赖任何平台、系统和数据库，比 DNS 具备更强的内容保护机制和抗攻击能力。五是采用非对称秘钥体系和数字签名进行服务器、客户端的身份验证，可以有效避免身份欺诈和恶意攻击。

四、金融数据治理面临的挑战

（一）数据鸿沟

从纵向来看，由于预算约束、科技投入、人才政策、薪酬激励等方面的差异，监管机构、金融机构、金融科技公司在科技应用和数据获取、分析、处理等方面存在能力差异，从而滋生了"数字套利""监管套利"的可能性。从横向来看，由于机构战略以及人、财、物等要素投入的不同，数据治理能力和水平千差万别。从高度来看，金融数据来源广泛、种类各异、结构复杂、体量庞大，如何从海量异构数据中挖掘数据价值、释放数据红利，以及能够挖掘和释放到什么程度，都有赖于有力科技赋能和基础设施保障。

（二）数据烟囱

传统信息系统基本以满足业务需求为目标进行开发，数据标准及系统接口各异，数据使用往往局限于具体功能和业务流程，缺乏全局性数据规划和设计，致使数据分散在不同的机构、部门和系统中，形成信息孤岛和数据烟囱。数据作为金融业的关键生产要素，共享、整合并释放其红利有着巨大的现实需求。例如，分散的监管数据需要整合和挖掘进行"穿透式"监管，经营数据需要多维度关联分析助力培育市场竞争力，客户行为数据需要多维度整合才能实现精准完整的"画像"。

（三）数据壁垒

一是规划缺位、标准缺失或技术缺范等因素引发的兼容性壁垒。数据无法或者难以有效互联互通，形成信息孤岛和数据烟囱，导致数据客观上"不能"共享。二是基于利益考量的竞争性壁垒。数据优势意味着竞争优势，金融机构同业之间以及金融产业链上的不同机构之间，甚至同一机构的不同部门之间，主观上"不愿"分享。三是机制不健全的协同性壁垒。数据共享如权责不明确、机制不完善或者规定不具体等因素，则可能导致数据"不好"共享。四是保护数据敏感性的安全性壁垒。部分金融数据涉及个人隐私、商业秘密、社会公共利益甚至国家安全，在缺乏配套安全机制的情况下"不敢"共享。

（四）数据安全

一是网络安全挑战。通过恶意攻击等方式非法获取金融数据或者系统访问权限。例如，2016 年黑客通过 SWIFT 系统从孟加拉国央行在美国纽约联邦储备银行的账户中窃取资金约 8100 万美元。二是数据泄露风险。存在未经用户授权隐蔽、过度和强制采集数据的现象。这些数据如果被恶意窃取，或者非法交易，就会引发严重社会问题。例如，有数据显示目前电信网络诈骗案件 90%以上是通过公民详细信息实施的精准诈骗。三是金融安全挑战。金融数据中包含个人、企事业单位的基本信息、经营状况、资产负债等多方面数据。非法获取并对这些海量数据进行关联整合和挖掘分析，可能引发金融安全隐患。

五、启示及建议

（一）探索构建数据治理基础设施

DOA 提供了数据共享和流动的全流程治理机制，既可保证数据安全，又为打破数据壁垒、连通数据烟囱、弥合数字鸿沟提供了基础设施支持。在后续工作中，笔者建议深化对 DOA 的理论研究和实践摸索，探讨其技术成熟度、经济可行性、金融行业适配性，以及充当金融数据治理基础设施的可能性或者借鉴意义，促进数据要素高效有序流动，通过数据要素融合催生"1+1>2"的化学反应，更好赋能数字经济。

（二）优化金融数据治理顶层设计

一方面，建立健全金融数据产权制度。以法律法规明确金融数据作为金融生产要素的权属关系，建立并不断完善金融数据要素交易、共享并按贡献参与分配的体制机制，解决"数据属于谁"的问题。另一方面，规范构建金融数据治理标准化体系。建立数据全生命周期标准化体系，为数据要素高效流动打通兼容性壁垒，解决"数据怎么用"的问题。此外，还要正视并处理好数据多样性和标准化之间的逻辑辩证关系。数据的标准化是相对的，多样性则是绝对的，良好的顶层设计应当建立相应机制，兼容数据的多样性和动态演化特征，解决"数据怎么通"的问题。

（三）聚力推动信息科技融合创新

区块链是信息科技融合创新的典型案例。它并没有在基础理论、核心技术上实现革命性的突破，而是将分布式数据库、点对点传输、共识机制、非对称秘钥算法等现有信息科技有机融合、创新应用而来。DOA 及 Handle 为数据互联互通提供了全新解决方案，它们间的有机整合和深度融合，将为金融数据治理注入强劲动力。例如，使用 DOA 及 Handle 整合不同行业和产业间的区块链，既可以保证区块链上数据的可信性和完整性，又可以打破"区块链孤岛"，变区块链为"区块网"，实现区块链间数据的互联互通。

（四）积极参与全球金融数据治理

主动加强和国际数据治理及数据标准化组织的沟通，促进人员、技术、项目和研究成果的交流互鉴，不断积累和吸收数据治理经验，提升我国金融数据治理水平。探索强化金融数据跨境流动协调和合作，在确保金融安全的前提下畅通数据要素全球市场化流动渠道和配置方式，推动建立共商、共建、共享的全球数据要素市场。积极参与全球金融数据标准、规范的研发制定和认证检测，在全球金融数据治理中主动作为，提升我国在全球金融数据治理中的制度性话语权。

银行业金融科技发展及其监管的思考

吕伟梅　陈　涛　李文姣*

近年来，随着金融科技的发展，给传统的银行业带来巨大冲击。随着大数据、云计算、区块链技术、人工智能技术等信息技术的突破，技术引领的创新将带动金融产品的创新和迭代升级，逐步实现线下到线上的转换，与传统的金融产品相比，线上化金融产品更高效、更便捷、更智能。为了谋求发展，保住存量谋求增量，传统银行业陆续开始向金融科技转型，加大科技的投入。2019 年 12 月 6 日，人民银行正式批复北京率先在全国开展金融科技创新监管试点，为更好地了解北京地区银行业在金融科技领域的发展现状，对辖内 16 家商业银行总行开展问卷调查。

一、金融科技发展存在的风险和挑战

（一）银行业金融科技发展过快，安全风险不容忽视

在当前的背景下，金融机构容易追求"大干快上"，缺乏对业务创新的前瞻性规划和架构的顶层设计，导致出现数据孤岛、跨系统壁垒甚至重复建设等现象。创新过程衍生出一些新形式的风险，而金融业务本质上的风险属性以及网络安全、隐私保护等容易被忽视。此外，新技术的运用，客户门槛的降低，可能引入更多高风险客户，造成金融风险低估和错误定价；同时，新技术加深了银行业、科技企业和市场基础设施运营企业间的融合，增加了整个行业和系统的复杂性，风险传导速度越来越快，金融市场参与主体行为

---

* 吕伟梅、陈涛、李文姣，均供职于中国人民银行营业管理部清算中心。

更加趋同，从而放大金融市场波动。

（二）金融科技发展使银行业面临新的挑战

新技术的发展，导致95%以上的业务可以通过数字化渠道完成，85%的对客交互可以由人工智能替换，银行面对削减物理网点和人员的压力空前。此外，80后和90后这些在互联网生态下的金融产品和服务的主力消费人群，行为习惯正在加速数字化和移动化，支付宝、微信场景式二维码支付更进一步隔离了他们与银行的接触，银行面临前所未有的品牌忠诚度下降、隐形提供服务等危机。同时，商业银行也意识到银行科技现阶段的主要矛盾已经转化为应对市场的海量交易、高速创新、极致体验、快速交付的业务需求与传统应用架构之间的矛盾。

（三）"数据知识共享"与"数据隐私保护"难平衡

在数字化转型的浪潮下，银行业持续推进数据治理，借助人工智能深化数据在营销、风控、决策支持上的应用，并初尝数据科学红利。但由于与互联网企业相比，银行的数据量及数据维度相对单薄，当前多家银行开始通过银企合作，借外部数据之力拓展和提升数据挖掘在联合风控、联合营销方面的应用范围和使用效果。此外，银行应主动探索用数据安全技术平衡"打破数据孤岛"和"数据隐私保护"的方式。

（四）金融技术发展迅猛，人员储备不足

尤其是中小银行，前期科技投入相对不足，而银行各个产品交易系统是在不同时期背景下，采用不同的技术平台工具构建而成的，对其做数据相关配套工作的改进优化难度较大，整个银行数据在实时性上存在较大的落后情况，其主要原因也是受限于各个产品交易系统难以将自身数据实时送达到分析系统中。构建新的金融科技体系，对人才要求无论是从数量还是从专业质量层面来看，相比于过去都有大幅度提升，但现实情况中整个人员结构配比存在失衡情况。

二、银行业金融科技纷纷试点新技术，成果显著

在调研的16家商业银行中，部分外资银行由于母行在国外，业务相对单

一，在国内金融科技领域起步较晚，基本处于新技术应用的初期阶段。以中国邮政储蓄银行、民生银行、中信银行、光大银行为代表的全国性股份制商业银行积极转型，投入大量人力和物力，中关村银行和中信百信银行等新成立的银行更依赖于新技术，这类新型银行的科技投入占比最大。

（一）大数据技术主要用于风险把控等多方面

传统的风控模式已不能适应业务发展，因此多家银行构建专业的风险数据集市或风险监测平台，统一采集多方信息，包括采集行外第三方信息数据以辅助决策，通过不断完善丰富风险预警模型实现业务流程的预警自动化管理，加强对风险事项的监管，整合统一的风险管理视图，通过采集、整合、分析等手段将风险信息可视化，打通银行前、中、后台所有经营、管理条线的数据隔阂，全面覆盖业务，最终集成客观外部信息披露和主观管理决策信息。

商业银行高度重视大数据技术研究，大数据技术应用在以数据驱动的风险控制。利用除银行自身数据以外的外部海量客户数据，如企业在工商、税务、海关、法院留下的公开信息，以及互联网舆情信息，进行综合的分析挖掘、评估和发现客户风险。此外，采用大数据建模分析技术，构建了基于外部数据的深度分析模型，分析客户间的隐形关联、担保圈关系等。对于一些直销银行，则重点建设大数据反欺诈系统，有效识别客户意图；同时，综合利用百度的行为数据、时空数据等数据，以及工商、税务、经营流水等企业运行数据，建设智能风控平台，识别用户的金融需求，评估信用、欺诈风险。

其中，多家银行为解决支行人工现金调缴配置工作效率低、成本高的问题，搭建全行统一的现钞管理平台，通过数据化、模型化、智能化管理，用科技手段、科学方法实现全行现金管理的可视化、可控化，合理制定现金备付方案，降低资金占用率，压降现金管理成本，提高现金管理效能。通过对历史现金使用量的跟踪和挖掘，运用机器学习技术构建了支行最优现金库存预测模型，以模型预测优化人工经验，以数据驱动指导分支行合理配置现金库存。

（二）人工智能主要在简单而烦琐的场景中应用

近年来，人工智能技术广泛应用于商业银行各个场景，主要包括票据识别方面，自主创新研发的财务机器人将企业财务重复性高、复杂度低的工作机器自动化。使用深度学习、机器学习、图计算等人工智能技术，为商业银行在智能营销、智能风控、智能反洗钱等方面提供智能化支持，进行人工智能技术在金融场景中的探索应用。商业银行将人工智能应用在客户服务及客户业务授权等多个场景中。如基于智能票据识别的远程授权机器人项目，使用深度学习算法实现对证件信息、单据信息与交易信息等自动比对，人工智能技术目前已在全国网点推广应用。

（三）云计算技术受各行青睐，有效提高处理效率

在平台云方面，各行积极探索平台级的云服务，其中某商业银行针对不同技术特点进行封装组合，提供有针对性的底层基础技术平台支撑。在应用云方面，结合业务特色，创新性地建设了云缴费服务、现金管理云服务、惠普金融云服务。

三、金融科技监管建议

（一）明确金融科技监管范畴

从全面金融监管的战略高度，理顺各类金融科技模式的业务范围，明确各业务范围的监管主体、监管对象和监管内容，加快搭建金融科技监管体系。建议将从事类金融机构业务的金融科技公司纳入监管范畴，调整以业务主体为主的传统思路，真正以业务本质监管为主。从事相同业务的主体，接受同样的监管。加强事中和事后监管，不抑制金融科技公司的创新动力。

（二）运用监管科技提升监管水平

运用大数据、人工智能、区块链等监管科技手段，构建线上化、自动化和智能化的监管体系，助力监管机构实现即时、动态和全方位的精准式监管，避免监管滞后，提升监管水平和监管效率，积极推动金融科技试点工作。

（三）整合中国人民银行数据，搭建大数据平台

建议将中国人民银行支付清算、反洗钱、账户等各系统数据进行整合，实现各系统之间的数据联动，并结合金融机构自有业务数据，构建完整的客

户关系拓扑，为监管提供强大助力。

（四）引导金融行业合规开展数据创新合作

统一金融行业数据标准，推动建立健全行业数据标准体系，制定通用的数据接口和质量管理体系，在数据的采集、存储、分析、加工及使用等方面指导金融机构进行规范化管理，并对大数据的应用进行有效监管，谨防大数据泄露。建立健全行业数据标准体系是全行业数据治理工作的基础和关键一环。在数据共享特别是政府大数据的应用方面，为中小金融机构提供更多大数据方面的培训、交流机会或平台，鼓励金融机构和高校、金融科技公司联合创新。

关于北京地区中资法人银行资本充足情况和信贷投放能力的分析

孙伊展　赵　起*

近年来，北京辖区内银行信贷投放不断增加，资本消耗加速，部分银行资本承压，进而制约信贷投放。现阶段，银行资本补充面临外源资本补充门槛高、内源资本补充空间有限等实际困难，建议进一步加大对中小银行多渠道补充资本的支持力度，适当提高监管容忍度，减轻信贷投放资本约束，提升其服务实体经济的能力。

一、银行资本充足情况

北京地区 16 家中资法人银行资本充足率均满足监管要求，但个别银行资本充足率下降较快，亟待补充资本。

（一）银行资本充足率均高于监管最低要求，个别银行逼近监管红线

《商业银行资本管理办法》规定，商业银行资本充足率最低监管标准为10.5%。截至 2020 年 6 月末，北京地区 16 家中资法人银行整体资本充足率为 12.8%，各家银行资本充足率均高于监管最低要求。其中，2 家上市银行资本充足率分别为 13.18% 和 11.53%，12 家银行资本充足率在 16% 以上，2家银行资本充足率逼近监管红线，短期资本补充压力较大。

---

*　孙伊展、赵起，均供职于中国人民银行营业管理部金融稳定处。

（二）2020年以来多家银行资本充足率下降，个别银行下降较大

截至2020年6月末，北京地区16家中资法人银行中有10家银行资本充足率较年初下降。其中，2家上市银行资本充足率较年初分别小幅下降0.78个和0.72个百分点；民营银行由于资产规模较上年末增长46.14%，资本消耗变大，资本充足率较上年末大幅下降9.07个百分点；村镇银行资本充足率波动较大，7家资本充足率较年初下降。

（三）核心一级资本占比高，资本结构单一

根据《巴塞尔协议Ⅲ》对各类资本充足率的要求，商业银行的最佳资本结构是核心一级资本占比为71.43%、其他一级资本占比为9.52%、二级资本占比为19.05%。北京地区16家中资法人银行中仅华夏银行资本结构较为合理，因该行2019年发行了400亿元永续债，充实了其他一级资本，2020年6月末，该行核心一级资本、其他一级资本、二级资本占比分别为66.21%、19.71%、14.08%。其他银行的核心一级资本占比均超过80%，通过现有资本补充工具增资的银行较少，资本结构较为单一。

（四）4家银行有外部资本补充计划

截至2020年6月末，北京地区16家中资法人银行中，4家近期有具体的外部资本补充计划。其中，北京银行的400亿元优先股和600亿元永续债发行计划已获董事会、股东大会批准，待监管部门核准后将补充其他一级资本。北京农商银行正在积极推动IPO补充核心一级资本。中信百信银行不超过36.76亿元的增资扩股方案已通过监管审批，增资正在稳步有序推进。村镇银行中，北京市门头沟珠江村镇银行已向主发起行报告资本可能出现不足的情况，主发起行已承诺适时注资。

二、银行资本约束与信贷投放计划

（一）银行信贷投放能力受资本、存款、流动性、监管等多重因素制约

资本水平是影响银行信贷投放能力的重要因素。不考虑其他因素，按满

足最低资本充足率要求测算 16 家中资法人银行新增信贷投放规模上限约为 1 万亿元。但除资本因素外，银行信贷投放还受企业需求、存款增长、流动性管理、监管要求等多重因素影响，实际无法按照信贷投放上限制定信贷投放计划。银行一般在综合考虑以上制约因素的前提下制订全年信贷投放计划。2020 年下半年，16 家中资法人银行计划新增信贷投放合计约 1762 亿元，以现在的资本水平，在不调整资产结构的前提下，下半年银行仅可新增信贷投放约 1100 亿元。

（二）多数银行资本水平可以满足信贷投放计划

华夏银行、北京农商银行和中关村银行上半年信贷投放力度较大，上半年分别已新增信贷投放 1498 亿元、320 亿元和 70 亿元，据银行综合测算，在现有资本水平下，下半年分别可以新增 700 亿元、100 亿元和 50 亿元的信贷投放。村镇银行 2019 年末贷款余额为 131.81 亿元，2020 年上半年贷款余额增长 2.15 亿元，下半年新增投放预计与上半年规模相当。

三、银行资本补充面临的困难

北京地区 16 家中资法人银行类型差异较大，资本补充面临不同难点。

（一）外部资本补充渠道少、难度高

北京地区 16 家中资法人银行中，仅有华夏银行、北京银行两家上市银行，其他非上市银行无法通过公开市场募集股权资本。同时，华夏银行、北京银行两家国有上市银行按照《金融企业国有资产转让管理办法》规定，定向增发的每股价格要高于每股净资产，但目前两家银行的二级市场股价均低于每股净资产，投资人通过非公开方式认购的意愿不强烈，导致其补充核心一级资本比较困难。北京银行外部资本补充计划受到案件风险等因素影响进展困难。有的银行希望发行二级资本债，但因成立时间短，无法满足连续三年盈利要求。村镇银行仅能依靠股东增资或留存利润补充资本，无法通过公开市场补充各类资本。

（二）个别村镇银行主发起行难以履行资本补充义务

村镇银行资本补充主要依赖主发起行，多数主发起行也承诺在发生资本不足的时候履行资本补充义务，但辖区内个别村镇银行主发起行自身问题突出，存在一定风险隐患，难以实际履行资本补充义务。

（三）银行资产质量下降、拨备增加等导致银行利润下降，压缩银行内源资本补充空间

2020年上半年，16家中资法人银行累计实现净利润同比下降6.86%，如华夏银行较2019年同期下降15.53个百分点，压缩了留存利润补充资本的空间。部分村镇银行经营较差持续亏损或受不良上升影响亏损金额较大，无法形成内源资本补充。受疫情等因素影响，2020年下半年资产质量压力显现，需要加大计提拨备和核销不良资产的力度，叠加息差收窄等因素影响，银行盈利水平下降，资本内生积累能力也受到较大影响。

四、政策建议

中小银行对地方实体经济发展作用显著，在当前经济环境下，应进一步加大对中小银行多渠道补充资本的支持力度，减轻信贷投放的资本约束，提升其服务实体经济的能力。

一是疏通现有资本补充渠道，降低国有上市银行资本补充难度。协调财政等部门放宽相关制度要求，对于上市银行配股或定增，在国有资本不被稀释的情况下，允许其以低于每股净资产的配股价格进行认购。

二是提高现有资本补充工具对中小银行的适用性，支持中小银行补充资本。中小银行通过发行永续债、二级资本债等市场化方式补充资本需求强烈，但因条件较多，实际发行规模有限，建议协调监管部门适当降低资本补充工具的发行门槛，适度豁免个别发行要求，提升中小银行资本补充的灵活性。

三是明确中小银行股东责任，压实地方政府适时补充资本的责任。加强中小银行股东和股权管理，防止中小银行因出现严重的公司治理问题而陷入资本困境。加快落实地方政府专项债合理认购中小银行可转换债补充资本，对于股东存在严重问题难以有效履行资本补充义务的中小银行，地方政府应

依法依规采取合理方式直接补充资本。

四是进一步明确有关政策要求，适当提高监管容忍度。适当下调对中小银行拨备覆盖率和贷款拨备率的监管要求，引导中小银行合理安排拨备、资本等经营要素。提高中小银行不良资产监管容忍度，适度放宽不良资产两年内处置时限的要求，完善银行不良资产转让政策，提升不良资产处置效率，降低不良资产的资本消耗。

金融消费权益保护产品评估与专项评估体系的构建与有效性研究

王 京[*]

构建金融消费权益保护产品评估与专项评估体系是以问题和产品监管为导向，充分发挥金融监管部门的行为监管、功能监管和柔性监管作用的重要举措。本文以美国金融消费者保护局产品评估与专项评估为研究对象，梳理其评估政策与实践，结合中国人民银行营业管理部在金融产品金融消费权益保护评估方面的探索，有针对性地提出我国构建金融产品金融消费权益保护评估体系的必要性和重要意义，并对构建金融产品金融消费权益保护有效性评估体系提出建议。

一、引言

金融机构、金融产品和服务是金融消费权益保护监管的两个层面：一个层面，金融机构的金融消费权益保护制度建设和完善是金融产品和服务符合金融消费权益保护监管要求的制度保证；另一个层面，从金融产品和服务的金融消费权益保护情况能看出金融机构是否滥用其优势地位，金融消费权益保护制度建设是否有效。以金融产品和服务为着眼点，既能发掘金融机构在特定金融产品上的共性问题，评估某类金融产品的整体金融消费权益保护现状，更能发掘金融消费权益保护的深层制度性弊病，进一步优化金融消费权益保护环境。

在各国金融消费权益保护监管实践中，针对金融产品和服务的监管可被分为刚性监管和柔性监管两类。刚性监管的表现形式为产品干预，即对存在

---

* 王京，供职于中国人民银行营业管理部法律事务处（金融消费权益保护处）。

侵害金融消费者权益的金融产品和服务的规则和行为进行侵权事实认定，责令金融机构予以改正。柔性监管的表现形式为开展行业性的研究、评估，对特定金融产品和服务在产品审核、营销及售后服务过程中的金融消费权益保护义务履行情况及侵害消费者权益的风险点以评估或研究报告的形式予以揭示。英国金融行为监管局（FCA）的三大监管支柱中，问题和产品监管（Issues and Products Supervision）将每个金融产业部门视为一个整体，分析并调查对消费者和市场的潜在风险来源，确保能够在单个风险全面扩散前解决问题。美国金融消费者保护局（CFPB）自 2011 年成立以来，定期发布针对行业和市场的研究报告，内容涉及信用卡市场、大学生信用卡协议、反向抵押贷款、债务催收、学生贷款、发薪日贷款等各类金融产品。我国金融监管机构针对金融产品的产品评估与专项评估较为缺乏，在当前金融机构业务经营和产品越加复杂，金融纠纷化解压力逐步增大的情况下，我国亟须建立完善的金融产品评估与专项评估体系，加强柔性监管与刚性监管的结合，提升金融产品监管与治理水平。

二、美国金融消费者保护局金融产品评估与专项评估的政策与实践

作为《多德—弗兰克法案》的成果之一，美国金融消费者保护局自 2011 年成立后便将针对金融产品的研究与评估作为一项重要工作，其对产品评估与专项评估的政策与实践介绍如下：

（一）产品评估与专项评估机制的初步建立

美国金融消费者保护局最早于 2011 年 2 月 22 日在其网站上上传了其基于《信用卡责任与信息披露法案》（CARD 法案）的会议报告，主要分析信用卡市场消费者的信贷成本、信贷供求以及行业盈利能力，重点关注该法案涉及的特定行业管理影响并改变消费者信用卡使用习惯；于 2011 年 7 月 19 日上传《消费者向债权人和征信机构购买信用评分的差异及影响》专项评估报告；于 2011 年 7 月 20 日上传《美国金融消费者汇款报告》。2011 年全年，美国金融消费者保护局共在其研究与报告专栏上传 9 篇文章，除以上可被归类为产品评估与专项评估报告的 3 篇外，另有 1 篇是关于信用卡投诉数据的

投诉分析报告。2012 年，美国金融消费者保护局上传了提交对象为国会的基于《正当债务催收行为法案》（FDCPA 法案）的《债务催收年度报告》、提交对象为国会的《反向抵押贷款报告》、根据《多德—弗兰克法案》要求开展并发布的《私人学生贷款报告》、《消费者向征信机构购买信用评分的差异分析》、提交对象为国会的《公平贷款报告》、个人金融信息保护方面的《美国信用报告系统中的流程：审查美国最大的征信机构如何管理消费者数据》专项调查评估报告以及《2012 年大学生信用卡协议》产品评估报告。

综上，美国金融消费者保护局于 2011 年和 2012 年初步建立了产品评估与专项评估机制。初期评估对象多为彼时引起舆论关注的金融产品和服务，评估出发点多为应国会要求或《多德—弗兰克法案》、《正当债务催收行为法案》等法案的要求，但评估报告体现出了针对特定市场金融产品时金融消费权益保护分析的专业性和前瞻性，基本达到了美国金融消费者保护局设立之初以问题和产品监管为导向、揭示潜在风险的目的。

（二）产品评估与专项评估机制走向成熟

经过两年探索，美国金融消费者保护局产品评估与专项评估机制走向成熟，每年发布报告数量大幅增加。2013 年，美国金融消费者保护局上传相关报告 10 篇。此后，除 2018 年上传 4 篇报告外，其余各年均为 10 篇及以上。从其各年度报告主题分析，美国金融消费者保护局的产品评估与专项评估具有以下几个方面的特点：

一是评估主题明确且持续。美国金融消费者保护局的产品评估与专项评估对象较为集中，主要关注债务催收、公平贷款、抵押贷款、学生贷款（助学贷款）、消费信用卡市场、大学生信用卡协议。主题明确且持续的原因部分在于相关主题的产品评估及专项评估报告或是根据法案要求或是基于国会要求，报告提交的对象也往往是国会。

二是主题和热点相结合。当年舆情及热点是专题化评估的重要补充。2013 年，美国金融消费者保护局针对消费者账户透支、从事公共服务学生专项贷款、消费金融产品争议仲裁条款等进行了评估；2014 年，重点对按揭贷款、美国住房按揭市场、预付费产品信息披露及消费者保护进行了评估；2016 年，重点关注了发薪日贷款及短期贷款；2017 年，重点关注了金融消费者个人金融信息的概括授权；2019 年重点关注了针对老年人的金融剥削现象。

三是评估报告向全社会公开。美国金融消费者保护局的产品评估与专项评估相关文章均可在其官方网站的研究与报告专栏查到，查询范围为 2011 年 2 月至今。评估报告的公开性是发挥金融消费权益保护中产品评估与专项评估柔性监管作用的重要手段。公开性确保金融产品和服务的潜在行为风险公开化，将金融机构不愿意暴露的、消费者不易察觉的、不符合监管规定的行为、规则、协议曝光，减少了金融机构相对金融消费者的信息不对称问题，既暴露了风险，又提升了消费者金融素养，同时通过舆论而非监管压力督促金融机构予以改正。

三、我国金融消费权益保护产品评估与专项评估的构建与有效性提升

（一）金融消费权益保护产品评估与专项评估的定义

金融消费权益保护产品评估与专项评估是金融消费权益保护监管机构基于对金融消费者倾斜保护，针对金融机构特定金融产品或服务开展的金融消费权益保护合法合规性评估。金融消费权益保护产品评估更为全面，专项评估则更加聚焦于产品或服务的某一类或几类问题。

区别于机构评估，金融消费权益保护产品评估与专项评估的对象是同类型金融机构的同类金融产品，是金融消费权益保护监管机构立足于功能监管和行为监管的重要手段，评估以问题和产品监管为导向，目的在于揭示金融市场特定产品或服务在产品审核、营销及售后过程中的金融消费权益保护义务履行及侵犯（实质或潜在侵犯）金融消费者权益的风险点。

（二）金融消费权益保护产品评估与专项评估的监管定位

一是金融消费权益保护产品评估与专项评估的功能监管与行为监管定位。区别于机构评估与机构监管，产品评估与专项评估的功能监管属性更加明显，更有利于金融消费权益保护监管机构打破监管壁垒，就某类特定金融产品（如跨市场金融产品及金融科技产品）开展"实质重于形式"监管逻辑下的金融消费权益保护监管。区别于审慎监管，产品评估与专项评估的行为监管属性更加明显。审慎监管关注于金融产品设计与交易的市场风险。立足于行为监管

的金融消费权益保护产品评估与专项评估则主要聚焦于以下几个方面：金融产品设计的金融消费权益保护审查、金融产品和服务的信息披露、规范营销、规范格式合同、个人信息保护、产品售后与反馈，且在以上方面不断深入。

二是金融消费权益保护产品评估与专项评估和监督检查的关系。金融消费权益保护产品评估与专项评估依托于行为监管的规则主导和原则主导相结合，但与金融消费权益保护监督检查存在区别。金融消费权益保护监督检查更偏重于规则主导的刚性监管，金融消费权益保护产品评估以特定产品评估报告的形式，更多运用了柔性监管举措，通过揭示潜在风险打破信息壁垒，实现了金融消费权益保护柔性监管与刚性监管的有机结合。

（三）金融消费权益保护产品评估与专项评估的有效性提升

一是提升金融消费权益保护产品评估与专项评估的专业性。产品评估与专项评估的专业性体现在以下三个方面：评估团队（人员）的专业能力、经验、知识广度和独立性；评估流程规范化；评估体系多元化。评估团队（人员）需要具备金融消费权益保护和法律的专业知识，拥有一定的专业评估经验，了解金融消费权益保护评估涉及的金融和法律知识广度，并具有一定独立性，确保评估不被外界干扰。评估流程规范化即评估团队应按照评估目的和评估对象的特点进行科学化的过程管理。评估体系多元化即提升金融消费权益保护产品评估与专项评估不应局限于金融消费权益保护监管机构，在保障过程控制和标准一致的前提下，要积极鼓励金融机构进行自评估，鼓励高校力量、律师事务所及会计师事务所的专业团队参与和开展评估。

二是提升金融消费权益保护产品评估与专项评估的影响力。产品评估与专项评估的影响力体现在以下两个方面：①对评估过程和评估结果的披露；②金融机构的整改力度。对评估过程和评估结果的披露是评估发挥金融消费权益保护柔性监管的重要手段，是评估最重要的环节。金融消费权益保护部门对产品评估与专项评估的过程和结果进行必要性审核，并确定信息披露的途径和范围。针对特定类型金融产品和服务的评估过程披露能确保公信力，具有必要性。评估结果对公众公开能有效打破金融机构与金融消费者的信息不对称，打破金融机构的特定优势地位，迫使金融机构整改；向消费者揭示潜在风险，在化解风险的同时，进一步提升消费者的金融素养。

Foreign Exchange Management

外汇管理

秦月星

新常态框架包下的外汇储备管理研究与实践

支付机构开展跨境电子商务业务、跨境结算的风险及监管政策建议

蒋湘伶　陈　岩　吴建伟　孙　雪　李　淼*

　　跨境电子商务是数字经济时代、全球化时代、消费时代的产物，以互联网为依托迅速发展，是世界范围内配置资源的重要载体，必将成为外贸发展新亮点和开放型经济发展新引擎。我国跨境电子商务业务自 2010 年起迅速发展，特别是 2015 年之后交易数据出现了指数级增长，但在业务蓬勃发展的同时，由业务特征决定的固有风险点以及发展过快和更新迭代而产生的新风险点不断暴露。未来，跨境电子商务业务仍有巨大的发展空间，如何在有效防范风险的前提下，支持跨境电子商务业务发展是当前面临的一个重要课题，为此，营业管理部向北京地区 32 家具备互联网支付业务资质的网络支付业务法人支付机构发放问卷并开展调研，摸清当前支付机构开展跨境电子商务业务存在的政策堵点和风险点，并提出监管政策建议。

一、跨境电子商务业务发展的现状

1. 跨境电商业务增速迅猛

　　跨境电子商务（以下简称"跨境电商"）指的是交易主体分别属于不同关境内，通过电商平台达成买卖、支付结算，并借助跨境物流投递商品、完成买卖的一种国际商业活动。中国电子商务研究中心的统计数据显示，2019年全国新增跨境电商企业 6000 家，跨境电商交易规模达 10.8 万亿元，同比增长 16.7%，跨境电商规模占我国进出口贸易总额的比重已经超过三成（见

---

　　*　蒋湘伶、陈岩、吴建伟、孙雪、李淼，均供职于中国人民银行营业管理部跨境办。

图1），市场渗透率^①较五年前翻了一番。

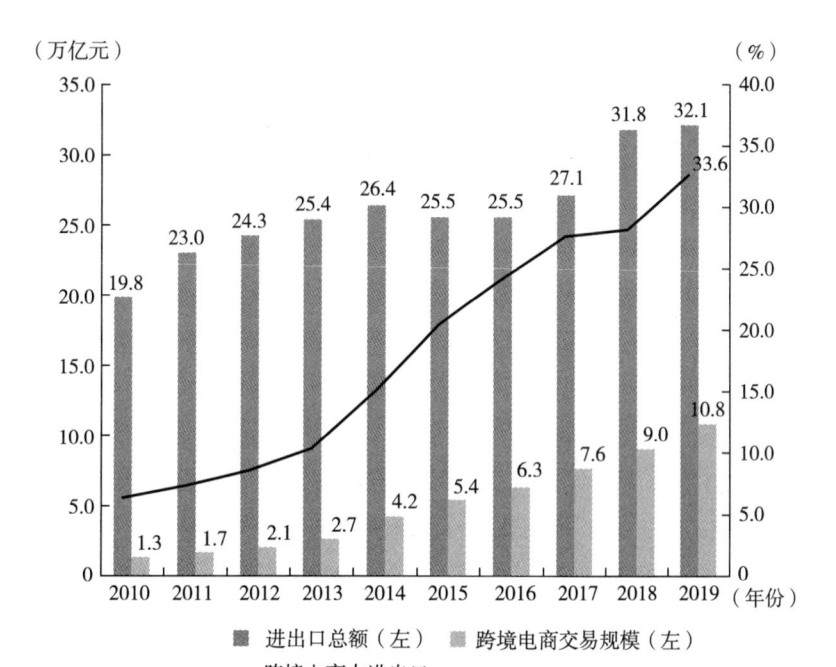

图1　2010—2019年中国跨境电商交易规模情况分析
资料来源：中国电子商务研究中心。

2. 我国跨境电商的结构以出口为主

从跨境电商的进出口结构来看，由于我国历来的世界工厂定位在中低端供应链环节有显著优势，因此整个跨境电商进出口结构也以出口为主。2019年，我国跨境电商的出口交易规模为8.03万亿元，占比76.6%；而进口交易规模为2.47万亿元，占比仅23.4%（见图2）。2019年我国出口跨境电商中对2B端的交易规模超6万亿元，近六年复合年均增长率为16.8%；对2C端的交易规模约1.7万亿元，但2019年增速也已降至10%的水平。

---

　　① 市场渗透率是指对市场上当前需求和潜在市场需求的一种比较。计算公式为：预期市场需求/潜在的市场需求。在市场渗透率战略的前提下，预期目标的产品或服务，与当时市场可能拥有的产品或服务的比例，称为市场渗透率。

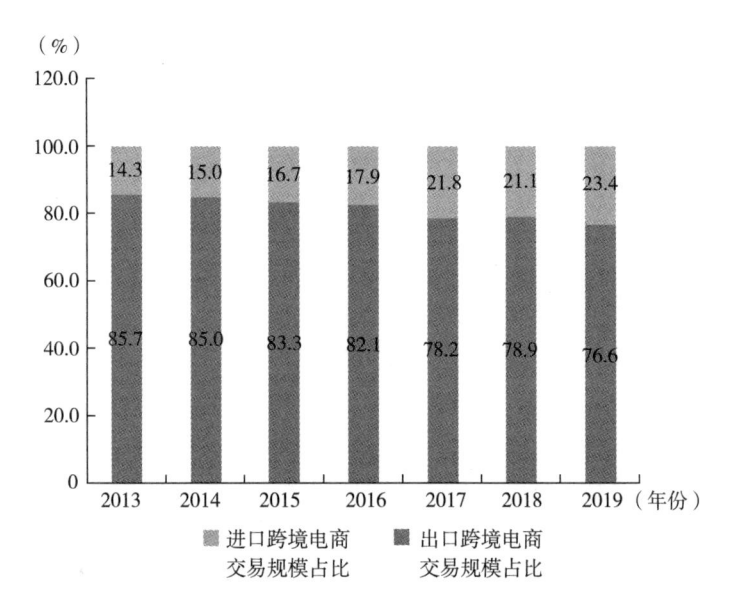

图 2　2013—2019 年中国跨境电商进出口规模比例

资料来源：中国电子商务研究中心。

3. 北京地区跨境电商人民币结算业务开展情况

截至 2020 年 7 月底，北京地区取得支付业务许可证的支付机构共有 49 家，其中有"互联网支付"资质的共有 32 家。目前仅有 9 家支付机构完成跨境人民币结算业务备案，支付机构参与跨境电商人民币结算业务积极性仍有待拓展。自 2015 年北京地区首家支付机构跨境电商人民币结算业务备案起至 2020 年 6 月底，北京地区支付机构跨境电商人民币收支结算累计金额超过160 亿元①。

从年度情况来看，业务结算量波动较大，2017 年业务结算量下降显著，2018 年业务开展趋势回升明显，2019 年由于新增网银在线（北京）科技有限公司跨境电商人民币结算业务备案，业务量明显提升。

---

① 数据来源：RCPMIS 系统。

二、支付机构开展跨境电商业务主要风险

（一）真实性风险

真实性审核风险主要分为客户身份识别风险和交易真实性风险。

1. 交易主体身份真实性审核风险

跨境电商以互联网为业务载体，业务关系的建立与开展大多是在非面对面的情况下进行的。目前，支付机构对个人客户身份的识别主要是通过联网核查公民身份信息系统；对企业客户身份识别主要依靠市场部门企业信息公示系统。上述两种方式仅能进行证件本身真伪的核验，对实际交易主体的识别并不完善，有可能出现虽然证件本身是真实的，但实际交易主体并不是证件持有者等诸多问题（代收代付问题）。此外，对于境外客户（企业和个人），支付机构目前仍缺乏有效手段识别其证件的真实性。

2. 交易真实性审核风险

相比于传统的国际贸易，跨境电商的监控跟踪难度更大。支付机构难以核实交易内容与商户经营范围是否一致、交易规模与商户行业地位和市场份额是否匹配、资金流与物流是否匹配、商品定价是否符合市场规律等。而且部分虚拟交易产品，如游戏点卡、Q币等，买卖双方有可能相互配合，通过虚拟产品交易，对非法资金跨境流动进行包装和掩盖。这些都给传统的真实性审核监管模式带来挑战。

（二）数据网络安全风险

在跨境电商中，无法进行手写签名或印章，大量的敏感信息要通过互联网在交易各方之间频繁传输。随着信息技术的爆炸式发展，信息安全问题也日益突出，支付安全亦是制约跨境电商发展的关键因素。跨境电商平台本身的网络安全将保障客户信息不被非法分子窃取，最终确保支付安全，让客户便利且放心地消费，这些都需要通过技术手段去实现。

（三）反洗钱、反恐怖融资风险

2012 年，反洗钱金融行动特别工作组（FATF）在"40 条建议"中就特

别指出："各国应特别关注新技术或新工具带来的便于隐匿身份的洗钱隐患，确保从事货币和价值转移服务的自然人和法人的实名注册与登记，采取有效措施监测其符合反洗钱各项工作要求。"即使是金融体系法律法规较为健全的美国，仍存在着支付机构涉嫌洗钱或者不能很好履行反洗钱义务的情况。全球最大第三方支付机构 Paypal 就曾因涉嫌为洗钱犯罪分子转移非法赌资，不遵守制裁规定，承接伊朗、古巴、苏丹等国家的交易业务等而被美国检方指控或接受美国财政部调查。支付机构作为以营利为目的的市场主体，产品同质化较为严重，同业间竞争日趋激烈。为了扩大业务规模，不排除支付机构存在商户准入不严、发现异常交易不报告、默许虚增交易的情况。

三、跨境电商业务现行政策堵点

为持续推动跨境电商业务发展，了解行业发展中面临的突出困难，通过对 32 家支付机构反馈问卷的汇总及筛选，主要梳理出以下三方面有待解决的问题。

（一）备付金账户管理问题

目前支付机构开展跨境电商人民币结算业务的制度依据为 168 号文，文件中并未对支付机构合作银行的数量进行规定。但根据《中国人民银行办公厅关于支付机构客户备付金全部集中交存有关事宜的通知》（银办发〔2018〕114 号）要求，支付机构仅能选择一家合作银行，开立跨境人民币备付金账户。某电子商务有限公司表示：目前单一银行系统服务能力有限，大部分银行不能全线上办理收付款业务，一旦合作银行系统出现问题，在没有备用账户的条件下，会对支付机构的运转造成极大影响，在一定程度上限制了支付机构业务开展。

（二）跨境人民币业务的相关政策和细则亟待出台

目前，支付机构开展跨境电商业务的政策依据仅有 168 号文。人行营业管理部后续出台了《中国人民银行营业管理部关于辖区内银行办理跨境电子商务人民币结算业务备案有关事宜的通知》（银管发〔2015〕222 号），支持支付机构同结算银行合作开展跨境电商人民币结算业务。某支付有限公司、某信息科技有限公司、某支付技术有限公司、某支付股份有限公司表示：跨境人民币业务缺乏总体框架性政策法规和详细的业务指引。目前，所有的业务仅参考或者借鉴外汇业务相关法规，对于比较细节的业务问题难以形成有效指引。虽然在跨境人民币业务管理方面，支付机构也参照外汇相关法规的管理要求，但缺乏跨境人民币结算业务的专项政策管理依据。

（三）关于境内外机构合作模式监管不明确

跨境电商因适应市场需求，有不断更新迭代跨境贸易模式的需求，因此，对于一些新兴的贸易模式无法确认其是否合规。某科技（北京）有限公司表示：实践中与境外支付机构合作对于业务拓展可起到较好的效果，但这一业务模式能否获得监管认可尚未可知。

四、政策建议

（一）制定支付机构开展跨境电商人民币结算业务政策，出台业务指引

建议结合近期国务院办公厅印发《关于进一步做好稳外贸稳外资工作意见》提出的 15 项稳外贸稳外资政策措施，在现行的"168 号文"的基础上，研判未来跨境电商发展趋势，制定支付机构开展跨境电商人民币结算业务政策细则，出台包括但不限于有关市场准入资格、备案手续、业务开展模式以及监督管理相关事项的具体条款，进一步规范市场主体行为。

（二）加强本外币协同管理

一是加强政策协同。跨境人民币业务管理部门可参照外汇管理规定，明确支付机构开展跨境电商人民币结算的业务实施细则，明确业务开展方式及监管原则，确保支付机构不进行监管套利，违规开展跨境电商业务。二是加强管理协同。跨境人民币业务管理部门有必要同外汇管理部门加强对业务开展情况的信息共享，尤其是针对同时开展跨境人民币业务和外汇业务的支付机构，适时开展业务交叉比对及核查，防止市场主体进行跨币种套利。

（三）运用数字技术，升级监管科技

一是建议建立数据共享平台与监管平台互联。建立"标准化"数据共享平台，并实现交易平台与监管平台数据衔接，即形成交易平台与后置通用平台数据交互。针对监管对象设定不同的监管指标，逐步由机构监管转为行为监管，专门实现某些特定监管数据的提取和动态监测任务。通过这些通用监管平台，使监管部门可以从后台监控支付机构交易情况和风险数据，在数据共享前提下，实现监管科技自动化分析交易行为的合规性，减少人工监管成本，提高监测效率和监管能力。二是培育监管企业，建立"监管沙盒"。建议参考英国建立"监管沙盒"模型，将适合第三方支付的监管科技解决方案放入"监管沙盒"中进行测试，加快培育我国监管科技企业。

（四）实行严格监管措施，多部门形成监管合力

建议出台严格的监管措施，联合支付结算部门、反洗钱部门及外汇管理部门进行协同监管，建立信息共享和协同监管机制，从事前资质和准入审核、事中业务异常监督和事后抽查等维度形成管理合力，防止由于监管信息交叉空白因素形成监管漏洞。驱逐不法商户和平台，对于违法行为零容忍，促使行业良性健康发展。

关于国际油价的快速调查

朱　睿　杨京燕　房媛媛　翟　颖　肖义欢*

2020 年 3 月 6 日，石油输出国组织（OPEC）与俄罗斯未能就石油减产达成一致协议。3 月 7 日，沙特阿拉伯宣布发动"全面油价战争"。在新冠肺炎疫情冲击石油需求之际，产量阀门又被打开，导致 3 月 9 日国际油价一泻千里，创近 30 年来最大跌幅。全球避险情绪随之再次升温，美股 3 月 10 日开盘 4 分钟即下跌 7%，触发史上第二次熔断。为了解此次事件对石油石化类企业的影响情况，我们对六家石油石化公司进行了快速调查。企业认为，协议难以达成与双方的减产动力和财政状况不同有关，预计短期内全球石油库存将大幅攀升，油价将继续承压，对油企整体利空，后续或需增加对海外企业的资金支持，避险需求也将大幅增长。

一、OPEC 与俄罗斯未能达成协议的深层原因

A 公司认为，本次谈判未能达成协议，包括四方面的深层次原因：

（一）OPEC 关于新一轮减产提议远超俄罗斯预期

本次会议前，沙特阿拉伯和俄罗斯已经达成一定共识。2020 年 3 月 1 日，普京召开紧急会议，讨论俄罗斯如何应对油价跌破 50 美元/桶。俄能源部长称，正在评估沙特阿拉伯提出的减产 60 万桶/日提议，但之后沙特阿拉伯又两次加码，将 60 万桶/日减产规模提高至 150 万桶/日，步步加码使减产幅度远超预期，导致一向减产积极性不高的俄罗斯拒绝提议。

---

*　朱睿、杨京燕、房媛媛、翟颖，均供职于中国人民银行营业管理部资本项目管理处。肖义欢，供职于中国人民银行营业管理部国际收支处。

（二）沙特阿拉伯新油长要求更严格的减产协议

2017 年以来，沙特阿拉伯减产积极性远高于俄罗斯。沙特阿拉伯主动承担了大量减产任务，而且在多数时间超额减产，2017—2019 年减产配额为 43 万桶/日，减产执行率平均高达 146%，而期间俄罗斯减产配额只有 28 万桶/日，减产执行率平均仅为 62%。2019 年 9 月，沙特阿拉伯王子阿卜杜勒·阿齐兹取代了此前温和派法利赫成为沙特阿拉伯石油部长。阿卜杜勒王子更注重公平分担责任，强调各成员国要更严格地遵守减产协议。在此情形下，俄罗斯很难继续未达配额的"减产游戏"。

（三）俄罗斯财政预算压力远小于沙特阿拉伯

OPEC 国家大约 80% 的财政收入来自石油出口，俄罗斯大约 50% 的财政收入来自石油出口，财政预算平衡油价对产油国至关重要。据国际货币基金组织（IMF）统计，2019 年，沙特阿拉伯的财政赤字为 476 亿美元，连续第六年出现财政赤字，而俄罗斯财政盈余 153 亿美元，连续第二年实现财政盈余。2020 年，OPEC 国家的财政预算平衡油价超过 80 美元/桶，其中，沙特阿拉伯的财政预算平衡油价为 82 美元/桶，而俄罗斯的财政预算平衡油价仅为 42 美元/桶。此外，在近几年的限产保价中，俄罗斯不断积累外汇储备，当前外汇储备达 5630 亿美元。因此，俄罗斯的政策目标更多在于增加产量和销售收入，俄罗斯也私下表示，50~60 美元/桶的油价是合适的，减产积极性一直不高。

（四）沙特阿拉伯试图重塑内政外交上的强硬格局

本次沙特阿拉伯决意与俄罗斯"撕破脸皮"，背后可能有政治原因。一方面，在卡塔尔和厄瓜多尔等小产油国退出 OPEC 的情况下，沙特阿拉伯试图加强在 OPEC 与非 OPEC 产油国中的权威，倒逼俄罗斯重新回到谈判桌。另一方面，沙特王储努力显示在内政外交上的强硬举措，从而为上位铺平道路。沙特阿拉伯、俄罗斯两国在中东地区的利益存在根本分歧。特别是 2011 年以来，俄罗斯借助叙利亚战争强势重返中东，积极介入中东热点问题，在中东地区的影响力达到最高峰，对沙特阿拉伯形成了威胁。

二、市场走势预判

（一）若减产谈判无望，国际油价将持续承压

B 公司认为，若 OPEC 与非 OPEC 在 2020 年 3 月 18 日的减产技术委员会会议上仍然谈判无望，全球石油市场格局将发生巨大调整，叠加新冠肺炎疫情下的需求萎缩，国际石油市场最糟糕的情形已经发生，国际油价很可能复制 2016 年的故事，存在跌至 30 美元/桶甚至更低的可能。

（二）油价后期上升幅度有限

C 公司、D 公司认为，本次油价下跌较突然，主要是受恐慌和疫情叠加效应所致，预计油价后期会有所回升，但上升幅度有限，应该会稳定在 40 美元/桶左右。E 公司预测，国际油价在经历短暂盘整后，后期有望逐步上行至 35~40 美元/桶，预计 4 月份多数时间 Brent 价格在 30~40 美元/桶区间震荡，如果全球疫情继续改善，下半年国际油价或逐步上行至 40 美元/桶上方。

（三）预计全球石油库存将大幅攀升

B 公司认为，当前，经合组织（OECD）石油库存为 29 亿桶左右，略高于五年均值，属于正常水平。除了我国原油和成品油库存受前期疫情影响水平较高外，当前美国、欧洲、新加坡等主要地区石油库存基本接近正常水平。此外，当前沙特阿拉伯原油库存为 1.6 亿桶，属于近年来低点，与其高峰时段 3.3 亿桶相比，仍有较大富余空间。2020 年第二季度开始，产油国或大量增产，与此同时，全球新冠肺炎疫情对石油需求造成巨大冲击。预计全年石油市场可能出现 160 万桶/日的累库，其中第二季度累库 200 万桶/日，个别时点过剩，高达 400~500 万桶/日，按此节奏，第二季度末 OECD 石油库存就会达到 2016 年峰值水平。

三、油价下跌对我国的影响

（一）油价下跌对国内石化行业负面影响有限

B 公司认为，油价暴跌进一步加剧石油石化行业库存跌价风险。从该公司付汇情况看，2020 年 2 月，实际原油结算价格为 68.95 美元/桶，现有价格与之相比降幅近 45%。多种因素叠加导致需求不旺，预计全年收益会出现下滑，但油价下跌将扩大下游企业毛利空间，可以部分对冲上游亏损。C 公司认为，之前几次油价下跌的历史情况显示，油价下跌对国内石化行业的影响有限。一方面，大型石化企业大多实现了上中下游全产业链发展，油价下跌时，下游炼厂成本下降带来的利润增加，可以弥补上游开采收入的减少，终端销售收入也能保持稳定，对企业整体经营状况影响不大。另一方面，油价下跌在客观上推动了企业转型升级，如炼厂产品的升级换代、内部管理制度的优化等。

（二）有利于增加我国石油储备，降低石油进口成本，但企业抄底优质油气资源难度有所上升

C 公司反映，油价下跌是企业抄底海外优质油气资源的好时机，2008 年油价下跌时，该公司低价收购了不少优质海外资源，增加了我国石油储备。而且历史上油价下跌时，为争取更多的利润，上游开采企业会加大开采量，对国家税收的贡献反而是增加的。全球油气资源经过多年整合，与 2008 年时全资或绝对控股的收购有所不同，市场上可供收购的质优价廉的油气资源在减少，而且大多是小比例出售。该公司表示目前尚未发现合适的收购项目。

（三）可增加我国宏观政策调控空间

B 公司认为，油价大跌有利于中国 CPI 走低，利好实体经济，特别是交通运输、化工塑料、化工化纤、纺织等行业受益较大。这将进一步增加宏观调控政策空间，有利于推出稳健灵活的货币政策，同时减缓财政压力，推动复工复产。从世界范围来看，油价暴跌对中国股市冲击明显较弱，也彰显出中国经济长期向好、高质量增长的基本面。

（四）成品油过剩和油价的不稳定等问题值得关注

一是成品油产能过剩仍难缓解，市场需求或将萎缩。B 公司预计，全年成品油过剩量将突破 6000 万吨，较原预测增加 300 万吨左右，而全年成品油需求为 3.09 亿吨，比原预计减少约 2700 万吨。国内炼厂竞争将进一步加剧，成品油与原油价差收窄不可避免，炼油利润将受到严峻挑战。2008 年油价下跌时，国际市场疲软，但国内市场欣欣向荣，石化产品需求旺盛，保证了下游炼厂和末端销售的利润稳定。D 公司称，此次下跌面对的是国内经济下行压力加大，市场需求萎缩，以及受疫情影响，下游炼厂开工率普遍较低的情况，需求萎缩将对其收入及利润影响较大。该公司预计 2020 年第一季度贸易量将下降 20% 左右。

二是油价不稳定或是最大风险。D 公司表示，若国际油价维持在 30～40 美元/桶，且保持缓慢上升趋势，仅会对石油行业产生短期冲击，待炼油企业消耗完前期高价存量石油后，行业态势将长期向好。但炼油企业从原油采购到生产加工一般需经历 1~2 个月的时间，企业需要提前准备库存，若国际油价剧烈波动，企业难以核定库存数量，不利于企业正常经营发展。C 公司认为，只要油价保持稳定，无论高还是低，对行业发展而言，都不会有大的风险，油价的忽高忽低会导致企业难以形成稳定预期，不仅会让之前制定的发展战略难以实现甚至导致亏损，也会模糊行业未来的发展方向，是最大的风险点。

四、油企的应对措施

（一）加强全产业链统筹，调整经营计划

B 公司表示，公司将及时调整生产经营计划，加强一体化统筹，全产业链协同，消纳额外成本。同时，根据季度特点，安排好季度之间的衔接。

（二）石油勘探开采类境外项目或需境内提供资金支持

D 公司称，境外项目现金流将受严重影响，企业或会大幅增加对资金出境维持项目运行的需求。

（三）金融衍生品避险需求将会上升

F 公司预计，油价下跌和疫情扩散将对市场汇率产生冲击，成员企业合约避险需求会大幅增长，套期保值衍生交易可能增加。B 公司表示，公司将优化调整产品结构，密切关注国际金融市场波动，规避汇率风险。

五、政策建议

一是加大资金支持力度，进一步提高资金调度的灵活性。D 公司表示，目前国际油价下跌导致企业收入和利润大幅削减，希望能够获得优惠利率贷款，满足企业直接融资需求。同时希望财政能够给予一定贴息支持，进一步降低企业的融资成本，提供低成本融资、外汇专项流动资金贷款，开辟信贷绿色通道。C 公司表示，希望提高跨境资金调度的灵活性，方便企业及时调度资金。

二是开通外汇衍生品资格认定绿色通道。油价下跌和疫情影响将对市场汇率产生冲击，成员企业合约避险需求会大幅增长，套期保值等衍生交易增加。为国内石油石化企业提供保值避险手段，一方面能够更好地反映国内市场需求，另一方面能够避免过多的投机性风险，提升国内石油企业应对国际石油价格大幅、频繁波动风险的能力，为国内市场提供稳定的原油供应。B 公司表示希望设置外汇衍生品交易资格认定的绿色通道，方便财务公司尽快为成员企业开展相关业务。为国内石油石化企业提供保值避险手段。

新冠肺炎疫情后美国量化宽松政策对我国跨境资本流动的影响及对策

赫义 朱静 胡彦[*]

当前，新冠肺炎疫情持续冲击全球经济及金融体系，金融市场脆弱性加大。为防止美国新一轮量化宽松政策（Quantitative Easing，QE）使中国陷入流动性危机，准确识别美国非常规货币政策对我国短期资本的影响路径和冲击效应，切实提高防范化解金融风险的能力至关重要。本文先是厘清美国量化宽松货币政策及实施效果，分析美国量化宽松政策对我短期资本流动的影响及作用路径，随后提出在美国无限量货币宽松政策下我国可采取的应对策略。

一、美国量化宽松政策及实施效果

（一）实施的背景及原因

2008 年美国次贷危机爆发，大量标志性的公司倒闭，失业率长期盘踞8%～9%，居民需求下降，市场上流动资金不足，人均国内生产总值连续两年下降（2019 年下降到 3.4%），采购经理人指数 PMI 持续一年多位于 50.00 以下（2008 年 12 月下降到 23.20），美国国内经济形势严峻。为了提振经济增加资金流动率，2008 年 11 月至 2014 年 10 月，美国先后实施了三轮量化宽松政策，货币方面不断下调市场利率来增加市场的流动性供给，政策方面实施减税和超常规救助措施，制止经济的持续下跌，如表 1 所示。

---

* 赫义、朱静、胡彦，均供职于中国人民银行中关村中心支行。

表1　2008年11月至2014年10月美国量化宽松政策具体内容

政策	时间	购买内容	持续时间
QE1	2008年11月至2010年3月	1.25万亿美元抵押贷款支持证券	16个月
	2008年11月至2010年3月	1750亿美元机构债券	16个月
	2009年3月至2010年3月	3000亿长期国债	12个月
QE2	2010年11月至2011年6月	6000亿美元中长期国债	8个月
QE3	2012年9月至2014年10月	400亿美元/月抵押贷款支持证券	25个月
	2013年1月至2014年10月	450亿美元/月长期国债	22个月

资料来源：笔者整理。

2014年10月美联储宣布退出非常规货币政策，提高联邦基金利率，2015年12月美联储时隔十年后首次加息25个基点，进入加息周期。2020年3月，随着新冠肺炎疫情蔓延全球，美联储宣布开启第四轮QE计划，先后出台了一系列刺激政策，如表2所示。

表2　美国QE4实施细则

政策概要	政策内容
零利率和零准备金率刺激经济增长	2020年3月3日美联储紧急降息50bp；3月15日美联储第二次紧急降息100bp，将政策利率降至零；3月26日，把存款准备金率降为零
量化宽松无上限	2020年3月15日宣布总额为7000亿美元的QE计划；3月23日美联储宣布将资产购买速度提升为每天1250亿美元（包括750亿美元国债和500亿美元MBS），规模按需购买不设上限
多种政策工具向特定主体提供流动性	2020年3月17日重启和新设了商业票据融资便利（CPFF）、一级交易商信贷便利（PDCF）、货币市场共同基金流动性便利（MMLF）、一级市场公司信贷便利（PMCCF）和二级市场公司信贷便利（SMCCF）、定期资产支持证券贷款便利（TALF）、薪资保护计划流动性便利（PPPLF）、主街贷款计划（MSLP）、市政流动性便利（MLF）等。此外，美联储在重启2013年10月与欧洲、日本、英国、加拿大和瑞士央行签订的货币互换协议；2020年3月19日又与澳大利亚、巴西、丹麦、韩国、墨西哥、挪威、新西兰、新加坡、瑞典等国央行续签和新签了货币互换协议；3月31日设立了针对外国央行的FIMA回购工具

资料来源：笔者整理。

（二）实施效果

QE1应对危机爆发，实现"V"型反转，新增非农就业人数由负转正，

GDP 增速在 2019 年第二季度触底（-4.06%）后快速回升，通胀率在 2009 年 7 月触底（-2.0%）后开始转正，在 2010 年 1 月达到峰值 2.8%。QE1 结束之后，美国经济开始朝不利方向发展，就业率下滑、通货紧缩、经济增长缓慢，于是美联储时隔半年后宣布了 QE2 计划，QE2 单纯购买国债，结果类似滞胀，就业反应仍然灵敏，但效果已弱于 QE1，经济刺激作用失效或时滞延长，通胀风险趋于上升，总体表现为轻度的滞胀。QE3 规模更大，持续期更长，但效果并不显著。QE3 实施期间，美国经济增长、非农就业都表现平稳，仅 CPI 略低于 2%。短期来看，无限 QE4 政策的实施，阻止了市场恐慌演变为大范围的流动性危机，引发了美股的大幅度反弹，截至 2020 年 4 月 24 日，三大股指均脱离了技术性熊市。

二、美国货币政策对我国短期国际资本流动的影响

（一）前三轮量化宽松政策期间

美国实行量化宽松政策期间，我国短期资本总体上流入，具体可分为两个阶段。第一阶段，2008 年底至 2011 年上半年，短期资本持续流入我国。该阶段，主要经济体纷纷实行宽松的货币政策，为资本提供了一定的流动性；同时，我国经济在多项领域以进一步扩大内需、促进经济增长为目标的政策刺激下，经济基本面迅速恢复，发展态势良好，对国际资本来说极具吸引力。第二阶段，2011 年下半年至 2013 年底，我国短期资本流动呈明显的双向波动。此阶段，国际资本的流动性相较于金融危机前已显著减弱，但金融危机的影响仍未散去，欧债危机悬而未决，全球经济仍在一定程度上遭受创伤。2011 年第四季度至 2012 年，受欧债危机影响，我国有明显的资本流出。2013 年，中国提出"一带一路"等重大倡议，明确表示中国的开放态度，使国际市场对中国市场信心增强，又有短期资本流入我国。

（二）货币政策转向期间

随着美国货币政策的转向，我国短期资本流动也发生转变。自 2014 年起持续至今，我国均有资本持续地流出；同时，全球经济的复苏使资本的避险情绪减弱，短期资本流动的规模显著高于次贷危机期间。

　　2014 年第二季度以来，我国短期资本长期外流的原因在于美国经济的复苏及国内经济的结构性问题开始显现，导致国际资本内流的减少及国内资本外流的增加。从国际环境来看，全球金融危机后，美国经济增速及就业市场表现均较为理想，于 2014 年削减资产购买规模并最终停止继续购买，并于 2015 年底启动加息，极大提振了市场信心，美元汇率开始走高。与此同时，同样在金融危机期间实行量化宽松政策的欧洲央行苦于通胀水平过低，仍在不断下调利率。欧美货币政策的分化使美元更为坚挺，人民币兑美元汇率也不断走低。从国内经济来看，国内内需水平不足，GDP 增速较过往有所下跌，杠杆率偏高，经济结构存在失衡；另外，"811 汇改"、资本账户的逐步放开也给人民币汇率及资本流动增加了不确定性。美元货币政策转向形成的美元加息预期及国内经济环境的变化，使部分国际资本迅速回流、国内资本加速偿还美元外债。所在，在 2015 年末，月度短期资本流出达到峰值，规模是次贷危机期间资本月流动规模的 3 倍有余。2016 年，人民币加入 SDR 及美元加息带来的负面反应开始消化，资本流出规模开始缩减。

　　美联储应对次贷危机实施三次量化宽松的时候，加大了我国经济再平衡的难度。2013 年我国出现国际收支"双顺差"，外汇储备持续增加的局面，同时损害了货币政策独立性，面临输入性的流动性过剩、经济过热和通胀压力。随着 2014 年 10 月底美联储退出量化宽松，在美元走强和资金回流美国的冲击下，我国又遭遇了经济下行、股汇双杀、高杠杆和高房价问题。

（三）第四轮量化宽松重启

　　截至 2020 年第一季度末，境外持有境内人民币金融资产 6.38 万亿元人民币（折合约 9000 亿美元）。所有资本流出冲击都是从流入开始的。外资目前在我国股市和债市中的占比仅有 3%~4%，但若短期内集中抛售还是可能对金融市场造成较大影响的，同时也会波及外汇市场。在疫情发展前景不确定的情况下，一旦出现坏的情形，上述情况就可能发生。从中长期来看，外资如果看好中国，外来组合投资进一步增加人民币资产配置，也就意味着未来这部分资本流动如果逆转，冲击将会更大。

三、美国货币政策对我国短期国际资本流动的作用路径

美国实行前三次量化宽松政策期间，我国短期资本总体呈流入趋势；美国货币政策转向后，我国短期资本持续流出；美国实行第四次量化宽松政策期间，我国短期资本呈现先流出后流入趋势。因此，可以初步认为美国货币政策与我国短期资本流向具有一定的关联性。本文将从实际表现出发，探究美国货币政策对我国短期资本流动的作用路径。

（一）货币供给路径

美联储实施量化宽松政策，即通过公开市场操作直接改变基础货币供应量，从而达到增加广义货币供给的预期。预计美国的货币乘数、货币流通速度仍会进一步下降，金融市场和国外市场对美元的吸纳作用仍然很强，由此便形成了这样一个链条：流入美国实体经济的货币增速<流入美国实体经济、金融市场、国外部门的货币增速<货币供给 M2 增速<美联储资产负债表增速。

（二）利率路径

自 2006 年到 2020 年上半年，中美利差经历了逆向利差缩小、正向利差扩大、正向利差缩小、正向利差扩大四个阶段。同时，中美利差与短期资本流动之间大体呈正相关，在中美利差扩大的过程中，资本陆续流入我国；当中美利差上下波动时，资本的双向流动也更为明显；而当中美正向利差逐渐消失之际，我国出现资本大幅、快速地外流现象。

（三）汇率路径

在中国刚放开固定汇率制度时，市场汇率长期高于均衡汇率，故人民币表现出很强的升值预期。金融危机后，美国国内产值大幅下降，导致汇率均衡下移，使人民币继续表现出升值预期。后因我国受金融危机波及且汇率制度再次盯住美元，故人民币出现短暂贬值压力后再度出现升值预期。

同时，短期资本流动与预期汇率波动率大体呈负相关，且预期汇率波动越强，资本流动规模越大。量化宽松中前期，随着美国货币供给量的增加，人民币预期汇率下行，预期汇率变动率小于零，人民币有升值预期，预期资

本稳定流入。

四、政策建议

一是健全跨境资本流动的宏微观审慎监管体系。微观监管要在兼顾合规性、程序性监管的同时，加强审慎性和对投资者的适当性监管。宏观审慎管理是对跨境资本流动进行逆周期调节，是防范化解系统性金融风险的关键。因此，在人民币汇率更加市场化的情况下，中国应该健全宏观审慎管理框架，更好地平滑跨境资本流动的波动。

二是在对流动资本的监管上，要加强跨境资本流动的监测预警。目前，新冠肺炎疫情仍在全球蔓延，其风险也在逐步释放，有可能引发国际资本流动的剧烈震荡，为此需要加强对跨境资本流动的监测。

三是针对货物贸易、服务贸易等贸易渠道，建立并强化外汇局与海关之间的合作关系，实现相关重要数据共享。重点关注常年有大量预收款或延期付款的企业；并加强对贸易订单量、订单额、单据真实性的审理与督查。针对以直接投资、短期借贷为代表的资本与金融账户渠道，一方面要密切关注资本的用途及去向，另一方面可对银行设置外汇头寸限额，并通过提高银行持有该部分资金的成本，减少投机性资本大量流入的动力。

外资证券公司资本金结汇管理政策现状、问题和相关建议

张国斌　夏既明[*]

近年来，我国金融业对外开放步伐明显加快，外资进入我国金融业的广度和深度不断加深。2020 年 4 月 1 日中国证监会取消证券公司外资股比限制，表明金融业对外开放又迈出实质性的一步，预计外资增持或控股境内证券公司将呈现日益增长势头，外资证券公司资本金结汇需求也将大幅增加。为研究非银行金融机构资本金本外币转换问题，了解外资券商资本金结汇需求，我们对辖内外资控股 A 证券公司进行了调研，深入了解剖析当前券商资本金的使用在外汇管理方面存在的问题，并提出相关政策建议。

一、外资证券公司在我国的发展状况

外商投资中国证券公司已经有近 20 年历程：2003 年起，首批合资券商相继设立；2005 年底，因券商综合治理等问题，外资投行参股内地券商被叫停；直到 2007 年 12 月，外资参股中国证券公司再度开闸，中国证券行业重启对外开放历程。

（一）外资股权比例逐步提升

2012 年以前，证券公司中境外股东的持股比例（包括直接持有和间接控制）不得超过 1/3；2012 年该比例提高至 49%；2018 年 4 月该比例进一步放宽至 51%，即明确外资可以实现对证券公司的控股；2020 年 3 月证监会再度

---

[*]　张国斌，供职于国家外汇管理局资本项目管理司。夏既明，供职于中国人民银行营业管理部资本项目管理处。

明确，从 2020 年 4 月 1 日起，外资的持股比例可至 100%。

以 A 证券公司为例，2008 年 6 月 13 日，中国证监会批准 B 证券与 C 银行共同出资设立 A 证券公司。公司的注册资本为人民币 8 亿元，中外方分别持有合资公司 66.7% 和 33.3% 的股权。2019 年，经股东双方同意并签署协议，在遵守适用法律的前提下，C 银行将单方认购公司新增注册资本，从而将其在 A 证券公司的股权比例从 33.3% 增加至 51%，并控股合资公司，将对公司支付增资认购款等值 6.28 元人民币的美元。

（二）业务范围不断扩大

在参股阶段，外资券商的业务范围一直受到极为严格的监管，与内资券商相比，可以经营的业务非常狭窄，仅限于：股票（包括人民币普通股、外资股）和债券（包括政府债券、公司债券）的承销；外资股的经纪；债券（包括政府债券、公司债券）的经纪和自营业务；中国证监会批准的其他业务。同时外资券商的分支机构、营业网点的数量和布局也极为有限。伴随着股权比例限制的放开，2019 年 10 月，国务院明确将全面取消在华券商的业务范围限制，丰富市场供给。外资券商有望改变之前业务受限的尴尬局面。

以 A 证券公司为例，2008 年 10 月 24 日，该公司取得营业执照正式设立，2008 年 12 月 29 日取得中国证券监督管理委员会（以下简称"中国证监会"）颁发的《经营证券业务许可证》。公司经批准的经营范围包括：股票（包括人民币普通股、外资股）和债券（包括政府债券、公司债券）的承销与保荐；中国证监会批准的其他业务。

2015 年 3 月，中国证券监督管理委员会北京监管局核准 A 证券公司变更业务范围，增加证券经纪业务。2015 年 8 月 26 日，中国证监会批准该公司换发经营证券业务许可证。经营范围包括：股票（包括人民币普通股、外资股）和债券（包括政府债券、公司债券）的承销与保荐；证券经纪业务；中国证监会批准的其他业务。2015 年 11 月 13 日，中国证券监督管理委员会北京监管局核准该公司在其他省市新设 1 家 A 型证券营业部，该公司的业务范围从单一的投行业务增加到经纪业务。

（三）融资渠道严重依赖于资本金投入

目前，外方股东的外汇资本金注入仍然是外资控股券商的最主要的资金来源。从其他外部融资渠道来看，尽管外资股东方的国际资信评级普遍较高，信誉较好，但外资证券公司作为其子公司在中国市场上的融资渠道还受到较多限制，银行授信规模有限，且目前市场上暂无外资券商发行短期融资券、中票、公司债等融资工具的先例，外资券商上市的条件也暂不具备，因此，外资券商的资本补充渠道受到了极大的限制。

A 证券公司自成立以来，完全依赖股东们的资本金投入，无外部融资渠道，在过去业务范围较为狭窄的情况下尚能支持日常开支，但未来伴随着业务种类的增加和业务量的增长，公司的现有资本金将不足以构成支撑，将会面临较大的资金挑战，对融资渠道的开拓迫在眉睫。

中国市场的规模和体量对外资具有很大的吸引力，外资对中国市场也普遍看好，愿意长期投入和积极参与。政策的放开和业务边界的扩展将成为未来一段时间外资增长的主要动力，在此基础上，如果外资能够较好地嫁接其境外市场多年的经验和优势，联通境内外市场，势必会有助于外资券商自身的成长，并相应推动国内资本市场的改革和发展。

二、证券公司资本金本外币换转管理现状

外资券商正处在新旧交替的关键发展期，传统上囿于政策限制，增长有限、规模较小，未来这一局面有望得到改善。为此，外资券商会持续加大在中国的布局和投入，所需要的资金量将大幅增长，但现有融资渠道仍然有限，外资券商对股东注入的资本金的高度依赖局面尚不能立即得到改变，外汇资本金的注入和结汇，外汇的套期保值，相应的外汇衍生品交易，以及未来股息的汇出等外汇业务都将是外资券商及其股东高度关注的焦点，也会对外资券商的业务平稳开展产生重大影响。

然而，根据现有的外汇政策，证券公司等非银行金融机构资本金结汇法规依据为 2014 年发布的《银行办理结售汇业务管理办法实施细则》，除了日常开支可以参照一般企业意愿结汇外，其他用于直接或间接投资证券资产或者购买其他金融产品的支出还被归属于本外币转换业务，需经注册地外汇局审批核准后办理，且非银行金融机构申请本外币转换原则上每年不得超过一次。上述规定给外资券商带来一些操作上的困难和复杂性。

三、主要问题

（一）现行非银行金融机构资本金的使用所参照的外汇管理政策滞后于当前金融业开放要求

1. 2018 年以来，我国金融业开放步伐明显提速

2018 年 4 月 11 日，中国人民银行行长易纲在博鳌亚洲论坛年会上宣布了进一步扩大金融业对外开放的具体措施和时间表，其中包括：将证券公司、基金管理公司、期货公司、人身险公司的外资持股比例的上限放宽到 51%。4 月 28 日，中国证监会颁布《外商投资证券公司管理办法》，合资券商外资投资比例限制放宽至 51%。2019 年 7 月，国务院金融稳定发展委员会宣布，将原定的 2021 年取消证券、基金、期货公司外资股比限制的时点提前至 2020 年。中国证券监督管理委员会决定自 2020 年 4 月 1 日起取消证券公司外资股比限制。面对巨大的中国资本市场，外资控股券商纷至沓来，仅 4 月这一个月内，就有三家外资变身"控股股东"。目前，已有 7 家证券公司跻身"外资控股券商"之列，还有 18 家尚在排队。

2. 现行政策参照 2014 年《银行办理结售汇业务管理办法实施细则》执行，滞后于金融业开放要求

非银行金融机构参照《国家外汇管理局关于印发〈银行办理结售汇业务管理办法实施细则〉的通知》（汇发〔2014〕53 号）执行。现行政策简化了资本金用于支付日常支出的法规要求，公司可参照外商直接投资外汇资本金管理政策实行意愿结汇制。但对于结汇后资金用于直接或间接投资证券资产或购买其他金融产品的其他用途的开支，仍需按照外汇业务规模相匹配原则向外汇局申请本外币转换，且原则上每年不得超过一次。在我国进一步开放金融业务，放宽外资持股控股限制的大环境下，难以满足证券公司等非银行金融机构资本金流入的便利要求。以 A 证券公司为例，如果外方增资不能及时结汇，将给公司带来汇率风险敞口，也将加大管理成本。

（二）证券公司等非银行金融机构营运资金来源及运用与银行具有较大差异

从资金来源来看，与银行可以吸收存款不同，目前证券公司外方股东的外汇资本金注入仍然是由外资控股的券商开展经营的最主要的资金来源。从其他外部融资渠道来看，尽管外资股东的国际资信评级高，但外资证券公司在国内市场上的融资渠道还受到较多限制，银行授信规模有限，上市条件暂不具备，也无发行短期融资券、中票、公司债等融资工具的先例，因此，外资券商的资本补充渠道极为有限。比如，A 证券公司 2019 年资产总额为人民币 10.11 亿元，其中股东权益 8.11 亿元，权益出资占公司总资产的 80%。

从资金运用需求来看，与银行不同，证券公司主要经营和投资证券资产和其他金融产品，证券公司经营范围较为集中单一，且业务和盈利极容易受到证券市场波动影响，对资金的需求测算难度很大，现实中，很多券商需要年内多次调整预算。此外，证券公司很多业务资金需求具有临时性和突发性特点，如投行业务的包销资本承诺金额取决于投行项目的进度和发行时资本市场的状况。因此，每年不超过一次的本外币转换申请难以满足外资券商因业务起伏较大而产生的资金变动需求。

（三）证券公司经营遵循行业监管规定，资本金结汇事前审批监管成效有限

目前证券公司等非银行金融机构资本金本外币转换管理政策一方面如上所述难以满足企业需要或增加管理成本，另一方面事前监管的效果也不明显。首先，证券公司须获得证监会业务牌照才能开展业务，且每类业务的开展需严格满足证监会制定的风险控制标准和其他要求，证监会及其派出机构对证券公司进行定期和不定期检查。其次，按照证监会要求，证券公司在董事会层面设立风险控制委员会，在公司内部设立风险管理部门，并须聘请风险和合规总监作为公司高管，两者的任职资格要求相当严格。最后，外资券商的外方股东风险和合规意识较强，对声誉风险也非常关注，在其控股的情况下，财务、合规、风险和业务不仅要满足境内监管的要求，还需要取得集团内部更高层级的审批，增加更多的风险防线。

四、政策建议

（一）建议参照保险公司做法从法规层面规范非银金融机构资本金使用管理

目前，保险公司资本金结汇已从法规层面予以规范，建议其他非银金融机构资本金结汇管理参照保险公司做法，完善法规，提升政策的法律效力层级。

（二）建议探索逐步实行证券公司资本金意愿结汇制

进一步放宽证券公司资本金本外币转换限制，自主决定结汇时机。证券公司年初向外汇局报告本年度结汇计划与上年度结汇资金的使用情况，银行按展业原则审核证券公司外汇资本金结汇。

（三）建议监管后移，强调非银行金融机构本外币转换资金使用事后监管

对于违背意愿结汇制要求的非银行金融机构暂停意愿结汇制，并按规定进行相应查处。

跨境资本流动宏观审慎管理实践探索
——基于亚太地区国家宏观审慎管理的有效性评估

杨超凡　黄玲畅　鲁叶楠　罗春蕾　魏辰皓　张　婧[*]

　　跨境资本流动有利于资金的全球配置，能够帮助新兴经济体引入先进技术与管理手段，促进经济发展，包括我国在内的新兴经济体均为跨境资本流动的受益者，但跨境资本流动的风险同样不容忽视。国际资本具有明显的逐利性、顺周期和易超调等特点，资本的快速、频繁流动将导致金融体系的脆弱性增加。特别是对于新兴经济体，如若出现资本快进快出、大进大出，将会对本就脆弱的金融体系造成毁灭性打击。本文通过研究、比较同为亚太地区新兴经济体的马来西亚、印度尼西亚所采取的跨境资本流动宏观审慎管理新政的成效，来探讨针对外汇领域的跨境资本流动宏观审慎管理政策是否相较非针对外汇领域政策在防范化解跨境资本流动风险方面更为有效。

一、全球跨境资本流动宏观审慎管理实践

　　2008 年金融危机爆发后，国际主流机构对跨境资本流动的观点从鼓励自由流动向支持资本流动管理和宏观审慎监管转变。2010 年，国际货币基金组织发布《全球金融稳定报告》，正式承认跨境资本流动有风险，鼓励资本流入国可搭配使用宏观经济与审慎政策工具。

（一）宏观审慎管理的概念

　　宏观审慎的概念首次出现于 1979 年的库克委员会上。国内外学者在 2011

---

　　* 杨超凡、黄玲畅、鲁叶楠、罗春蕾，均供职于中国人民银行营业管理部外汇综合业务处。魏辰皓，供职于中国人民银行营业管理部金融研究处。张婧，供职于中国人民银行中关村中心支行。

年金融稳定理事会、国际货币基金组织和国际清算银行对宏观审慎管理定义的基础上，对宏观审慎管理的概念进一步明确，即通过运用审慎工具，开展逆周期调节，旨在防范系统性金融风险，抑制金融体系的失衡，减轻由金融体系顺周期波动和跨市场风险传播对宏观经济、金融体系稳定造成的负面影响。

（二）跨境资本流动宏观审慎管理框架

对于跨境资本流动的宏观审慎管理，国际货币基金组织明确提出了监管框架，即作用对象主要是境内主体，主要目标是限制其外债融资能力或信贷规模，遏制境内市场主体过度借贷，以降低跨境资本流动对金融体系的影响。在实践中，主要运用以下两类工具：一类是针对外汇领域的跨境资本流动宏观审慎管理工具。通过限制本地银行体系外汇头寸、外汇贷款等，调控银行外汇风险敞口，减少银行对短期外债依赖可能导致的金融系统流动性风险；或对银行外币存款、短期负债征税或进行比例限制，增加资本跨境流动交易成本。另一类是非针对外汇领域的跨境资本流动宏观审慎管理工具。主要通过资本充足率、准备金比率、贷款价值比率、偿债收入比率等指标进行调控，降低系统性风险。

（三）新兴经济体跨境资本流动宏观审慎管理

2000 年以来，新兴经济体强劲的发展势头和欧美发达国家量化宽松的货币政策，使国际资本大量涌向新兴市场国家，特别是亚太地区新兴经济体。大规模的国际资本流入，大幅的信贷增长，使新兴市场国家金融体系风险骤增。为应对外部冲击风险，维护金融体系稳定，新兴经济体纷纷采取跨境资本流动管理措施，实施跨境资本流动宏观审慎管理。2008 年，金融危机重创了全球的经济和金融体系，而一些实施了跨境资本流动宏观审慎管理的新兴市场国家则成功避免了资本流动短期波动引发的危机，跨境资本流动宏观审慎管理在稳定跨境资本流动方面的作用逐渐凸显。

二、马来西亚、印度尼西亚跨境资本流动宏观审慎管理与跨境资本流动测算

根据国际货币基金组织统计，2012 年以来，除中国外，全球共 4 个国家或地区新引入跨境资本流动宏观审慎管理措施，3 个在亚太地区。其中，马

来西亚、印度尼西亚同为东南亚新兴市场国家，在地理位置、汇率制度、经济结构等诸多方面具有相似之处，但所实施跨境资本流动宏观审慎管理新政却迥异。

（一）马来西亚、印度尼西亚跨境资本流动宏观审慎管理新政概况

马来西亚、印度尼西亚分别于 2014 年 1 月、2015 年 1 月出台跨境资本流动宏观审慎管理新政。其中，马来西亚新政基于房地产交易，对居民和非居民实施差异化的税收措施；印度尼西亚则针对外汇领域，要求持有外币外债的非银行机构遵循审慎原则。

（二）跨境资本流动测算

当前测算短期跨境资本流动的方法主要有三种，即直接法、间接法、混合法。三种方法各有优缺点：直接法简单、直观，但在假设方面存在缺陷，可能低估跨境资本流动规模；间接法容易高估跨境资本流动规模；混合法介于两者之间，但采用该方法的文献较少。本文参考 Michaelson（2010）的方法，采用间接法测算跨境资本流动，如公式（1）所示：

跨境资本流动（CF）＝外汇储备增量（FR）－贸易顺差（T）－外商直接投资净流入（FDI）   （1）

本文在测算时，使用马来西亚 2008 年 1 月至 2020 年 3 月、印度尼西亚 2010 年 1 月至 2020 年 3 月的月度数据，数据来源为 CEIC 数据库。

三、马来西亚、印度尼西亚跨境资本流动宏观审慎管理政策效果评估

跨境资本流动主要从绝对量和波动性两方面对金融体系造成冲击。本文认为，相较于长期稳定的跨境资本流动，跨境资本流动的短期波动更值得关注，快速骤增的资本流入流出可能给金融体系带来更大的风险，使其愈发脆弱。因此本文在评估跨境资本流动宏观审慎管理新政的有效性时，着重考察政策实施对跨境资本流动波动情况的影响。

（一）变量与数据

1. 跨境资本流动（CF）

本文选取跨境资本流动变动量（即后一期跨境资本流动量与前一期跨境资本流动量进行差分）作为因变量，刻画前后两期跨境资本流动的波动情况，反映跨境资本流动的稳定性。

2. 政策变量（NUV）

本文以政策变量来反映跨境资本流动宏观审慎政策的实施情况，该变量为虚拟变量，政策实施前取值 0，政策实施后取值 1。

3. 控制变量

亚太地区新兴经济体跨境资本流动可能受全球性因素影响，本文选取月度利差（IR）（本国央行与美联储一年期政策利率之差）、恐慌指数（VIX）、美元指数（DXY）作为控制变量。具体如表 1 所示：

表 1　控制变量

控制变量		数据来源	时间区间
利差（IR）	马来西亚央行一年期政策利率	CEIC 数据库	2008 年 1 月至 2020 年 3 月
	印度尼西亚央行一年期政策利率		2010 年 1 月至 2020 年 3 月
	美联储一年期政策利率		2008 年 1 月至 2020 年 3 月
恐慌指数（VIX）		美联储	2008 年 1 月至 2020 年 3 月
美元指数（DXY）		汤森路透	2008 年 1 月至 2020 年 3 月

资料来源：笔者整理。

（二）研究设计

跨境资本流动、利差、恐慌指数、美元指数等数据的波动幅度可能随时间变化，不符合传统计量模型对时间序列的方差恒定假设，且政策实施对跨境资本流动的正负向影响可能呈现非对称关系。因此，选择构建 EGARCH 模型来刻画跨境资本流动宏观审慎管理政策对跨境资本流动的影响，模型中通过加入跨境资本流动变化量的 1 期滞后变量来避免可能产生的内生性问题。

EGARCH（1，1）模型如公式（2）所示：

$$CF_t = \alpha_0 + \alpha_1 CF_{t-1} + \alpha_2 NUV_t + \alpha_3 IR_t + \alpha_4 VIX_t + \alpha_5 DXY_t + \varepsilon_t \tag{2}$$

其中，CF_t 为 t 时点跨境资本流动变动量，CF_{t-1} 为其 1 期滞后变量，NUV_t 为政策工具变量，IR_t 为 t 时点本国央行与美联储一年期政策利率利差，VIX_t 为 t 时点恐慌指数，DXY_t 为 t 时点美元指数，ε_t 为残差项，服从（0，σ_t）正态分布。

如公式（3）所示：

$$\ln\sigma_t = \omega_0 + \omega_1 \ln\sigma_{t-1} + \omega_2 \left| \frac{\varepsilon_{t-1}}{\sqrt{\sigma_{t-1}}} \right| + \omega_3 \frac{\varepsilon_{t-1}}{\sqrt{\sigma_{t-1}}} + \sum_{\theta=1}^{m+j} \gamma_\theta X_\theta \tag{3}$$

其中，X 为 4×1 维向量，包括政策工具变量和控制变量。

（三）实证分析

从实证结果（见表 2、表 3）可以看出，印度尼西亚的政策工具变量系数显著为负，说明印度尼西亚新政对跨境资本流动短期波动起到了明显抑制作用，具有稳定本国跨境资本流动的效果。而对于马来西亚，虽然政策工具变量系数为负，但结果并不显著，说明其新政对跨境资本流动短期波动的抑制作用并不明显。将两国政策工具变量的系数及显著性水平放在一起进行对比，不难发现，印度尼西亚跨境资本流动宏观审慎管理政策无论是政策力度还是显著程度均强于马来西亚的政策；可以认为，印度尼西亚新政效果明显好于马来西亚。

表 2　马来西亚跨境资本流动宏观审慎管理新政效果

	NUV_t	CF_{t-1}	IR_t	VLX_t	DXY_t
Coefficient (Std. Err.)	−0. 8285 (0. 5293)	−0. 0105 ** (0. 0041)	−22. 6539 *** (3. 9549)	0. 4617 *** (0. 0757)	1. 1153 *** (0. 1975)
Observations	144	144	144	144	144
P−Value	0. 118	0. 011	0. 000	0. 000	0. 000

注：***、**、* 分别表示在 1%、5%、10%的显著性水平下显著。

资料来源：笔者整理。

表3　印度尼西亚跨境资本流动宏观审慎管理新政效果

	NUV_t	CF_{t-1}	IR_t	VLX_t	DXY_t
Coefficient （Std. Err.）	-1.1826 *** （0.2839）	0.1946 *** （0.0212）	-20.3300 *** （1.6420）	0.6580 *** （0.0255）	-0.4146 ** （0.1772）
Observations	120	120	120	120	120
P-Value	0.000	0.000	0.000	0.000	0.019

注：***、**、*分别表示在1%、5%、10%的显著性水平下显著。

资料来源：笔者整理。

　　再回到两国及其跨境资本流动宏观审慎管理政策本身，前文中提到过，马来西亚、印度尼西亚两国无论地理位置、汇率制度还是经济结构均比较相似，而两国跨境资本流动宏观审慎管理新政最明显的差异在于，印度尼西亚的政策直接针对外汇领域，马来西亚的政策则并不针对外汇领域，而是针对居民与非居民身份差异实施差异性措施。因此，我们有理由相信，针对外汇领域的宏观审慎管理措施对于跨境资本流动短期波动的抑制作用更直接，在稳定跨境资本流动方面效果更加明显。

　　此外，我们还关注到，无论是马来西亚还是印度尼西亚，非对称效应均显著为正，且绝对值远大于对称效应。该结果反映出两国跨境资本流动宏观审慎管理新政对于跨境资本流动增减变化的影响是非对称的，即对跨境资本流动正向变动的抑制作用大于负向变动。因此可以认为，跨境资本流动宏观审慎管理新政的主要作用在于抑制跨境资本流动快速增长（见表4）。

表4　非对称效应

	马来西亚		印度尼西亚	
	Earch L1 非对称效应	Earch_ a L1 对称效应	Earch L1 非对称效应	Earch_ a L1 对称效应
Coefficient （Std. Err.）	1.6274 *** （0.1693）	0.1110 *** （0.1803）	1.7269 *** （0.0969）	0.5584 *** （0.0973）
Observations	144	144	120	120
P-Value	0.000	0.000	0.000	0.000

注：***、**、*分别表示在1%、5%、10%的显著性水平下显著。

资料来源：笔者整理。

四、结论及启示

（一）主要结论

通过评估、比较马来西亚、印度尼西亚跨境资本流动宏观审慎管理新政的实施效果，本文认为：针对外汇领域的跨境资本流动宏观审慎管理政策，在稳定跨境资本流动方面更为直接、有效，其主要作用在于抑制跨境资本流动的快速增长。

（二）关于我国跨境资本流动宏观审慎管理的思考

本文对我国加快构建跨境资本流动宏观审慎管理体系提出三点政策建议：

一是健全完善我国跨境资本流动宏观审慎管理框架。借鉴跨境资本流动宏观审慎管理的国际成熟经验和先进做法，扩大宏观审慎全口径管理视野，进一步丰富跨境资本流动宏观审慎管理工具，引入既符合国际规范又符合我国国情的有效举措，如增加针对外汇领域的跨境资本流动宏观审慎管理措施，以此来有效抑制投机型跨境资本流动。

二是稳步推动与我国全面开放新格局相适应的跨境资本流动管理体系建设。随着我国开放程度不断提升，营商环境持续优化，境外投资者在境内市场参与度越来越高。通过建立与开放水平相匹配的跨境资本流动管理体系，可以在提升我国市场的成熟度和流动性、促进市场参与主体多元化的同时，有效应对跨境资本流动冲击。

三是持续强化风险监测和预期管理。资本市场逐利性强，参与主体对宏观形势变化高度敏感，容易滋生避险情绪进而引发跨境资本流动短期波动。因此，根据市场主体类型，精准监测预判最新动态，"有的放矢"进行预期引导，可实现不同层面、不同领域跨境资金有效管理，起到稳定跨境资本流动的作用。

非法资金借信托 QDII "通道" 业务跨境风险值得关注

邱晓瑞　吕　晶[*]

一、我国信托业务概况

（一）我国信托业务规模

截至 2019 年第四季度末，全国 68 家信托公司受托资产规模为 21.6 万亿元，较 2018 年末的 22.7 万亿元同比下降 4.85%，小于 2018 年同期的 13.50%。从 2019 年 4 个季度的环比变化看，第一季度环比增速为 -0.7%，第二季度和第三季度环比增速分别是 -0.02% 和 -2.39%，第四季度环比增速则是 -1.78%，第三季度和第四季度的环比下降中有小幅上升。在经历了 2018 年较大幅度的调整后，2019 年信托业资产规模下降幅度明显收窄，进入了波动相对较小的平稳下行阶段。

（二）我国信托资金结构

从资金来源来看，信托业务可以分为资金信托与财产信托，其中，资金信托根据委托人数量进一步划分为单一资金信托与集合资金信托，其中单一资金信托私密性较好、资金运用与来源单一、委托人在资金运用过程中通常起主导作用，"通道" 业务较多。从构成来看，单一资金信托一直占据主要地位，2010 年第二季度曾达到 83.27% 的历史高位，之后逐年下降，截至 2019 年末占比 37.1%。2018 年以来，随着资金监管新规出台，监管政策影响

---

　　* 邱晓瑞、吕晶，均供职于中国人民银行营业管理部外汇检查处。

下以单一信托为主的"通道"业务受限，信托利用自身制度优势逐步推进转型。2019 年，信托公司普遍加强财富渠道建设，注重主动管理能力培养，集合资金信托占比进一步提升，新增信托资产来源结构优化趋势明显，发展质量提升。

（三）我国信托资金投向

从信托资金运用来看，信托业务分为融资类、投资类与事务管理类，其中事务管理类信托中，信托公司只负责托管、结算等事务性工作，通常为"通道"业务。自 2012 年开始，具有"通道"属性的事务管理类信托大幅攀升，2019 年虽有下降，但截至 2019 年末，占比仍高达 49.30%。

二、我国信托 QDII 业务监管与发展现状

（一）我国信托 QDII 资质与额度须事前行政审批

银保监会、外汇局共同对信托 QDII 业务进行监管，其中银保监会负责信托公司受托境外理财业务的准入管理和业务管理，外汇局负责信托公司受托境外理财业务涉及的外汇管理。2014 年，人民币国际化逐渐提速，美国、欧洲的资本市场在央行大量注入流动性后走强，境内信托公司在传统业务发展放缓后选择将国际化业务的发展作为转型的方向。2014 年后，信托公司获批 QDII 资质及额度的数量有较大幅度的增加，发行产品的数量和规模也有所增加。截至 2020 年 4 月 30 日，68 家信托公司中，已有 25 家获得 QDII 资质，其中 18 家获得 QDII 额度，共 83.10 亿美元（见表 1）。

表 1　获得外汇局批准 QDII 额度的信托公司机构名单

（截至 2020 年 4 月 30 日）

序号	机构名称	最新批准日期	累计批准额度（亿美元）
1	中诚信托有限责任公司	2014 年 11 月 27 日	16.00
2	上海国际信托有限公司	2014 年 12 月 28 日	9.50
3	中海信托股份有限公司	2018 年 4 月 24 日	3.00

续表

序号	机构名称	最新批准日期	累计批准额度（亿美元）
4	平安信托有限责任公司	2011 年 9 月 30 日	1.00
5	大连华信信托股份有限公司	2011 年 12 月 20 日	1.00
6	华宝信托有限责任公司	2014 年 12 月 28 日	19.00
7	中信信托有限责任公司	2014 年 12 月 28 日	9.50
8	新华信托股份有限公司	2015 年 1 月 30 日	1.50
9	中国对外经济贸易信托有限公司	2014 年 9 月 22 日	5.00
10	建信信托有限责任公司	2014 年 11 月 27 日	4.00
11	中融国际信托有限公司	2014 年 11 月 27 日	3.00
12	兴业国际信托有限公司	2015 年 2 月 13 日	2.00
13	北京国际信托有限公司	2015 年 2 月 13 日	3.00
14	交银国际信托有限公司	2015 年 3 月 26 日	2.00
15	长安国际信托股份有限公司	2018 年 4 月 24 日	1.80
16	重庆国际信托股份有限公司	2018 年 5 月 30 日	0.50
17	国投泰康信托有限公司	2018 年 5 月 30 日	0.70
18	中国民生信托有限公司	2018 年 5 月 30 日	0.60
	合计		83.10

资料来源：国家外汇管理局。

（二）产品投资者门槛较高

与境内信托产品一般最低 100 万元的投资门槛相比，信托 QDII 产品的投资最低下限为 1000 万元或等额外币，有些产品的投资最低下限甚至达到 5000 万元。由于投资门槛的限制，投资者以机构为主、个人为辅。

（三）"通道"业务是市场主要需求与构成

由于拟赴境外上市的企业对基石与锚定投资者需求的持续增长，以及目前的政策环境下资金出境受限，QDII"通道"业务需求较大。在 QDII"通道"业务中，信托公司仅提供投资额度，发挥事务性管理功能，不承担市场风险和汇率风险，业务模式简单、收益较好。从信托公司开展 QDII 业务的情况来看，也多采用发行单一资金信托方式进行被动管理。2014 年以来，随着港股 IPO 成为资本市场的热点，不少高净值客户也积极参与，因此通过结构化方式来参与打新的信托 QDII 产品也逐渐增多。此外，由于信托 QDII 产品主要投向为港股或港股 IPO，其安全边际较高，因此目前仅有少数产品有投资顾问。

三、我国信托 QDII 业务存在的问题

信托公司 QDII 产品可根据委托人需求灵活定制、投资范围较其他 QDII 产品宽泛，因此获得境内投资者青睐。而 QDII 资质与额度的监管审批，属于"稀缺资源"，这就有可能造成未获得资质与额度的机构向有资质和额度的机构购买额度，通过与信托公司签订单一资金信托合同、事务管理类信托合同等，获得额度实际使用权，信托 QDII 产品变成"通道"，为非法资金提供跨境渠道。近期，国家外汇管理局北京外汇管理部在对信托 QDII 业务的调查中发现，信托 QDII "通道"业务成为 QDII 额度转卖方式，受托境外理财业务变质成非法资金跨境渠道，风险值得关注。

例如：Z 信托为外汇局批准的合格境内机构投资者。2019 年 3 月 22 日，Z 信托与境内 BW 公司正式签订单一资金信托合同，合同约定 Z 信托根据 BW 公司的投资指令将信托资金投资境外 DK 公司定向增发的 H 股股票，不用作其他用途。2019 年 4 月，Z 信托根据 BW 公司投资指令将境内人民币托管账户中全部信托资金换汇并最终汇至 DK 公司的募集账户中，完成了对 DK 公司股票的认购。认购的 DK 公司股权登记在 BW 公司名下，BW 公司境外投资行为未在国家发展改革委备案通过、未在国家外汇局进行境外直接投资登记，而是通过 QDII 渠道购汇汇出资金购买并取得境外上市公司股权。

信托合同中明确约定"本信托为事务管理类信托，由委托人自主决定信托设立、信托财产运用对象、信托财产管理运用处分方式等事宜，委托人已自行对投资标的、发行主体进行尽职调查，委托人自愿承担信托投资风险。受托人对信托财产之管理、运用及处分根据委托人发出的投资指令进行"，在本案例中，Z 信托作为受托人未对投资项目进行分析和决策，仅提供了 QDII 项下资金通道。

此外，在本案例中，QDII 产品关于信托费用方面存在矛盾，产品合同约定 Z 信托因对信托财产进行管理、运用及处分收取信托报酬，Z 信托实际也

收取上述费用；但该产品合同约定与实际运作模式为 BW 公司自主决定信托财产的管理、运用、处分等事宜。结合前述 QDII 额度使用情况与各方权利义务关系，该部分费用实质为 QDII 额度转卖的"通道"费用。

在本案例中，从表面来看，该信托计划为 Z 信托在批准额度内开展的业务，但鉴于境外投资标的股权登记在 BW 公司名下，而非信托产品名下，Z 信托获得的 QDII 额度实际由 BW 公司使用。在这个信托 QDII 产品中，BW 公司借 QDII "通道"业务实现自身直接投资，违反规定将外汇转移境外，而提供这个"通道"的 Z 信托公司通过转卖 QDII 额度获利。

四、信托 QDII 业务带来的监管挑战

（一）通过非现场检查分析系统无法监测非法资金借"通道"跨境

目前通过非现场检查分析系统，仅能监测 QDII 项下资金汇出是否超过核准额度，对于未获得相关监管部门对外直接投资核准备案的项目，只有通过现场检查才能发现。如在上述案例中，利用非现场检查分析系统无法查询到 QDII 产品投资标的 DK 公司股权登记在 BW 公司名下，仅能通过现场调阅境外股权登记凭证、境外股权发行公告等材料，发现 BW 公司借道 QDII 产品实现自身对外直接投资。

（二）"通道"业务非法使用不利于对跨境业务的管理

非法境外投资资金借 QDII 名义汇出境外，既导致监管部门无法对境外直接投资实现全面管理，又造成监管部门配置的 QDII 资质、额度未能得到有效利用。在上述案例中，BW 公司参股 DK 公司，原本应经行政备案通过后才可汇出的 ODI 项下资金披着 QDII 业务的外衣实现资金跨境，监管部门无法准确掌握对外直接投资数据、控制对外直接投资风险，导致非法资金外流，监管效力降低，Z 信托获批的 QDII 额度使用也未能达到监管部门便利境内投资者境外资产配置的初衷。

（三）"通道"业务成为主流不利于信托 QDII 业务发展

如果"通道"业务长期成为行业主流，信托公司主动管理能力无法增强，投资人才与团队锻炼不足，信托 QDII 业务发展受限，同时额度倒卖行为易扰乱金融市场秩序。在上述案例中，Z 信托只需执行 BW 公司发出的投资指令，无须主动对资金运用进行安排，此类业务限制了行业资产管理能力的提升。此外，QDII 额度倒卖行为可能会造成境内机构"争购"额度、信托 QDII "竞卖"额度的外汇市场乱象。

五、政策建议

（一）完善信托 QDII 产品的事前备案方式

建议与国家发展改革委、商委、中国银行保险监督管理委员会等部门合作，建立协同监管机制，重点关注单一委托人产品、委托人指定投资标的信托产品，适当提高该类产品的准入门槛，明确信托目的与财产管理运用方式须符合监管层的刚性制度规定、信托公司与委托人信托关系的成立须建立在合法合规的前提之下，特别是对于涉嫌国家禁止或不鼓励领域的投资，应与对外直接投资备案标准保持一致，避免企业利用不同的监管渠道套利将外汇资金转移到境外。

（二）加强对信托 QDII 资金使用状况的检查

建议定期对信托 QDII 业务的合法性、合规性进行现场检查，重点对额度使用效率、额度实际控制方与境外投资标的所有权进行核实，并及时根据检查情况调整 QDII 机构准入资质、配置投资额度，使信托 QDII 业务更好地满足跨境资产配置实际需求。

（三）及时查处信托 QDII 业务违规行为

建议对查实的通过 QDII 方式出境的违规行为及时处罚，对违规案例及时披露和公布，以罚促改，整治行业乱象，维护外汇市场健康良性秩序。

对打击地下钱庄跨境洗钱监管方式的探讨

孟姝希*

近年来，我国高度重视反洗钱工作，地下钱庄由于其隐蔽性强等特点成为各种上游犯罪转移赃款的通道、洗钱的工具和帮凶，助长了犯罪活动的滋生。打击地下钱庄能够有效切断跨境洗钱通道、遏制跨境洗钱犯罪。本文通过分析地下钱庄的交易动机、交易方式及运作特点，掌握其运作规律，提出监管建议，以期实现精准打击，达到防范金融风险、维护金融稳定的目的。

一、地下钱庄的类型

地下钱庄是指犯罪分子以非法获利为目的，在未经国家有关部门批准的情况下，非法从事吸收公众存款、借贷放贷、私募基金、跨境汇款、买卖外汇、资金支付结算业务等违法犯罪活动的个人或组织。根据地下钱庄经营业务涉及的币种，主要分为本币型和汇兑型。

（一）本币型地下钱庄

本币型地下钱庄是指通过非法吸收人民币公众存款、高利贷、私募基金等进行非法金融活动的地下钱庄。

（二）汇兑型地下钱庄

汇兑型地下钱庄是指提供跨境汇款、买卖外汇、资金跨境支付结算等业务的地下钱庄。此类地下钱庄一方面为违法跨境转移犯罪资金提供通道，另

---

* 孟姝希，供职于中国人民银行营业管理部外汇检查处。

一方面将犯罪收益表面合法化，在一定程度上助长了恶性犯罪活动，对国家经济稳定危害极大。本文所涉及跨境洗钱的地下钱庄主要指此类。

二、地下钱庄的交易动机及交易方式

随着互联网技术迅猛发展，地下钱庄案件呈现犯罪手法隐蔽、跨境转移资金迅速、涉案金额大、交易结算方式多样化等特点。只有明确地下钱庄的交易动机、了解其结算方式及运作特点，才能够扼住其要害，增大打击力度。

（一）地下钱庄的交易动机

不同"客户"选择通过地下钱庄办理业务的动机各异，但大多数地下钱庄业务都伴随着上游犯罪活动，选择地下钱庄办理业务的动机主要有以下三方面：

1. 个人境外投资、境外赌博

目前我国不允许个人境外投资、个人境外购房汇款等业务无法通过合规渠道办理，部分人选择地下钱庄；个人去境外参与赌博，无法向银行提供真实性需求的材料，因而选择地下钱庄。

2. 骗取国家出口退税、诈骗政府奖励

出口退税本是国家对出口企业的优惠政策，但是被犯罪分子所利用。近年破获的多起地下钱庄案，都与通过地下钱庄转移资金、骗取国家出口退税有关，这严重损害了国家利益。

3. 洗钱

很多地下钱庄与洗钱密不可分，犯罪分子通过地下钱庄转移赃款，掩饰、隐瞒犯罪所得资金的来源和流转途径。

（二）地下钱庄的交易方式

随着互联网金融的发展，地下钱庄结算方式呈现出多样化、隐蔽性强等特点，具体有以下几种：

1. 现金

一是雇用多人携带现金、多次往返境内外；二是通过走私网络将现金偷运出境。此种结算方式比较原始，主要发生在边境地区，近年已较少使用。

2. 对敲

对敲是近年地下钱庄最常用的交易方式。当客户需要将资金转移至境外时，将人民币资金存入地下钱庄指定的境内账户，地下钱庄扣取手续费和汇差后，境外地下钱庄按照约定支付外币；当客户需要将资金转移至境内时，则反向操作。对敲方式实现了境内人民币、境外外币平行交割，在资金表面没有跨境的情况下完成汇款，交易方式十分隐蔽。

3. 通过银行办理

犯罪分子通过将资金掩饰成表面合规的资金实现跨境，譬如通过虚构贸易背景收付汇、跨境担保恶意履约、银行卡境外提取现钞、利用境内非法移机的 POS 机刷卡套现等。

4. 通过第三方支付机构办理

第三方支付机构打破了传统银行资金交易双方点对点的划拨方式，将交易分割为两个阶段，屏蔽了资金的来源和去向，隐藏两步交易过程的联系：第三方支付机构将客户支付指令传递给银行，银行将资金从客户账户划入第三方支付机构账户，第三方支付机构将其账户内资金划入最终账户。由于第三方支付机构方便快捷、隐蔽性强的特点，逐步成为地下钱庄青睐的交易方式。

三、地下钱庄的运作特点及治理难点

地下钱庄与洗钱犯罪有着千丝万缕的联系，助长了犯罪的滋生。只有掌握了地下钱庄的运作特点和治理难点，才能"对症下药"，有针对性地制定打击对策，实现精准打击。

（一）地下钱庄的运作特点

1. 交易手段隐蔽化

地下钱庄为逃避监管，交易手段越来越隐蔽，具体表现在以下三点：一是转移资金方式隐蔽。随着结算方式的变化，地下钱庄对资金的来源和去向隐藏得越来越深，公安部门和监管部门不易发现。二是客户身份、资金来源隐蔽。

地下钱庄不过问客户身份和资金来源，通过电话、网络等途径即可完成交易，使犯罪分子躲在幕后即可完成洗钱。三是不留存书面凭证。交易双方不签订合同，不留存书面凭证，给公安部门和监管部门调查取证带来很大困难。

2. 犯罪团伙专业化、网络化

地下钱庄经营者通常是家族成员或是同乡等亲近的关系，人员有组织、有分工。地下钱庄分布呈网络化，一个大的地下钱庄周围有几个小的地下钱庄与其配合。

3. 跨境交易隔断化

采用对敲型交易方式的地下钱庄，资金分别在境内外独立、平行清算，将境内外资金隔断。

4. 交易方式复杂化

犯罪分子企图通过多种不同结算方式绕开公安部门的追踪和监管部门的监控；有的通过银行办理跨境汇款业务时，利用假业务、真单证；有的通过资金流难以追踪的第三方支付公司办理资金跨境转移等。

（二）地下钱庄的治理难点

正是由于地下钱庄运作的特点，给公安部门和监管部门的侦查工作带来很大困难，具体有以下几点：

1. 交易方式隐蔽，发现难、取证难、突破难

一是交易方式隐蔽，发现难。二是交易不留凭证，取证难。三是没有明显的受害人，突破难。

2. 对地下钱庄经营者及参与者处罚较轻

目前，在司法实践中，通常以非法经营罪判处地下钱庄。广东省高级人民法院调研报告显示，2013—2016 年判处的 41 宗地下钱庄案中，被判处 5 年以下有期徒刑的占比 92.8%。非法获利如此之大、对社会危害如此严重的犯罪行为，以非法经营罪判罚根本无法起到震慑犯罪分子的作用。

四、地下钱庄洗钱的监管建议

打击地下钱庄是打好防范化解金融风险攻坚战、维护金融安全稳定、维

护外汇市场秩序的重要工作。只有坚持疏堵并举、打防结合，以地下钱庄反映出的对金融的需求为导向，在推进改革、完善制度、加强监管、警示宣传等多方面综合治理，才能铲除地下钱庄滋生的土壤，挤压地下钱庄生存空间，实现有效精准打击。

（一）提升科技防控能力

建议充分利用科技手段，提升监管和监控水平。譬如要求第三方支付机构为客户办理实名账户时，通过人脸识别、声纹等进行认证，确保账户所有人与实际控制人一致。

（二）完善相关立法及地下钱庄法律适用问题

完善"洗钱罪"的认定标准，明确"洗钱罪"的量刑，提高法律的可行性和威慑力。

（三）加强打击地下钱庄的工作宣传

一是使公众了解地下钱庄的危害，认识到不仅地下钱庄的经营者是违法的，通过地下钱庄交易同样是违规的，进而选择合规途径办理外汇业务；二是对金融机构和第三方支付机构从业人员进行培训，提高依法合规经营意识，防范从业人员不作为甚至参与地下钱庄犯罪活动；三是形成高压打击态势，对犯罪分子起到震慑作用。

（四）打造专业化的人才队伍

建议加强外汇检查队伍建设，对外汇检查人员开展反洗钱、法律和打击地下钱庄相关业务培训，邀请破获地下钱庄案件的外汇局和公安办案人员介绍经验，打造一支专业化的外汇检查队伍。

（五）疏堵并举

建议正视真实、合理的需求，一方面围绕国家宏观政策，稳步推进资本项目可兑换；另一方面通过正面宣传引导公众实需、合规办理外汇业务。

我国货币经纪公司外汇经纪业务发展现状及建议

一、我国外汇经纪业务发展现状

（一）行业准入管理，引入国际战略合作者

截至 2020 年 8 月，我国境内经批准已设立五家货币经纪公司开展外汇业务经纪服务，在业务开展、数据报送等方面受监管部门及自律机制规范。五家公司均为合资设立，中方股东绝对控股，外方股东均为世界发展处于领先地位的货币经纪公司。在设立初期，利用大型国际货币经纪公司在管理、网络建设、人才开发等方面的优势，为我国金融机构提供国际水准的经纪服务，随着货币经纪公司的本土化发展与经验积累，外方股东逐渐退出公司管理。

（二）业务范围有限，撮合大量外汇衍生品交易

我国五家货币经纪公司可以开展包括掉期、远期、期权等的人民币对外汇衍生品、外汇对外汇交易、外汇拆借等经纪业务。根据近两年银行间市场交易数据与货币经纪公司撮合成交数据估算，五家货币经纪公司撮合了大量外币拆借交易，特别是在外汇衍生品市场中起到了重要中介作用，撮合了一半以上的外汇掉期交易以及 90% 以上的外汇期权交易。

＊　吕晶，供职于中国人民银行营业管理部外汇检查处。

（三）服务对象集中，境内银行为主要客户群体

货币经纪公司外汇经纪业务服务对象涵盖境内与境外金融机构：境内金融机构主要为国有商业银行、全国性股份制银行、城商行、农商行、外资银行境内分支机构、证券公司等非银行金融机构；境外客户主要为境内银行海外分支机构。根据货币经纪公司撮合成交数据估算，货币经纪公司外汇业务前十名客户参与度高，占全部业务量的一半以上，这与银行间外汇业务交易集中在大型银行做市商、交易对手同质化严重的特点有关。

（四）收入来源单一，外汇业务佣金收入占比较低

根据我国五家货币经纪公司 2019—2020 年的年度审计报告，货币经纪公司主要收入为佣金及手续费收入，占比达 95% 以上，其中外汇经纪业务收入占比较低，均不足总佣金收入的 20%。一方面，外汇经纪业务收入与银行间人民币市场、外汇市场交易规模有关，另一方面，也是外汇经纪业务客户签约率低造成的。此外，货币经纪公司向数据商提供相关市场数据，也会获得对价作为营业收入的另一组成部分。

（五）以声讯经纪为主，经纪人能力为公司重要"无形资产"

货币经纪公司仅通过声讯方式以及路透、QQ 等即时通信工具向交易商提供经纪服务，没有专业化的电子经纪平台。交易撮合成交情况与经纪人信息获取数量与质量有很大关系，货币经纪公司的市场份额在一定程度上依赖对经纪人的获客与专业能力，所以公司主要费用为经纪人的薪酬支出。

（六）实践中存在境外货币经纪公司参与我国银行间市场经纪服务的情况

境外货币经纪公司境内市场获客能力有限，为接触境内机构客户，与境内货币经纪公司签订合作协议，与境内货币经纪公司共同提供经纪服务、撮合两方达成交易，并约定佣金分成条款。境外货币经纪公司逐渐积累境内机构客户资源后，直接接触客户模式就可能替代合作模式，在境内设立"工作室"维护客户资源，境外货币经纪公司就可以"远程"持续为境内机构客户提供经纪服务。

二、我国外汇经纪市场存在的问题

（一）同质竞争情况明显，引发不规范外汇市场行为

出于法律法规和市场发展阶段原因，我国货币经纪公司外汇经纪业务基本集中在衍生品等传统领域，业务品种有限。此外，与境外货币经纪公司合作的确能够为境内货币经纪公司带来较大收益，但也使境内货币经纪公司没有动力投入人力、物力主动获取境外机构客户；银行间外汇市场交易商主要为境内银行，客户群体较少。以上两个原因直接导致货币经纪公司争抢客户的局面，特别是交易量较大的客户，部分货币经纪公司为了保持市场份额，存在自发或协助交易商进行不当市场操作的情况，违反外汇市场管理规定或自律准则，影响我国银行间外汇市场的公平与效率。

（二）经纪服务签约率低，存在无效委托的法律风险

监管机构及自律机制相关文件中均明确规定经纪商与交易商应签署经纪业务服务协议，旨在有效保护各方合法权益。然而，当前国内交易商签约动力不足，为货币经纪服务付费的理念并未深入人心，货币经纪公司让步于市场竞争，为留住优质交易商以做大业务量，往往接受不签约提供服务，易引起法律风险与违约纠纷。

（三）经纪人员素质不一，外部培训认证体系尚未建立

当前货币经纪公司人力资源结构呈现出管理人员经验丰富、一线经纪人员素质参差不齐的情况，而监管部门尚未形成货币经纪业务的培训资格机制，自律机制组织的培训为货币经纪公司经纪人自愿参与，不作为行业准入的硬性规定，行业"门槛"偏低。

（四）服务方式传统，低利润与高风险并存

声讯经纪成本较高，交易撮合依赖经纪人与声讯交流效果，导致报价成交效率不高，交易的可追溯性、稳定性、安全性和保密性不能得到保障，易引起操作风险甚至违规行为，已越来越难以满足广大客户对高质量、高效率

经纪服务的要求，制约了经纪服务的进一步推广应用。

（五）数据用途不受规范，存在非公开数据销售现象

目前，外汇局文件明确规定货币经纪公司可以以自身名义在信息披露渠道发布人民币对外汇衍生产品报价与成交信息，但不得对外公布非公开信息。实际操作中，我国货币经纪公司通常与国际数据商或外方股东旗下数据公司进行数据共享合作，将人民币波动率、外汇掉期、期权等产品市场交易数据出售给数据公司，非市场公开数据流向境外，数据后续使用情况不受监管或自律组织管理，存在信息安全风险。特别需要指出的是，在境外货币经纪公司参与的境内经纪业务中，在合作模式下，境外货币经纪公司与境内货币经纪公司共享交易数据；在单独开展业务模式下，境外货币经纪公司更是能获得撮合产生交易的全部数据，境外货币经纪公司数据后续传播与使用情况不受监管部门或自律机制管理，非市场公开数据流向境外可能不利于我国金融市场信息安全。

（六）对境外货币经纪公司参与的经纪业务存在监管空白

目前，监管部门及自律机制均对境内设立的货币经纪公司做出规范，建立了较为完备的事前准入和事后监测机制，确保市场公平有效运转。但对于境外货币经纪公司开展的业务，监管仍处于缺位状态。在合作模式下，境内货币经纪公司与境外货币经纪公司签订的合作协议约束力有限，境内货币经纪公司并不能要求境外货币经纪公司对其客户进行符合我国法律要求的反洗钱调查、留存完整的交易记录以备事后检查。未获得我国货币经纪牌照的境外货币经纪公司在境内的"工作室"更是不受监管约束，能以各种手段抢占市场份额，有些地区的货币经纪公司可以开展自营业务，甚至以自身账户交易，不能完全保持中立，提供的客户报价可能不能真实反映市场实际情况，出现不当操作，给我国银行间市场规范健康发展埋下隐患。此外，境外货币经纪公司在境内设立"工作室"独自提供我国银行间市场经纪服务则不会报送数据，监管部门也无法实现相关业务数据的监测。

三、建议

（一）监管部门疏堵结合，缓解货币经纪行业恶性竞争现状

建议监管部门逐步丰富银行间市场外汇衍生品品种与其他外汇交易门类，适当扩大对货币经纪公司业务的行政许可范围。继续扩大市场参与者范围，引入更多的非银行金融机构和境外机构进入外汇批发市场，扩大货币经纪公司的潜在客户群体。大力支持行业发展，提高境内货币经纪公司的国际竞争力。优化对货币经纪公司的考核指标，将货币经纪公司在境外市场开发与经纪人才投入相关指标纳入评分体系，促进货币经纪公司在境外市场的逐步拓展与本土经纪人才的培养，为应对市场扩大与开放后带来的各种风险和挑战做准备。同时，严厉打击恶性竞争行为，引导货币经纪公司规范运行。

（二）提高行业法律意识，合力提升外汇经纪服务签约率

建议交易商加强落实监管与自律机构关于签署服务协议的规定，鼓励经纪公司充分自律，杜绝在未签署协议的情况下为交易商提供服务，有效防范法律风险。

（三）发挥自律组织职能，规范经纪人从业管理

建议建立货币经纪行业从业人员资格认证制度，参照银行从业、证券从业资格实践经验，由自律机制牵头制定教育培训、资格考试、从业经验年限要求、职业道德自律等认证体系。同时，将经纪人执业行为纳入现行自律监测体系，对违规经纪人采取警示、约谈、取消经纪人资格、报送监管机构等措施，促进货币经纪行业从业人员标准化、规范化、专业化业务水平的提高。

（四）引入电子经纪模式，充分发挥不同交易方式优点

建议监管部门逐步放开电子经纪服务模式，特别是在流动性大、标准化产品市场，允许货币经纪公司推出满足我国市场交易要求的电子经纪平台，提高效率、精简人力、降低交易成本，建立声讯服务与电子经纪相结合的混合经纪模式。

（五）明确数据使用要求，保障我国金融市场信息安全

建议监管部门规范数据公开内容、对象与使用要求，赋予货币经纪公司及相关主体数据安全管理义务，明确法律责任，要求货币经纪公司通过制定内部制度与设立系统监控等，对敏感信息与非公开信息进行管理，既充分发挥数据的最大价值，又防止数据被不当利用。

（六）逐步开放境内市场，引进外资货币经纪公司

建议国内自律组织吸收境外货币经纪商，对境外货币经纪公司在我国银行间市场交易提供的经纪服务作出统一的规范，允许境内银行间市场交易商加入自律机制、与符合国内市场经营要求的境外货币经纪公司签订服务协议，作为引进外资货币经纪公司在境内设立分支机构的过渡，抵制打击扰乱市场秩序开展经纪业务的境外"无牌机构"。在前期自律机制规范经验积累的基础上，引导规模大、资质好、运作规范的境外机构正式成为受我国监管的持牌货币经纪机构，促进我国银行间市场合规发展。

新冠肺炎疫情下北京地区外贸产业链发展机遇与挑战并存

于 莹[*]

一、全球产业链的主要特征及我国的产业特点

（一）全球产业链的主要特征

据 WTO 报告，2000—2017 年，全球供应链发生巨大变化，中国成为全球供应链上不可或缺的辐射中心，并成为亚太地区最重要的供应链主导国家。2000 年，全球供应链的三大主导国是美国、德国和日本。2017 年，中国取代日本成为亚太地区最大的供应链主导国，同时在全球供应链的影响规模、辐射范围上大幅超越 2000 年的日本。

目前，全球主要国家在产业链上呈现"三元格局"，即美国、英国主要输出服务业，货物贸易呈逆差状态，牢牢占据"微笑曲线"两端；以日本、德国为代表的老牌资本主义国家主要输出中高端制造业；中国经过 40 年的改革开放，在全球产业链上不断向中高端迈进，目前主要输出以机电产品、高新技术产品为代表的中高端制造业产品；而其他国家则总体以上游产品为主要输出标的（见图 1）。

（二）中国制造业的特点及在全球产业链上的薄弱点

中国制造业的特点是：从总量上来看，自 2010 年起中国制造业增加值超越美国，成为全球制造第一大国。2018 年中国制造业增加值占全世界的比重

---

* 于莹，供职于中国人民银行营业管理部国际收支处。

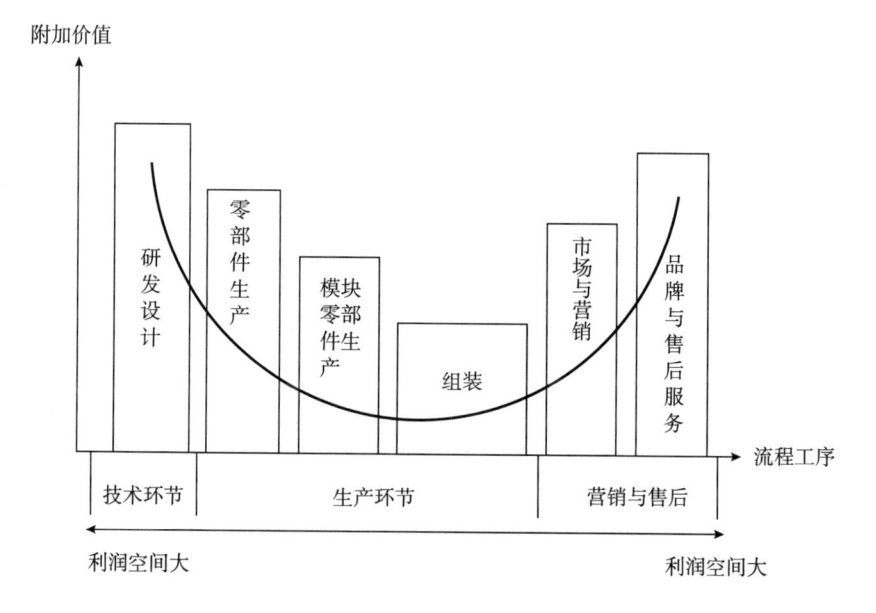

附加价值

研发设计

零部件生产

模块零部件生产

组装

市场与营销

品牌与售后服务

流程工序

技术环节　　　　生产环节　　　　营销与售后

利润空间大　　　　　　　　　　　利润空间大

图1　微笑曲线

资料来源：笔者整理。

达28%，是全球工业增长的重要引擎。从产业门类来看，我国是全球唯一拥有联合国产业分类中全部工业门类的国家。在全球500多种主要工业品中，我国有220多种工业产品，居全球第一。从产业演进角度来看，我国产业链全球最长、最全，同时不断向中高端迈进，主要出口产品已经从过去的传统劳动密集型产品转变为以机电产品、高新技术产品为代表的中高端制造业产品，在全球产业链上的分工不断优化。

但我国在全球产业链上有三大薄弱之处：一是2018年以来持续发酵的中美经贸摩擦暴露出我国在部分关键技术领域存在"卡脖子"风险。二是目前我国贸易结构依然是部分依赖加工贸易。虽然我国出口贸易结构不断优化，但2019年我国货物贸易出口中进料加工贸易的占比仍达26.3%。加工贸易严重依赖外需，易受贸易摩擦、疫情等因素影响。三是从各类商品的顺逆差结构来看，中国对以原油、铁矿石为代表的上游品种和农产品存在较高依赖度。以原油为例，2019年我国的原油进口量达50572万吨，进口额达到2413.2亿美元，原油对外依赖度高达72.6%。

二、北京地区外贸产业特点

一是出口以机电和高新技术产品为主，进口以原油为主。2019 年，北京地区进出口总额达 4160.8 亿美元，占全国的 9.1%。其中出口 749.8 亿美元，占全国的 3.0%；进口 3411.0 亿美元，占全国的 16.4%。主要出口商品有机电产品、成品油、高新技术产品等，其中机电产品和高新技术产品占北京地区出口总额的 62.9%；主要进口商品有原油、机电产品、高新技术产品等，原油占北京地区进口总额的 41.7%（见图 2）。

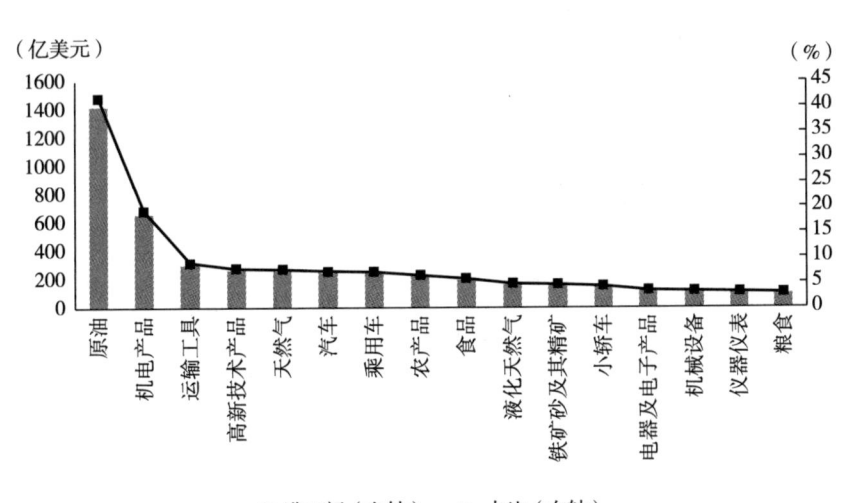

图 2　2019 年北京地区主要进口商品

资料来源：北京海关。

二是一般贸易占比持续提高，贸易结构持续优化。2015—2019 年，北京地区出口一般贸易占贸易总额的比重已由 54.8% 大幅提升至 76.4%，贸易结构持续优化。

三是总部经济特征明显。北京地区央企总部云集，成为我国大宗商品进口的主要地区，如 2019 年原油进口额占全国的 59.0%。同时 180 家跨国公司的地区总部设在北京①，跨国公司在全球布局设计、生产、销售等环节，因此使北京成为我国参与全球产业链最活跃的地区之一。

三、疫情对北京地区外贸产业链的影响

（一）疫情对全球产业链的影响阶段分析

一是疫情初期，中国所受影响最为严重。疫情停产停工叠加春节长假的影响，我国在全球产业链上率先按下"暂停键"，作为全球最大的制造业生产国和亚太地区最重要的工业链辐射中心，对全球产业链产生了第一轮冲击。

二是海外疫情逐渐蔓延到亚太、欧美等国家和地区。疫情蔓延一方面使部分国家相继采取了"封国""封城"等措施，对全球需求产生了抑制；另一方面由于这些国家多为贸易顺差国且在全球产业链上占据重要位置，因此对全球供给产生影响。

三是全球疫情暴发使我国出口受到海外需求减少的影响；同时，我国作为全球产业链上的需求国，疫情严重国家的供应链中断也对我国部分重要进口产品产生严重影响。除供需两端影响外，疫情导致欧美以及中东等地的部分港口停摆、国际货物航班大量减少，物流停滞同样将给国际贸易往来带来负面影响。

（二）2019 年北京与疫情严重国家的贸易依存度及特点

2019 年，北京地区与疫情严重国家②的进出口额占全部进出口额的25.2%，低于全国水平（33.2%）。目前疫情严重国家集中在欧洲、北美和亚洲，我们虽无法得到北京地区分国别进出口产品的明细数据，但从北京与这些国家贸易往来的特征可得出：

一是与全国形势不同，北京地区进口方向与疫情严重国家的贸易往来占比高于出口方向，同时，除与土耳其是小额顺差（2.8 亿美元）外，北京与

---

① 转引自 2020 年 1 月 20 日北京市商务局工作会议新闻稿。

② 本文中的"疫情严重国家"包括：美国、意大利、西班牙、德国、伊朗、法国、瑞士、英国、韩国、荷兰、奥地利、比利时、加拿大、土耳其、葡萄牙 15 国。

其他疫情严重国家均是贸易逆差。海外疫情的持续发酵将对地区进口产生严重影响，尤其是具有不可替代性的原材料、零部件等（见图3）。

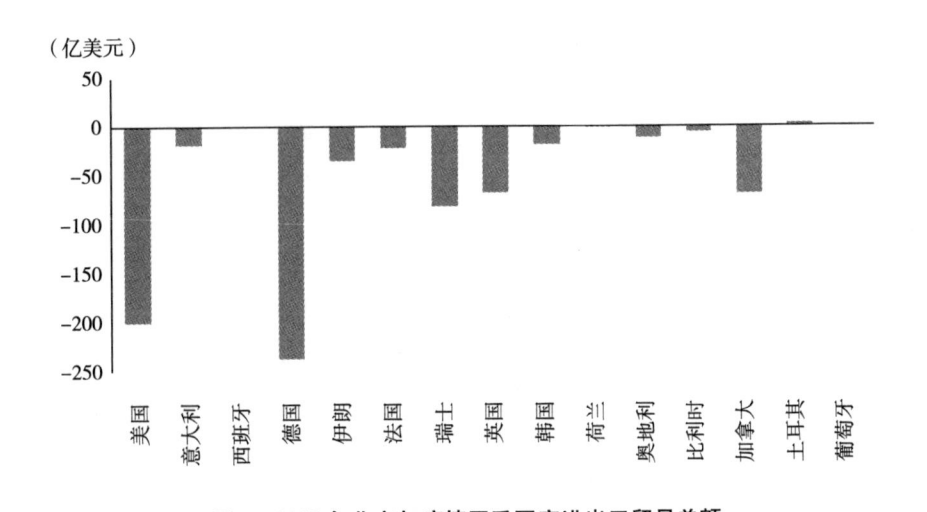

图3　2019 年北京与疫情严重国家进出口贸易差额

资料来源：北京海关。

二是北京地区聚集了 180 家跨国公司的地区总部，与出口传统贸易产品的地区不同，北京的全球供应链参与度更高，因此海外供应链上任何国家的进出口产品受阻都将对北京地区企业产生巨大影响。

三是疫情导致欧美以及中东等地的物流停滞、港口停摆对北京地区大宗商品进口产生了较大的冲击。

（三）从供需角度看疫情对北京地区产业链的影响

从出口端来看，全球疫情国生产生活需求暂停暂缓，将对北京出口链条上的行业与企业产生以下三方面影响：

一是出口到疫情严重国家的产品若需求弹性大或（且）具有可替代性，则产品出口将受较大负面影响。例如，2019 年，北京传统劳动密集型产品（如纺织服装、家具及零件、玩具等）、钢材出口额分别达 25.4 亿美元、23.4 亿美元，占总出口额的 3.4%、3.1%，这类产品的可替代性较大且产品的需求弹性也较大，疫情加剧将使这类行业受到较大冲击，或将加速地区传统劳动密集型产业（如纺织业）外迁。

二是若疫情国全球市场占有率高的产品受疫情影响供给受阻，考虑北京地区相关行业能否形成国内供给替代。疫情国在全球出口份额中占据领先地位的行业大体包括：计算机电子光学产品（韩国），光学及检验医疗设备（德国），化学制品（韩国），车辆及零部件（德国）。例如：韩国是集成电路的出口大国，三星、SK 海力士等企业技术与规模优势明显；德国在光学仪器、医疗设备、汽车及零部件等领域则占据领先优势；而我国在上述领域的出口份额相对靠后，且以中低端产品为主。

从生产技术、研发投入、出口竞争力的边际变化来看，北京地区在集成电路、面板等领域有望加速扩大全球市场份额。以集成电路为例，在 2014 年国家集成电路产业基金设立、2019 年国家集成电路产业投资基金二期成立等政策扶持下，北京地区集成电路龙头企业逐渐壮大，关键核心技术实现突破（如中芯国际宣布突破 7 纳米芯片技术），自主研发能力也逐渐增强。

三是随着国内供给恢复，疫情导致海外需求上升的行业将得到边际改善。海外疫情全面暴发催生了防护用具、医疗器械等相关行业产品的需求暴涨，国内生产线陆续复工将带来产能的恢复和提升，并推升北京地区医疗器械等相关企业的出口额。

从进口端来看，北京地区相关行业和企业所受影响如下：

一是自疫情国进口的低附加值商品可寻求替代，冲击不大。从疫情国进口的低附加值中间品或消费品，由于国内产品的替代弹性大，可转而寻求国内替代品，供应冲击较为有限。

二是自疫情国进口的高附加值零配件、设备面临涨价与断供风险。北京自美国、德国、韩国等地进口的高附加值精密零部件、仪器设备等，这类产品通常具备科技含量高、不可替代性强的特点。受疫情影响，这些国家供应的高附加值产品容易出现断供或涨价风险，使依赖其供应链的企业受损。

三是从疫情国供给受损的行业寻找"国产替代"机遇。随着我国技术水平的快速提升，疫情恶化之下若海外供给受损，对于部分产品，我们可以加快替代步伐，因此具有替代能力的行业和企业将迎来市场占有率提升的机会。如集成电路产业，2019 年我国集成电路进口额高达 3055.5 亿美元，是全球集成电路第一大进口国。随着国内相关领域研发的不断加速，部分技术已迈入世界第一梯队——2019 年 10 月中芯国际宣布 14 纳米芯片正式量产，7 纳米技术实现突破；兆易创新在 Flash 芯片上取得多项创新突破，并获得 AECQ100 认证。

四、主要结论

一是疫情下全球产业链大规模回迁的可能性较小。疫情的持续发酵，使部分国家的企业陆续停产停工，各国都将保全自身产业链安全作为重要考量，重新思考经济全球化的好处和风险的声音也越来越大。然而，通过分析全球进出口结构和产业链特征很容易发现，全球产业链源头很难发生变化，终端产品销售也很难改变，在整个产业链中，需要不断调整的主要是产品的加工工序。在全球分工深化产生的"三元格局"下，发达国家牢牢占据"微笑曲线"高附加值部分，产业回迁产生的经济利益难以覆盖其成本，因此大规模回迁的可能性较小。

二是疫情下北京地区部分外贸企业供需两端受到挤压，传统劳动密集型企业或将加速外迁。疫情对北京地区外贸产业的影响主要体现在：其一，北京地区部分外贸企业在供需两端受到挤压，短期内出口订单下滑、进口受阻、利润受损。其二，地区的传统劳动密集型行业受非首都核心功能疏解、中美经贸摩擦和本次新冠肺炎疫情等因素的叠加影响，或将加速外迁。

三是疫情或将加速形成北京地区部分高新产业的国内替代。从生产技术、研发投入、出口竞争力的边际变化来看，北京地区以集成电路为代表的高新技术等行业，在疫情国供应中断的背景下，或将加速形成国内替代，迎来新的发展机遇。

关于促进北京自贸区数字贸易发展的国内外经验借鉴和政策建议

潘洋帆　雨　虹　吴建伟　朱琳琳　孙　雪　李　淼　廖述魁*

数字经济已经逐渐成为世界经济增长的新引擎，数字贸易作为其中的关键内核，其相关产业优势在疫情时期发挥了重要作用，具有广阔的市场空间和巨大的发展潜力。人行营业管理部梳理了当前主要国际组织和国际规则发展进程、主要经济体支持数字贸易发展的相关政策，以及主要省市和自贸区的数字贸易先行先试的经验做法，针对促进北京自贸区数字贸易的发展提供相关政策建议。

一、数字贸易定义和主要国际组织规则

（一）数字贸易定义

数字贸易目前在世界范围内并没有被普遍认可的统一定义。从官方文本来看，经济合作与发展组织（OECD）指出目前尚未形成对数字贸易定义的最终共识，但数字贸易的基础是跨境数据交付，模糊了商品与服务的传统界限。美国国际贸易委员会将数字贸易定义为线上传输和交付的产品、服务以及智能终端等相关设备，包括电信服务、云计算、数字内容、电子商务平台、数字技术、搜索和社交应用服务六大产业。美国贸易代表办公室在其 2017 年 3 月发布的《数字贸易关键壁垒》中提出的概念则更为宽泛，称数字贸易不仅包括消费品在互联网上的销售和在线服务的供应，还包括使全球价值链成

*　潘洋帆、雨虹、吴建伟、朱琳琳、孙雪、李淼，均供职于中国人民银行营业管理部跨境办。廖述魁，供职于中国人民银行中关村中心支行。

为可能的数据流、使智能制造成为可能的服务，以及无数其他平台和应用程序。

（二）当前数字贸易国际规则和发展进程

一是世界贸易组织（WTO）数字贸易规则。WTO 的部分协定对数字贸易的发展做出了一些规范，但 WTO 在数字贸易领域还没有形成综合性协定，WTO 框架下的既有协议尚不能很好地解决数字贸易问题。虽然某个协定的某些条款有可能适用，但在实践中会遇到各类具体问题。2017 年底第 11 届部长会议 WTO 成员国联合发布的《电子商务联合声明》在一定程度上明确了数据的自由流动、禁止数据本地化的原则。但其他有关第二代数字贸易的规则几乎没有触及。

二是大型诸边自由贸易协定和区域自由贸易协定中的数字贸易规则。由于各成员国在制定数字贸易规则诉求方面分歧严重，谈判进展缓慢。因此当前的数字贸易规则大多集中于大型诸边协议和区域贸易协定框架下。其中，最具代表性的有国际服务贸易协定（TISA），这是由美国、欧盟主导，少数WTO 会员国参与组成的次级团体"服务业真正之友集团"（RGF）推动的贸易协定，致力于推动服务贸易自由化，涉及电子商务、跨境数据转移等新兴服务贸易领域。TISA 从 2012 年初启动至今，已进行了 21 轮谈判，目前成员国已就部分数据跨境自由流动及国际监管的协作条款达成共识。2013 年 10 月，中国官方正式宣布加入 TISA 谈判，但未获通过。跨太平洋伙伴关系协定（TPP）数字贸易规则。TPP 因美国的退出没有最终生效，但它是全球数字贸易发展和规则逐渐完善的缩影，其数字贸易规则被公认为是迄今最完善和标准最高的。特别是电子商务方面，TPP 制定了"跨境数据和信息流动"的整套规则和一些创新规定。

二、主要经济体数字贸易支持政策综述

以美国和欧盟为代表的发达经济体分别基于各自的利益诉求构建了"美式"和"欧式"数字贸易模板，并在区域贸易协定中大力推广。发展中国家在数字贸易规则制定中的话语权一直相对较弱。

以美国、欧盟、日本为例，其促进数字贸易发展的相关政策措施主要包括：形成制度保障环境并完善法律体系；夯实基础设施建设；建立专门组织机构；积极参与区域合作规则制定；推动产业渗透和融合应用；强化财政和人才投入。

（一）美国

美国数字贸易起步最早、发展最快、地位最强。在立场上，"美式模板"一直致力于实现跨境数据自由流动。一是 2013 年美国国会通过《数字贸易法案》，以立法的形式确立数字贸易的优先发展权。二是不断引领各类区域贸易谈判协议。比如，制定 America Crece 倡议以促进对拉丁美洲和加勒比海地区数字经济等私营部门投资。三是建立适应数字贸易发展的组织机构。2016 年美国贸易代表办公室专门成立数字贸易工作组，致力于统一协调数字贸易的核算和政策。

（二）欧盟

"欧式模板"的主要立场是在充分保障隐私基础上的数据跨境自由流动。一是提供良好的制度环境。2018 年，欧盟出台《通用数据保护条例》（GD-PR），统一了欧盟成员国关于数据保护的法律法规；2020 年 2 月，欧盟发布《欧洲数据战略》，计划五年实现数据经济所需的政策措施和投资策略。二是强化财政支持力度。2020 年 5 月，欧盟公布总值达 7500 亿欧元的复苏计划，为发展绿色经济、数字化转型等提供财政支持。三是推动数字经济产业融合。2020 年 2 月，欧盟发布《人工智能白皮书》规划，围绕构造"卓越生态系统"和"信任生态系统"人工智能体系框架，通过公私部门合作调动整个产业链资源。

（三）日本

日本拥有全球最大的跨境电商出口市场和全球第三大电子商务市场，市场规模仅次于美国和中国。一是政府引领前沿成果转化研究。日本每年根据数字技术与产业创新前沿定期发布《科学技术创新战略》。二是培养数字化人才。2020 年，日本发布《综合创新战略》，旨在加强人工智能等重点领域人才培养，确保在 2025 年之前每年培养和录用几十万名 IT 人才。三是积极参与区域多边规则制定和项目开发。通过签署《跨太平洋伙伴关系全面进步协定》（CPTPP）以及《日欧经济伙伴关系协定》（EPA），逐步提升其在全球数字贸易中的话语权。

三、我国主要省市及自贸区数字贸易支持政策综述

近年来，我国各个省市自由贸易试验区建设成为数字贸易发展的"试验田"，各地以自贸区建设为基础，以数字经济为方向，搭建多方协作平台，充分开展数字贸易先行先试工作。主要可归纳为以下几个方面：一是夯实基础设施保障，建设数字贸易服务平台，实现信息资源共享和互联互通；二是设计中长期数字发展规划，分时段和分重点领域进行战略布局；三是重点打造示范项目和示范园区，发挥引领带动作用。

（一）上海

2019 年 7 月，上海市商务委员会等九部门联合制定《上海市数字贸易发展行动方案（2019—2021 年）》，加快形成数字贸易开放创新体系；8 月，《中国（上海）自由贸易试验区临港新片区总体方案》发布，要求"新片区内要发展跨境数字贸易"；10 月，第十七届上海软件贸易发展论坛会上，启动数字贸易交易促进平台，并在临港新片区设立分站。

（二）广东

2018 年 8 月，广东省政府印发《深化中国（广东）自由贸易试验区制度创新实施意见的通知》，将建设全球报关服务系统（即国际贸易数字化服务平台）列为广东自贸区 2018 年 20 项制度创新举措之一。2019 年 4 月，广东自贸区正式上线国际贸易数字化综合服务系统。

（三）海南

2020 年 6 月，国务院发布《海南自由贸易港建设总体方案》，提出"聚焦平台载体，提升产业能级，以物联网、人工智能、区块链、数字贸易等为重点发展信息产业"。中国丝路集团将把联合国数字贸易基础设施平台和消费者权益保护项目落地海南，并先期引入海关总署贸易直通车和跨境电商平台等项目。

（四）浙江

2019 年 9 月，浙江省政府办公厅印发《关于进一步推进中国（浙江）自由贸易试验区改革创新的若干意见》，提出打造"自贸试验区联动创新区"；12 月，批复同意设立杭州、宁波等 6 个浙江自贸区联动创新区。

四、对促进自贸区大兴片区发展的政策建议

一是构建数字贸易法律制度体系。一方面，合理运用和对接现有国际数字贸易规则体系，全面研究世界贸易组织以及美欧主要国家针对数字贸易的规则，推动北京市数字贸易建设工作融入国际主流规则，为参与全球数字贸易竞争与合作奠定基础；另一方面，在尊重国际主流规则的基础上，制定符合北京市具体情况的数字贸易法律法规、规章制度以及监管细则等制度体系，做好顶层设计。

二是夯实数字贸易基础设施建设。重视数字贸易基础设施建设，以互联网技术为先导，搭建并提升数字贸易全产业链信息化水平，建立包括政策法规以及市场主体信息的数据库，以及数字贸易交易全流程平台，突出开展数字贸易的应有之义，提升北京市数字贸易工作效率。

三是强化多方支持数字贸易力度。数字贸易涉及工信、海关、商务、外汇和跨境人民币管理、税务、市场监督、邮政等多部门，因此应多方联动形成工作合力，对从事数字贸易的市场主体进行数据和信息共享，实现监管与服务并重。同时，结合现实情况与业务发展趋势，基于市场主体真实合理的业务需求，推进北京市数字贸易工作向纵深拓展。

四是提升数字化人才培育和普惠包容的治理水平。一方面，加强重点领域人才培育投入，加大财政资源向高校等创新理论研究领域倾斜的力度；另一方面，推动劳动者权益保护等相关法律规制的修订完善，以新的治理思路适应新的经济关系。

借鉴全球资管经验　加快北京国际资管中心建设

李浩举　廖述魁[*]

伴随着中国资本市场逐渐走向成熟与中国金融业进一步开放，海外资管巨头加快了进入中国的步伐。本文梳理了境内外资管中心建设相关经验做法，建议北京借鉴相关经验、主动布局，结合国家服务业扩大开放综合示范区和自由贸易试验区的双重优势，搭建平台、聚合产业、培育人才、完善税制，加大力度吸引境内外资管机构，加快发展全球资产管理，提高产业资本和金融资本在全球配置的效率。

一、资管行业的发展趋势

2019 年全球资产管理规模约 88.7 万亿美元，管理费等相关收入达 2960 亿美元。2019 年末，中国成为仅次于美国的第二大单一市场，资产管理规模增长约 10%，达 7.3 万亿美元。虽然市场飙升，资产流动达到十年来最高水平，但是全球资管行业依然面临利润增长承压、头部效应愈加明显、费率战愈演愈烈、监管趋严、运营成本持续上升等多重压力，深度融合金融科技完成转型成为资管机构共识。近年来，在监管、市场、资金等因素的共同驱动下，中国资管业务成为重要的金融业增长点，随着金融业对外开放的扩大，境外专业资管机构纷纷进入中国市场。

---

* 李浩举，供职于中国人民银行营业管理部资本项目管理处。廖述魁，供职于中国人民银行营业管理部金融稳定处。

二、国际资管中心的发展经验

纽约、伦敦和新加坡的经验共同表明：健康的资本市场、成熟的监管体系、稳定的长期资金、优惠的税收环境、丰富的金融人才是建设国际资管中心的必备条件。

（一）具有深度与广度兼备的本土资本市场、高度集聚的头部资管机构

全球排名前 20 的资管公司中有 13 家总部设立在美国、7 家位于欧洲。纽约拥有最大的资本市场容量，拥有优质资产和丰富工具，为资管机构创造了极佳环境，英国伦敦、中国香港、新加坡、卢森堡等资本市场发达地区的资管行业亦在全球处于领先位置。其中，新加坡将发展资产管理市场和债券市场作为建设世界级国际金融中心的两大主要突破口，成为亚洲首要资产管理中心。

（二）具备以功能监管为导向的监管思想、优越的监管环境

在欧美发达国家，资管市场参与主体繁多，监管部门按照资管产品特点采用功能监管，形成了各自资管行业的统一框架。例如：英国由英国金融市场行为监管局（FCA）对所有在其境内注册的金融机构进行严格监管，FCA 重视投资者权益保护和提高市场公信力，达到了鼓励投资的目的。新加坡政府统一了金融监管体系，由新加坡金融监管局（MAS）统一发放资管市场牌照（CMS），以风险监管为导向，搭建新加坡金融市场风险监管框架，对新加坡资管行业统一监管，构建了稳健、安全、基础设施完善的金融服务环境。

（三）发展养老金等机构化资金，为资管市场提供长期稳定资金来源

长期稳定的机构化资金，能够减少资本市场的波动率。提升市场定价的有效性、带动资产价格稳健上涨。2018 年，美国资本市场长期共同基金中养老金占比达到 53%。伦敦市场中由机构投资者持有的市值连续四年超过

85%，养老基金连续五年均为资管市场最大资金来源。新加坡政府将政府基金交由私营基金公司进行管理，使新加坡资产管理公司在短时间内迅速壮大。一方面，新加坡政府的中央公积金投资计划（CPFIS）有关规则进一步放松，以鼓励会员允许专业资管公司管理可供投资的基金；另一方面，补充退休计划（SRS）着手为个人退休金储备更多资金，带动资管业需求。

（四）出台优惠的税收政策

2013 年，英国政府开始实施投资管理战略，重点是改善英国税收制度，英国的公司型基金（OEIC）及信托型基金（AUT）均适用 20% 的企业所得税，是 G7 和 G20 国家中最低的；设立在英国的基金公司可利用大约 120 个双重征税协议以避免双重征税，新加坡推出多维度税收激励政策扶持资管业务：金融管理局推出《金融部门激励计划》（FSI），对债券市场、衍生品市场、股票市场和信贷联合企业等高增长、高附加值业务的收入，按 5% 征税，金融部门奖励公司符合资格的收入按 12% 缴税，税收激励期可持续五年、七年或十年，新加坡经济发展局（EDB）还出台了十项税收优惠计划与三项资金补助计划，经批准的金融和资金管理中心（FTC）公司有资格享受 8% 的企业所得税减免税率，奖励期为五年。

（五）培养优秀的金融人才，完善人才再造计划

伦敦的金融从业人员占比一直保持在 25% 左右；纽约的金融从业人员占比保持在 10% 左右；中国香港、新加坡和东京的金融从业人员占比为 5%～6%。[①] 为适应金融科技的迅速发展，新加坡在 2017 年推出 ITM 金融服务行业转型地图，规定每年将在金融服务领域创造 3000 个净工作岗位，并在金融科技领域每年增加 1000 个净工作岗位。为解决金融市场对人才的持续需求，MAS 联合新加坡银行和金融学院推出了《专业转换计划》，帮助处于职业生涯中期的人员在金融行业新发展领域开启新的事业。

---

① 2018 年，上海金融从业人员约为 36 万，约占就业人数的 3%；北京金融从业人员约为 55 万，约占就业人数的 9%。

三、北京发展全球资产管理面临的国内竞争

（一）对比上海，吸引外资能力略逊一筹

上海是我国金融市场体系最完备、金融要素市场体系相对完整的城市，有着健全的金融机构服务体系、多样化的金融产品和不断创新的金融服务。随着我国金融业对外开放政策的深入实施，大量外资资产管理机构涌入上海，截至 2019 年 6 月，已有 56 家国际知名资管机构在陆家嘴设立了 77 家各类资产管理机构，集聚跨国公司总部 107 家。据中金公司不完全统计，国际知名资管机构中，有 27 家在上海设立外商独资资产管理公司；在中国证券投资基金业协会备案的 25 家外商独资私募证券投资基金管理人（WFOEPFM）中有 24 家落户上海，北京目前仅引入橡树资本和丰裕汇理。

（二）对比深圳，金融创新生态环境略显不足

深圳"大市场、小政府"的金融创新生态环境更加明显。深圳市政府出台了一系列公开透明的政策来扶持金融业发展。吸引支持总部经济和金融机构的政策包括一次性落户奖励及搬家补贴、增资奖励、购地支持、购置/租赁自用办公用房补助等。为促进前海金融业集聚创新发展，对在前海注册及新迁入前海的金融及其他相关企业，予以全方位扶持。深圳市财政每年安排5000 万元专项资金，加强金融人才队伍建设；每年提供专项资金鼓励金融创新，2019 年有 405 亿元专门财政资金用于支持各类产业发展的专项资金。

（三）北京在监管、金融、科技方面优势明显

北京作为首都，总部群聚优势明显，监管中心功能突出，国际金融组织汇聚，核心市场定位凸显，是金融资产规模最大、大型金融机构最多、金融风险管控最好、金融科技最活跃、高校科研院所云集的城市。随着北京设立以科技创新、服务业开放、数字经济为主要特征的自由贸易试验区，"国家服务业扩大开放综合示范区"和"自由贸易试验区"的政策叠加，将为发展全球资产管理创造得天独厚的优势。

四、加快发展全球资产管理的建议

（一）在北京建立基金产业集群，形成产业影响力

参考美国格林尼治基金小镇和杭州玉皇山南基金小镇先进经验，建立以市场为主导的基金产业集群。发挥政府服务引导作用，为基金公司搭建一站式服务平台，提供绿色通道及定制化服务；降低入驻公司运营成本，支持产业群内部试点金融创新，以快速实现金融产业集聚效应和规模效应；完善金融配套产业，建立打通产业链服务体系，多渠道引入社会资金；建立产业集群相关的投融资信息交流平台，整合产业群资源。

（二）搭建全球视野的资产管理人才培育平台

完善高端人才激励机制，探索试点特殊的个人税收优惠机制；在国际化人才流动、资质互认等方面进行试点，完善境外人员服务平台和公共服务，解决国际金融人才落户、住房、教育等问题；合理制订人才培养和引进计划，对北京市资产管理行业人才进行子行业细分、层次需求细分，做出长、中、短期的人才需求规划，制定合理的人才培养、引进规划。

（三）加大力度吸引境内外机构入驻北京，鼓励中资金融机构与国际资管机构加深合作

为推进外资设立证券经营机构、基金管理公司，外资占股比限制从 51% 提高至 100% 的政策在北京率先落地；建立海外优质资产管理公司"白名单"，鼓励海外资产管理公司在京设立 WFOE（外商投资企业），为个人投资者提供配置海外资本市场的新渠道；试点外资机构与大型银行在北京合资设立理财公司；试点保险资产管理公司参股境外资产管理机构等在北京设立的理财公司；鼓励北京地区的中资金融机构为国际资管机构进入中国市场提供交易相关服务。

（四）完善资管行业税收体系设计

国际资产管理公司管理全球资产不重复征税是国际惯例，也是在北京管

理全球资产（而不仅仅是在岸资产）的必备条件。建议政府明确税收政策，避免重复征税，与监管部门共同研究先行先试，为资产管理机构配置全球资产扫清障碍。借鉴深圳经验，试点对总部机构和资产管理等重点行业的高管个人所得税实行先征后奖（见表1、表2）。

表1　全球主要地区资管行业税率　　　　　　　　　单位:%

国家和地区	公司所得税税率	业主缴纳社会保险税率	个人所得税税率	雇员缴纳社会保险税率	间接税率
美国	27.00	7.65	37.00	7.65	0.00
英国	19.00	13.80	45.00	2.00	20.00
新加坡	17.00	17.00	22.00	20.00	7.00
中国香港	16.50	0.00	15.00	0.00	0.00
北京	25.00	32.90	3.00~45.00（20.00）[1]	10.50	6.00（3.00）[2]

资料来源：KPMG、《外资资管机构北京发展指南》。

表2　2018—2020年资管行业监管新规

年份	名称	内容	对资管公司的影响
2018	金融工具市场指令（第二版）（MiFID Ⅱ）	大幅提高对交易报告的要求，要求披露更多基金运作中的数据	提高了运营成本和基金运作的透明度
2019	高级管理人员及认证制度（SM&CR）	高管任命前必须经FCA批准；对于可能对投资者、机构及市场规范造成重大影响的部门和人员需定期检查及认证；从业人员以及高管应遵守相应的行为准则	提升内控成本，加大了员工培训成本
2020	伦敦银行同业拆借利率改革	因操控丑闻，英国金融行为监管局表示，2021年之后不再强制对LIBOR进行报价，LIBOR将逐渐被取代	相关的产品、估值模型、风控模型等均需进行调整

资料来源：笔者整理。

----

① 综合所得（包括工资薪金等所得），适用3%~45%的超额累进税率；利息、股息、红利所得，财产租赁所得，财产转让所得和偶然所得，适用比例税率，税率为20%。

② 对于增值税一般纳税人，增值税税率根据收入类型而变化，金融行业通常适用6%的增值税税率；对于小规模纳税人而言，增值税征收率为3%。

第五篇

综合管理篇

Integrated Management

全球法人机构识别编码（LEI）应用场景及政策建议

曾志诚*

一、全球法人机构识别编码（LEI）应用推广

（一）我国 LEI 发码量有所提升

截至 2020 年第三季度，我国发码量 2.9 万，占全球发码量的 1.74%（第二季度 1.68%）。其中，第二季度年检率 56.8%（第一季度 45.8%），发码量和年检率都有所提升，从年检率来看，我国不再是最低的 5 个司法管辖区之一。

（二）我国开始对 LEI 实施监管

目前，我国 LEI 规则覆盖了衍生品（仅香港）、证券法规、信用评级机构、银行监管、海关领域、动产质押融资等领域。其中，香港金融管理局（HKMA）和证券及期货事务监察委员会（SFC）要求在场外衍生品市场必须使用 LEI。

（三）我国 LEI 应用试点

目前，我国已经完成金融机构编码中银行业存款类与非存款类机构、证券业机构、保险业机构及部分小贷公司的批量赋码。中国 LEI 系统已与中国外汇交易中心、上海黄金交易所、中国互联网金融协会、互联网清算有限公

---

* 曾志诚，中国人民银行营业管理部副主任。

司、跨境银行间支付清算有限责任公司、中央结算公司 6 家机构开展 LEI 批量赋码试点工作。此外，中国 LEI 系统与阿里巴巴旗下平台开展跨境企业客户批量赋码试点工作，已完成首批相关平台机构的赋码①。

（四）我国探索 LEI 在跨境法人数字化身份识别中的应用试点工作

中国金融电子化公司与中国银联、跨境银行间支付清算有限责任公司、中国工商银行、中国银行、中国建设银行、招商银行、江苏自贸区、中金金融认证中心等单位联合开展跨境法人数字化身份识别分批试点，探索 LEI 在跨境法人数字化身份识别中的应用②。现已取得阶段性成果：在直联模式中，中国建设银行 3 家机构客户通过建行试点接口成功注册了 LEI 编码；在间联模式中，已有 122 家机构通过 CFCA 云平台及其代理机构（包括中国银行、CIPS 等）获得了带有 LEI 字段的数字认证证书。

二、我国 LEI 编码应用推广中面临的问题

（一）我国 LEI 规则覆盖范围有限

目前，我国 LEI 规则覆盖衍生品（仅香港）、证券法规、信用评级机构、银行监管等部分领域，而衍生品、资产管理、资产证券化、证券融资交易、保险监管、机构处置、支付服务、信用等级等领域，尚未出台相应的 LEI 规则。鉴于 LEI 覆盖率与监管强制性呈现正相关性，LEI 规则覆盖范围有限，由此导致我国 LEI 覆盖率相对较低。

（二）我国已存在多种类型的国内机构编码

主要表现为中国金融市场中法人机构识别编码（LEI）、统一社会信用代码、金融机构编码等国家层面的统一编码，也包括金融市场基础设施自行制定的识别编码。现有识别编码的存在，降低了监管部门强制推动使用 LEI 的积极性，特别是企业开展有限跨境业务的市场，也使各金融机构缺乏动力主

---

①② 中国人民银行. 中国金融标准化报告［M］. 北京：中国金融出版社，2019：54.

动申请 LEI 编码。

（三）我国金融机构对 LEI 体系缺乏认识

目前，人民银行免费为企业客户进行批量赋码，我国多数机构属于被动注册 LEI 编码；另外，一些已开展海外业务的机构注册和使用 LEI 编码仍主要是为了满足境外对手方当地监管的要求，以避免本机构国际业务受到影响。由于各机构对 LEI 体系仍缺乏充分认识，主动申请 LEI 编码的可能性更小。

（四）我国 LEI 数据质量问题

一方面，LEI 应用和维护率相对不高，我国内地 LEI 续期率为 57%，中国香港 LEI 续期率为 74%，低续期率影响数据质量问题。另一方面，第二层级关系数据缺失，不足以满足需要。中国香港指出只有 10% ~ 20% 相关法人提交了关系数据，我国内地 17% 相关法人提交了直接母公司信息，22% 相关法人提交了最终母公司信息。中国内地近期才对 LEI 进行监管，母公司没有 LEI 是母公司信息未报送的主要原因。

三、对我国推广 LEI 编码的思考

（一）拓宽 LEI 覆盖范围

一方面，加强 LEI 编码监管要求。监管部门的强制要求是提高 LEI 使用率的必要、首选方法。考虑采用自上而下的模式，在市场准入和信息报送工作中对 LEI 编码的使用提出明确要求，推动金融市场基础设施及重要金融市场成员的共同参与。另一方面，拓展 LEI 在数字认证、KYC、支付报文、贸易/供应链融资提效等新领域的应用。

（二）考虑我国现有识别码与 LEI 的映射

我国建设各种国内识别码已花费了大量的成本，并取得一定成效，考虑将现有识别码映射到 LEI，降低 LEI 的申请与宣传成本，也可以避免因编码种类繁多造成的资源浪费和信息管理复杂等问题。目前，统一社会信用代码在国内已基本实现全覆盖，建议在 LEI 编码的编制规则中充分考虑与统一社

会信用代码的映射性。

（三）多途径宣传 LEI 编码

建议利用研讨会、宣讲会、会议等方式进一步提升 LEI 编码的影响力和辐射范围。鉴于我国机构多为被动注册 LEI 编码，对 LEI 编码缺乏系统的认识，我国应多途径、多频次宣传推广 LEI 及 LEI 带来的好处，介绍全球 LEI 体系情况，全球及我国 LEI 实时进展、LEI 注册方式、流程及 LEI 的用途。

（四）改进数据关系可用性和质量

从全球及我国 LEI 应用实践可知：一方面，鉴于 LEI 呈现出受监管要求强制驱动的属性，建议制定未来的续期实施要求。另一方面，加强关系数据收集。第一，针对子公司拥有 LEI 而母公司没有 LEI 的情况，通过建立公司目录的形式，重点跟踪推进；第二，倡导我国跨国企业申请 LEI；第三，引入 LEI 关系数据完整度标识。

新冠肺炎疫情对营管部应急采购工作的启示

李 杰 吴树云*

2020年初的新冠肺炎疫情给整个社会带来了巨大冲击，全社会进入抗击疫情中。其中，抗疫物资的严重短缺给物资采购部门带来了前所未有的挑战。营管部后勤需面对口罩、酒精等防疫物资急剧短缺，供需失衡以及产品质量难以保障等巨大压力，这种情况引发我们对于采购工作新的认识和思考。比如我们需要对应急采购工作的重要性、目前存在的问题、解决方法以及如何做好应急采购管理工作等进行探讨，以便日后更好地处理类似情况并总结经验加以借鉴。

一、应急采购的意义

应急采购是以提供突发性自然灾害、事故灾难及公共卫生事件所需应急物资为目的，以追求时间效益最大化和灾害损失最小化为目标的一种特殊的采购活动。对于应对突发事件而预先进行采购、储备和准备活动等均属于应急物资采购范畴。应急采购对各单位的抗灾工作和复工复产至关重要，甚至关系到地区和国家的发展恢复。具体到此次抗疫对于本单位的重要性体现在以下四个方面：

第一，良好的应急采购工作可以有效保障全体员工的生命健康安全，降低聚集传播和高传染性灾害风险。

第二，良好的应急采购工作不仅可以保障营管部完成正常履职任务，更是为完成本次疫情中金融支持实体经济发展及稳企业保就业等重要政策落实

---

* 李杰、吴树云，均供职于中国人民银行营业管理部后勤服务中心。

工作的强有力的后勤保障。

第三，良好的应急采购工作可大大提升救灾和采购效率。及时、足量、安全的应急物资可以有效避免疫情发生和传播。

第四，良好的应急采购工作可以极大降低采购风险。避免紧急状态下的采购工作出现应急物资稀缺、采购失序等采购风险。

二、营管部应急采购工作的现状和问题

（一）应急采购的制度依据不足

由于目前我国尚未出台国家层面的应急采购管理办法或制度规范，因而当发生紧急重大灾难时，市场常出现应急物资短缺，各采购部门往往为快速获取物资而导致无法按常规采购，从而引发任意采购和无序采购等带来的采购风险。

我国现在实施的 2003 年 1 月 1 日出台的《中华人民共和国政府采购法》，是适用于社会正常有序运行情况下的采购行为，而不包含重大灾害紧急情况的采购。其中第 85 条规定："对因严重自然灾害或不可抗力事件所实施的紧急采购和涉及国家安全和秘密的采购，不适用本法。"之后，虽然在 2007 年 11 月 1 日实施了《中华人民共和国突发事件应对法》，但也将应急采购相关问题划分到例外情形中，对灾后应急物资采购与保障也未作出明确规定。而人行营业管理部在 2017 年试行的《中国人民银行营业管理部零星采购管理办法》亦是对"因自然灾害等不可抗力因素，而需紧急采购的"情况排除在外。因此，对于采购部门的应急采购工作没有相应的制度规范可以参考。

正常环境下，使用《中华人民共和国政府采购法》可以体现规范透明、公平有序等优势，但紧急状态下使用该办法会使采购模式僵化和采购活动迟滞。因为在紧急情况下，供应商往往比正常时期需要更长的备货时间和更高的价格，采购方如果完全按照《中华人民共和国政府采购法》等执行很可能导致采购延误，以及出现先采购后补手续等程序混乱的情况，会降低采购效率，增加采购风险，同时导致采购监督管理制度缺位。

（二）供应商管理欠缺

应急条件下市场物资的资源稀缺性要求物资采购必须加强供应商管理，强化对物资市场资源的全面掌控能力。应急物资采购的特点决定了我们无法和日常采购一样花时间对供应商进行大量调查询问和选择，只能利用正常时期收集掌握的供应商有关信息并保持足够的联系，从而向供应商采购物资。

目前，营管部有两家通过招标方式确定的医用物资采购合作供应商，是为了满足常态下员工的日常医用需要。但在此次应急物资采购供不应求的状态，两家供应商均处于无货状态。采购人员能够从其他渠道找到货源已属不易，机会稍纵即逝，常常是先把物资占下再谈其他条件，根本无暇货比三家，对供应商的商品价格、服务等方面的要求更是退而求其次了。因此，解决供应商层面暴露出的问题对于应急采购同样非常重要。

（三）应急物资储备不足

储备物资对于防控突如其来的疫情发挥着重要作用。此次应急物资供应受到产能有限、生产企业复工延迟等影响，现货变得十分稀缺，难以满足需求。据我们所知，当采购部门发出需求，再到生产企业加速开展生产和供应，没有一定的周期是无法完成的，这段时间如果有足够的储备物资将起到至关重要的作用。

营管部的库存现状是，在日常情况下对于口罩、酒精等物资需求极少，再加上医用物资的保质期限和保存条件的限制，医务室对医用物资的储备几乎是零库存，放置于医务室内的医疗物资足够满足日常所需。平时若需要，直接向供应商提前订货即可。然而，在应急状态下，医务室的这点库存对于当时抗疫物资的需求是杯水车薪，况且救灾物资在应急市场状态下很难快速和大量购得，也很难由其他物资代替，为避免在紧急状态下因备货不足而带来的更大风险，提前进行救灾物资的采购和储备显得非常重要。因此，通过此次疫情，在防疫物资急需却难求的情况下，我们有必要对应急物资储备方面遇到的问题加以总结和改进。

（四）京东慧采平台有待进一步优化

电子商务采购比传统的采购模式具有明显的优势，采购部门可以在平台上快速寻找到更多、更好、价优的物资，降低采购成本，提高采购效率。

2019 年 7 月 1 日，营管部开启了京东慧采平台电子商务采购模式，主要用于营业管理部办公用品的采购，它是针对企业用户定制的网上采购平台，将互联网的线上采购与营业管理部内部审批流程相融合，实现了办公用品采购的便捷、高效、透明。

由于该业务模式还不完善，在此次突发疫情的采购中其特有的作用未能被充分利用起来。具体原因是京东慧采平台上没有独立医用防护物资商品库，有医用资质的供货商又未与该平台合作，包括口罩、酒精、消毒液等在内的防护用品均未在该平台上架。所以，此次的线上采购全是在其他平台上寻找有资质的供货商进行采购，京东慧采和营业管理部内部相结合的审批流程也未能被利用起来。因此，既要找到有资质的供货商，又需要一定数量的物资以及快速的物流、合理的价格，同时还要符合流程等，这种种要求给应急采购工作带来极大困难。如果有一个应急物资采购平台，可有效地解决上述问题，将大大提高应急采购工作质量。

三、对应急采购工作的几点建议

（一）制定应急采购管理办法

习近平总书记在此次新冠肺炎疫情暴发后，多次指出当前应着力建立国家统一的应急采购供应体系，对应急增援物资实现集中管理、统一调拨、统一配送，推动应急物资供应保障更加高效安全可控。总书记的讲话对应急采购保障工作有着重要的指导意义，笔者认为，本单位为完成应急采购任务、预防应急采购风险，可根据政府对应急采购工作的相关政策和《政府采购法》及《中华人民共和国预算法》制定适用于本单位的《应急采购管理试行办法》，切实提高应急采购工作的规范性和高效性。

首先要确定适用情形，根据自身可能遇到的问题并借鉴其他地区曾经遇到的灾害情况以及历史经验梳理预判可能发生的危机。比如北京地区2012 年 7 月 21 日发生的暴雨灾害，另外还可延伸水、电、气、通信、网络等发生的紧急故障事项等。其次根据应急事项所需物资确定采购目录、采购方式、操作流程等，采购程序尽量简化，让处于特殊时期的一线应急采购人员有明确的理论制度和方法支撑，提高应急采购效率，防范应急采购风险。

（二）加强供应商管理

1. 建立供应商信息库

搜集整理正常时期和前期应急采购中以及应急采购目录中所需供应商和应急物资信息，在确定供应商资质的基础上，对供应商进行综合评估，建立完整的供应商数据库，并选出几家较好的供应商与其建立战略伙伴关系，进行长期稳定合作，以备在紧急情况发生时能为我们提供应急保障，以节约应急采购时间和降低采购成本。

2. 与供应商协商期权采购

期权采购借鉴金融衍生品——期权合约而来，是指在突发事件发生前，采购方与应急物资供应商签订期权协议，规定应急物资的采购价格和期限，在此期限内采购方有权力按照约定价格决定是否进行采购。当采购部门有应急采购需求时，供应商有义务按协议价格供货；若没有需求，采购方应支付供应商约定的预备费。这种方式可使应急采购工作更加灵活、高效。

（三）增加应急物资储备

自 2002 年"非典"疫情暴发以来，国际国内多次出现重大突发公共卫生事件，尤其是 2020 年的新冠肺炎疫情影响到每一个人的健康安全。我们应该对各种可能出现的疫情和灾害，结合本地本单位情况，采取平时储备采购的方式，有针对性地建立应急物资储备清单，完善储备标准，采取不同的储备方式来备足应急物资储备。

1. 自行储备

建议少量物资自行储备。后勤部门梳理所需应急物资种类，根据不同物资所需储存条件和数量建立一定的储备空间，结合日常消耗情况，在不同时段保持适当规模的自有储备；为避免长期搁置产生的浪费，可采用循环更替的使用方式进行储备。

2. 代为储备

与信誉良好、合作稳定的供应商协商代储应急物资，按协议支付供应商应急物资储备管理费用，并保障满足应急情况发生时全行员工两周使用量的需求。同时，使用信息化工具，随时掌握代储物资的数量、质量和有效期等状况，做好代储应急物资的维护和更新，保障代理储备高质高效。

（四）优化京东慧采平台

建议对京东慧采平台进行优化，使其起到"平时服务，灾时应急"的作用，对在此次防疫物资线上采购中的商品和供应商进行统计，挑选出具有产品质量好、价格合理、速度快、信誉高等优点的供应商并与之合作，使其加入京东慧采平台，同时增设应急物资商品库，使京东慧采平台不仅可以提供日常办公用品的采购服务，也能成为应急采购工作的得力工具，实现应急采购工作成本低且安全、高效。

浅谈公共安全危机下如何开展中国人民银行保卫工作

鞠　洋　李　瑞　李怡瑶　赵翔宇　尚志远　吕晨辉*

公共安全危机是指自然环境、社会变迁或人为原因引起的，对公共领域的安全和社会成员的生产具有立即且严重威胁性，需要以政府为领导的公共部门进行动态决策的、具有高度危险性和广泛破坏作用的紧急情境①。公共安全危机与保卫工作的联系在于日常开展扎实的保卫工作从而预防某些公共安全危机事件的发生，在突发情境下科学联动的保卫工作能够在一定程度上减少危害的产生。

一、公共安全危机的分类

我国《国家突发公共事件总体应急预案》中对公共安全危机事件进行了最权威的划分：①自然灾害，主要由于自然因素引起的一些公共安全危机事件，如暴雨、洪涝、台风、地震等。②事故灾难包括工矿商贸等企业的各类安全事故、交通运输事故、公共设施和设备事故、环境污染和生态破坏事件等。③公共卫生事件主要包括传染病疫情、群体性不明原因疾病、食品安全和职业危害、动物疫情以及其他严重影响公众健康和生命安全的事件。④社会安全事件：一是国内层面的社会安全；二是国际层面的国家安全与国际关系维护，主要包括恐怖袭击、民族宗教危机、涉外突发公共危机、经济安全事件和规模较大的群体性事件等。

---

　*　鞠洋、李瑞、李怡瑶、赵翔宇、尚志远、吕晨辉，均供职于中国人民银行营业管理部保卫处。

　①　寇丽平，孙静. 公共安全危机管理［M］. 北京：中国人民大学出版社，2015：9.

二、公共安全危机对中国人民银行安全的影响

由于公共安全危机具有社会性、扩散性、突发性、复杂性、灾难性和不确定性的特点，对单位主体来讲具有较大的冲击作用，给中国人民银行（以下简称"人民银行"）的保卫工作带来了很大的挑战。

一是对人民银行现实客体（实体）造成破坏。这种破坏将会严重影响人民银行业务的正常运转，甚至产生毁灭性的破坏。

二是对人民银行信息、数据等虚拟客体（虚体）造成破坏。比如全国性、区域性的网络攻击将直接使人民银行数据、信息等资源丢失或损坏，影响人民银行的履职效能。

三是导致人员的死伤和心理创伤。公共安全危机对人类社会的最大威胁，就是对公众生命的伤害。虽然各种危机总会得到控制和化解，但它在公众心里留下的创伤可能长期存在。

四是对人民银行的形象和声誉造成损害。人民银行在一定程度上代表了国家形象，如若在危机发生后处理不当，发生安全事故，将直接导致业务的中断，甚至系统的崩溃、基础设施的毁坏，这些都会给人民银行的形象和声誉带来负面影响。

三、从保卫工作角度对公共安全危机事件的剖析

（一）自然灾害——以地震灾害为例

1. 原因分析

地震灾害所造成的人员伤亡和损失原因在于：一是地震具有突发性，通常使人们猝不及防，缺乏组织和心理等方面的准备，从而很难在第一时间采取有效应对措施。二是地震最长两三分钟，最短十几秒钟，就可能导致山崩地裂、房屋倒塌，进而造成人员大量伤亡。三是地震往往伴生山体滑坡、泥石流、堰塞湖等灾害，造成通往震中地区的道路损坏，延误 72 小时黄金救援期。四是地震易引起火灾、有毒有害气体扩散、传染性疾病等次生灾害。

2. 人民银行保卫工作措施

一是加强地震演练。要制定地震应急预案，定期组织疏散逃生演练，增加紧急情况下应急救护技能培训，广泛开展宣传教育。二是提高建筑抗震能力。做好对建筑物的日常抗震检查工作，尤其对机房、金库等建筑，要在建设时提高其抗震等级标准，对重要数据实施异地备份，确保重要数据及发行基金安全。三是押运前做好应对复杂路况的准备工作。押运人员应提前熟悉除主要公路以外的各类道路，加强押运途中应对各类突发情况演练，提高驾驶员在复杂不良道路上的驾驶技术，确保受灾地区金融稳定。四是做好预防其他次生灾害准备。要对火灾、有毒气体扩散、突发疫情等各类情况制定应急预案，定时组织演练，防止因次生灾害带来的损失。

（二）事故灾难——以1994年新疆克拉玛依火灾为例

1. 原因分析

此次火灾所造成人员伤亡和财产损失的原因在于：一是室内装潢、舞台装饰等用品是由大量易燃、可燃材料制成的，发生火灾时会产生大量有毒、可燃气体，使现场人员在很短的时间内中毒窒息。二是7个安全疏散门的门外又加装了铝合金卷帘门和防盗推拉门并上了锁，仅有1个正门开启，致使发生火灾时人员拥挤堵塞，无法疏散逃生。三是火灾初期，未能采取有效扑救措施和组织人员疏散。四是消防管理主体责任落实不到，未经消防部门审核，就投入运行，既无管理制度规范又无消防应急预案。五是举办796人参加的大规模群体性聚集活动前未向有关机关进行报备，且未采取任何消防管理措施。

2. 人民银行保卫工作措施

一是加强消防宣传工作，全面提升全员消防意识，进一步提高人们对消防安全重要性的认识。二是加强消防事故防范，全面排查不符合消防安全要求的部位和设施，全力消除不安全因素。三是人民银行消防安全责任部门加强专业技能培训，定期组织全体人员进行理论教育和实战演习，通过个人素质的提高来促进队伍整体素质的提升。四是在进行修建或改造时，严格依据消防法规和国家技术标准进行消防设计，使用的消防产品和建筑构件、材料等必须具有符合要求的防火性能，并经有关部门现场验收合格后方能竣工。

（三）公共卫生事件——以2020年新冠肺炎疫情为例

1. 原因分析

新冠肺炎疫情对生产生活产生严重影响主要有三方面原因：一是隐蔽性强，由于新冠肺炎的无症状潜伏期多为2~7天[①]，不会像其他灾害一样在极短时间内造成明显的后果，当病人确诊时已携带病毒多日。二是传染率高，基本传染数（R0）可以达到3.77，因此各地区疫情初期病例大多呈指数增长，极易出现短期内大暴发的情况。三是应急预案不完善，此次全世界抗击疫情的经验表明，及时阻断传播途径是最有效的防控措施。

2. 人民银行保卫工作措施

一是严格执行政府发布的防疫指南等相关要求并落实落细，做好人员自身防护，开展弹性工作制，建立每日健康情况报告机制等。二是严格访客出入管理，利用大数据进行健康状态查询，现场测量体温，运用信息化手段盯紧访客近期活动轨迹，自主开发无接触访客登记系统，防止在来访高峰时段出现人员聚集的情况。三是周密统筹押运工作，成立疫情期间押运指挥组，制定应急押运预案，对疫情期间进入人民银行的所有押运车辆进行无遗漏、无死角的全面消毒，阻断由于开展调运工作可能出现的疫情输入情况。四是针对疫情期间更高的保卫工作要求和人力短缺的棘手情况，确保疫情期间所有安防设备能保持高质量、高效率运转，保障北京重点库的安全。五是制定突发公共卫生事件应急预案，确保疫情期间办公区发现疑似和确诊病例时，保卫部门在人力、物力相对短缺的实际情况下，能根据应急预案进行科学、周密、高效的处置，从而防止疫情扩散，将损失降到最低。

（四）社会安全事件——以2014年上海外滩踩踏事件为例

1. 原因分析

此次事件造成人员伤亡的主要原因在于：一是预防准备严重不足。未对大规模群体性聚集产生的安全风险予以高度重视，缺乏风险评估；安全保卫工作方案不完善，安保人员配备严重不足。二是对现场的研判、预警不及时。相关部门未严格落实人员流量监测情况上报制度，同时对人员流量快速递增

---

① 钟南山院士在2020年2月11日接受央视独家专访内容。

的变动情况未及时采取有效措施，未报请上级部门发布预警，控制事态发展。三是应对处置失当。针对事发当晚持续增加的人员流量，在现场现有警力配备明显不足的情况下，没有采取其他有效措施且未向上级部门报告，造成事态进一步恶化。

2. 人民银行保卫工作措施

一是强化安全责任落实。各部门负责人严格落实安全责任制，切实履行好"一岗双责"，做到"谁主管谁负责"。同时要加大督促检查，将本处室安全管理与日常处室工作管理紧密结合，积极发挥群防群治的作用，守好"责任田"。二是完善预警机制。结合实际情况梳理可能发生的各类风险隐患，研究制定应急处置预案并加强预案演练工作。特别是针对大型集体性活动，应事先进行科学细致的预判预警，对人流数量、行进路线、疏散路线进行有效调控，作出充分部署。三是遵守规则秩序。社会要建立一个和谐的秩序环境，单位要有相关的规章制度，同时可建立与制度规则相配套的奖惩机制，鼓励和监督人们规范自身行为。四是加强安全教育。员工的安全教育、逃生、急救等培训工作应尽早着手，提前打预防针，增加必要的安全知识和自我保护能力，由"应急课"变为"必修课"，不断提高员工的安全意识。

四、应对公共安全危机的保卫工作思路

由于公共安全危机的发生发展包括潜伏期、爆发期、消亡期三个过程。相应地，科学的危机管理过程（周期）包括预防、准备、响应、恢复四个步骤[①]。应对公共安全危机应当从这四个步骤去逐一考虑。

（一）坚持预防为主，防患未然

公共安全危机是可以预防的：从成因上讲，自然灾害是由于自然力的原因造成的，人力不可抗拒，但通过预测、预警、降低承灾体的脆弱性是可以预防的；其他由人为原因造成的危机事件，只要正确把握危机发生的规律，及时识别危机前兆，采取一定措施减少或消除损失，就可以将危机加以化解。因此，开展风险预测与评估、建立完善的危机事件应急处置预案、定期开展

---

① 柳春香，杨春．应急管理安保实务［M］．北京：中国人民公安大学出版社，2018：16.

警示教育和应急演练、加强对危险源的管理，是我们在保卫工作中需要遵循的重要法则。

（二）多方充分准备，以不变应万变

对于无法预测的危机事件，必须做好各方面的应急处置准备，最大限度地保护基础设施和人们的生命、财产。结合国内外成功的做法，准备阶段需要考虑的问题包括制定应急预案、应急演练、应急保障。这三个部分是需要相互衔接、相互配合的，有了完整科学的预案，必须付诸实践勤加演练，预案才能发挥作用；应急反应需要法律、技术、资金、物资、人员等方面的广泛支持，没有充分的保障，应急处置工作很难顺利开展①。

（三）现场快速反应，争取救援先机

当公共安全危机已经爆发时，要准确快速决策，将危害降到最低。危机反应包括两个重要方面：一是遏制危机；二是隔离危机②。危机已然发生，所造成的损坏已无法补救，但现场管理的失误可能会进一步加重损失，因此要在第一时间做好处置，防止事态扩大。第一时间寻求专业力量的帮助，利用一切可以利用的力量，协调联动，紧急救援，做好现场秩序的维护、重要基础设施和物证的保护，协助做好伤者救助和人员疏散，注意信息传达的正确性，防止出现舆情扩散等问题。

（四）重视恢复与重建，做好善后工作

公共安全危机恢复是指公共安全危机发生后，由政府及社会各方利用各种措施进行复原和重建的过程，既包括经济、社会、环境等方面的恢复，也包括对受到影响的组织和个体的恢复③。恢复的主要内容有受损公共设施、受害者心理健康以及生产、生活、工作秩序的恢复。首先要建立危机恢复的领导机构，通过客观的先期评估和调研，制订恢复计划，在最短的时间内落实到位。其次要在恢复工作结束后，对工作效果进行全面评价，总结经验教训，不断提高公共安全危机的预防和处置能力。

---

① 寇丽平，孙静. 公共安全危机管理 ［M］. 北京：中国人民大学出版社，2015：99.
② 寇丽平，孙静. 公共安全危机管理 ［M］. 北京：中国人民大学出版社，2015：118.
③ 郭太生. 公共安全危机管理 ［M］. 北京：中国人民公安大学出版社，2009：257.

（五）京津冀区域联合，建立联防协同机制

整合中国人民银行天津分行、中国人民银行营业管理部、中国人民银行石家庄中心支行安全保卫资源，共享情报预警信息，形成工作合力，抓好公共安全危机源头防控，变被动应急为主动防御。利用京津冀区域联防协同平台，深化协同应急预案体系建设，开展联合演练，为妥善处置公共安全危机做好准备，不断提高应对能力，共同保障环首都地区人民银行的整体安全。

中央银行会计核算流程转变后对监督业务的思考

杨跃文　陈　冰　张　旭[*]

事后监督部门作为人民银行会计核算的最后一道关口，在强化内部控制、促进会计核算规范化、防范资金风险方面发挥着积极作用。2013 年中央银行会计核算数据集中系统（以下简称 ACS 系统）上线后，会计核算流程发生巨大变化，多元化监督模式取代了会计核算业务二次复核的单一监督模式。近年来，随着 ACS 系统功能的不断完善、升级以及会计核算自动化步伐的加快，会计核算流程出现新变化。如何及时跟进会计核算业务的发展变化，提高监督效能，成为需要我们关注与思考的重点。

一、核算业务的变化

（一）核算业务呈现网络化、自动化特点

ACS 系统北京地区数据显示：2019 年 ACS 系统共处理会计核算业务 2053971 笔，其中柜面业务 18512 笔、联网业务 65051 笔、触发业务 3144 笔、前置业务 1967264 笔。从业务分类结构来看，柜面业务呈逐年下降趋势，而前置业务则呈逐年上升趋势。2019 年柜面业务 18512 笔，比 2017 年和 2018 年的柜面业务分别下降 24.42% 和 15.69%；2019 年前置业务 1967264 笔，比 2017 年和 2018 年的前置业务分别上升 115.01% 和 31.4%（见图 1）。

---

　　* 杨跃文、陈冰、张旭，均供职于中国人民银行营业管理部事后监督中心。

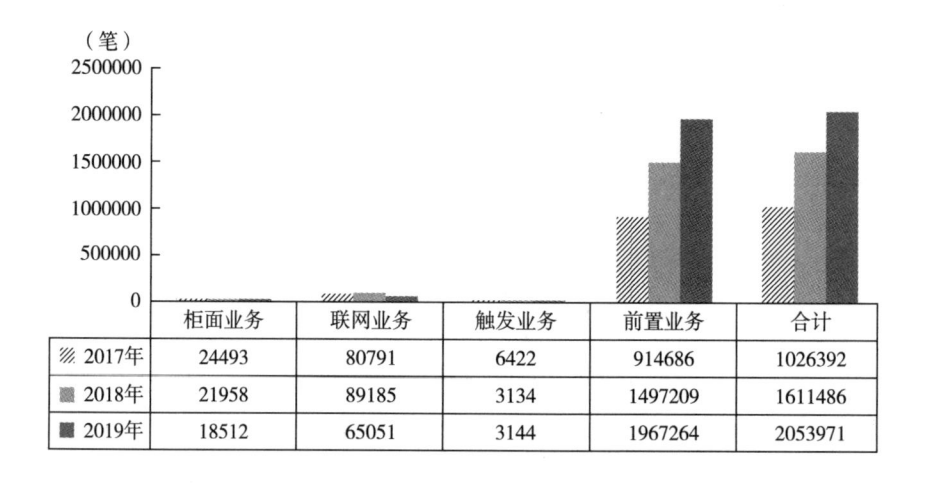

（笔）					
	柜面业务	联网业务	触发业务	前置业务	合计
2017年	24493	80791	6422	914686	1026392
2018年	21958	89185	3134	1497209	1611486
2019年	18512	65051	3144	1967264	2053971

图 1　2017—2019 年北京地区 ACS 业务量

资料来源：中国人民银行。

2019 年柜面业务仅占 1%，离柜率达 99%①。近三年不同业务种类的升降变化和 2019 年 ACS 业务离柜率压倒性的占比，充分表明核算业务呈现出网络化和自动化的特点。

（二）核算流程因新功能发生改变

2017 年，ACS 系统新增了支持中期（常备）借贷便利业务 DVP 结算的功能；2018 年，ACS 系统新增了支持发行基金业务联网取现功能；2020 年，ACS 系统新增了清算保证金利息扣划转账、综合前置子系统自助转账、央行票据互换联网结算三个功能。新功能改变了核算流程，基本情况如下：

（1）中期（常备）借贷便利业务 DVP（券款对付）结算功能，是指金融机构向人民银行成功申请参与中期（常备）借贷便利业务后，债券与资金同步交割互为条件的结算方式，ACS 设立账户对应关系后，可以实现金融机构借款和还款的自动记账，改变了以往通过柜台办理再贷款的传统模式。

（2）发行基金联网取现功能，是指各商业银行通过大额支付系统发起现金支取业务专用报文，办理发行基金出库业务，改变了通过现金支票办理出库业务的方式。商业银行无须到人民银行柜台办理业务，人民银行核算人员

---

① 数据来源：中国人民银行。

也无须再审核现金支票、出库申请单、现金交存明细表，同时停止密押机的使用。

（3）清算保证金利息扣划转账功能，是支付机构客户备付金与清算保证金管理系统加入大额支付系统，ACS 设立"支付机构清算保证金利息扣划转账对应关系"参数之后，可以实现 250 多家支付机构利息划转自动化记账，改变了由人民银行柜台人员审核凭证、扫描上传、核对账务的核算方式。

（4）综合前置子系统自助转账功能，是 ACS 综合前置子系统新增的一项功能。这一功能开通后，金融机构可以"居家"办理普通转账、支取现金、再贴现和再贷款归还以及发起资金汇划业务，无须到人民银行柜台办理，这项功能是人民银行柜台业务向金融机构的进一步延伸。

（5）央行票据互换联网结算功能，是人民银行面向公开市场业务一级交易商开展央行票据互换操作时，根据中标结果，以央行票据与银行永续债同步交割互为条件，通过央行票据互换系统、支付系统和 ACS 系统进行联机账务记载的结算方式，ACS 设立账户对应关系后可实现多账户自动记账。2020年 10 月 28 日开展的首期业务，实现了"互换央行票据""发行票据""央行票据""央行票据互换""换出央票"5 个账户自动记账，改变了以往由核算人员填制记账凭证、扫描上传凭证的核算方式。

二、监督业务的变化

核算业务发生变化后，监督的方式、方法虽然没有改变，仍然是通过影像和数据进行比对来开展实时监督、事后监督、凭证影像监督、查询查复监督以及重要账户余额监督，但监督业务量呈明显下降趋势。

ACS 监督子系统关于实时监督、事后监督和凭证影像监督三类方式监督的业务数据和曲线图如表 1、图 2 所示。除实时监督业务 2018 年有较大增长外，事后监督和凭证影像监督业务均呈逐年下降趋势。其中，2020 年上半年事后监督业务量为 9985 笔，较 2017 年、2018 年和 2019 年同期分别下降43.75%、17.94%和 12.83%，2020 年上半年凭证影像业务量 7897 笔，较2017 年、2018 年和 2019 年同期分别下降 37.49%、24.07%和 20.09%。

表 1　ACS 监督子系统业务数据　　　　　　　　　　单位：笔

监督业务	2017 年上半年	2017 年下半年	2018 年上半年	2018 年下半年	2019 年上半年	2019 年下半年	2020 年上半年
实时监督业务	698	312	947	2181	1248	227	804
事后监督业务	17751	13632	12168	13175	11454	10781	9985
凭证影像监督业务	12634	11858	10400	11653	9882	8834	7897

资料来源：中国人民银行。

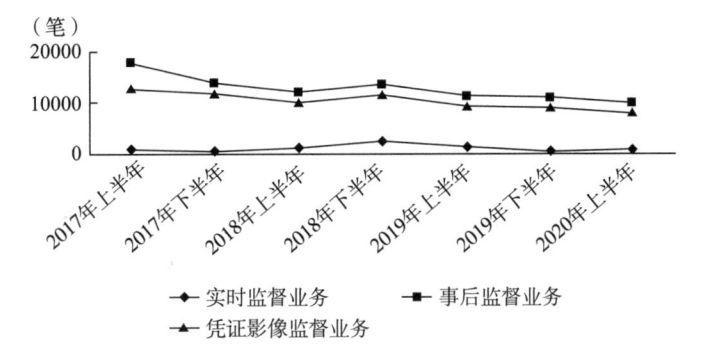

图 2　2017—2020 年上半年北京营业管理部监督系统业务量

资料来源：中国人民银行营业管理部。

三、监督业务存在的问题

新功能的开通，实现了账务的自动化，减轻了核算人员的工作压力，提高了核算效率，降低了人为操作风险，但由于对监督管理、监督方法以及监督子系统功能的需求考虑不充分，监督业务与核算业务的升级存在一定程度的不同步，导致出现了以下三类问题：

（一）监督管理没有及时跟进，导致监督标准不明确

新功能的开通虽然下发了文件并有配套操作手册供参考，但文件和手册内容缺乏业务监督相关内容和监督系统相关功能的介绍，导致监督人员只

能通过与核算人员进行反复沟通，同时参照核算系统操作手册逐渐摸索来掌握监督业务。同时由于缺乏统一的监督标准，在一定程度上影响了监督效率。

（二）部分系统功能设置不合理，造成监督内容不明晰

新上线系统监督业务功能设置主要存在两方面问题：一是系统相关业务推送的设置不配套，存在应推送监督数据未推送现象。以综合前置自动转账功能为例，表现为初始参数设置监督权限未开通，但变更参数设置的监督权限已开通，导致监督系统只能收到变更后的参数。由于系统的设置前后不一致、不配套，给监督人员开展监督工作带来了一定困扰。二是系统推送的数据缺少关键要素，不便于监督工作开展。如监督系统收到一笔"前置资金汇划收款账户校验"实时监督业务，该业务是核算部门进行收款账户名称参数变更操作，但是监督部门收到的数据，既没有显示变更前参数，也未对变更项做特殊标识，如果不和核算部门进行人工沟通，仅凭推送数据无法判断是新增业务还是变更业务，变更项是哪一项。由于系统设置的推送要素不全，降低了监督效率。

（三）核算流程的改变，产生监督方法的不适应

近年来，陆续开通的新功能，将人民银行柜台人员手工进行账务处理方式改变为系统自动触发、综合前置自助转账和联网业务自动记账方式。例如：清算保证金利息扣划转账功能实现的结息日业务自动转账；综合前置系统上线后，实现了人民币准备金、外币准备金、财政性存款交存类业务前移至金融机构；综合前置系统自动转账功能开通后，实现了金融机构准备金划转、再贴现还款、再贷款还款等业务自助转账；DVP 券款兑付方式下的回购业务、中期借贷便利业务实现了自动记账；央行票据互换联网结算实现了多个账户自动关联记账；等等。越来越多的核算业务不再有影像资料，账务实现自动处理，这样账务核算的风险点发生了改变，对监督的及时性有了更高要求，而目前的监督方法仍停留在影像和账务数据的比对，如不进行相应的调整，业务监督将流于形式。

四、会计核算流程转变引发的思考及建议

（一）重视监督管理，以监督促进核算业务健康发展

会计核算与会计监督是相辅相成、辩证统一的。会计核算是会计监督的基础，没有会计核算提供的各种信息，监督就失去了依据；而会计监督又是会计核算质量的保障，只有核算没有监督，就难以保证核算质量。ACS 监督系统是 ACS 系统的子系统，作为一个整体，监督与核算应该并重，ACS 系统新功能开通前，操作手册或相关文件应明确监督内容，让监督人员知晓并有操作依据。

（二）完善系统功能，将监督由事后向事前、事中推进

2013 年 ACS 系统上线以来，核算业务系统的功能在不断完善，新功能实现了自动记账，改变了核算流程，风险点也发生了改变。监督的重点不再是账务结果，而是导致结果的规则，监督系统和监督方法也应同步改变。建议在以下几方面完善监督系统功能，逐步将业务监督从事后向事前、事中推进。

1. 扩大事中监督范围，放开参数类业务的监督权限

参数类业务属于实时监督（事中监督），也是重点监督的内容，参数设置的正确与否直接关系到账务系统能否自动记账，记账结果是否正确。因此 ACS 系统应放开核算部门设置参数的监督权限，将监督向事中进一步推进。同时完善推送的监督数据，使数据信息更全面，监督内容有明显标识，提高监督工作质效。

2. 加强会计核算的完整性、及时性监督，新增风险预警提示功能

越来越多的到期业务实现自动归还，如再贴现、再贷款、中期借贷便利等，建议在监督子系统中增加到期还款提示功能，便于监督人员事前了解、事中监测，可以防止账务漏记的风险，确保到期会计资料归档完整。

3. 实现自动化、批量化、实时化监督，新增账务核对功能

DVP 方式下的很多业务涉及金额比较大，无论首期还是到期业务均自动记账，目前核算部门是将记账流水和清单进行勾对，监督部门是将账务结果

与总账进行核对。建议在系统里建立登记簿，对已记账务结果和应记账务结果通过登记簿在事中系统自动进行比对，将异常情况进行报警。

（三）创新监督方法，加强会计核算风险评估和预警

在技术手段许可的情况下，将 ACS 信息管理子系统（以下简称 AMIS 系统）的部分功能镶嵌到监督子系统，创新监督方法。目前，同一类业务未开通新功能的机构采用柜台受理方式，开通新功能的机构采用联网方式，在进行业务监督时需要进入几个模块才能完成监督，进行数据分析则需要将原始数据导出再加工后才能分析，非常不方便。而 AMIS 系统是对会计数据信息和金融机构流动性信息进行统计、分析和查询输出的系统。得出的数据非常便于对目前的业务监督及预警进行分析，监督部门 AMIS 能查询到《监督业务量统计报表》一张表，对监督部门的管理起到一定作用。核算部门可以查询到 30 多张各类核算业务统计报表，数据信息量更为丰富。建议将 AMIS 系统的部分功能镶嵌到监督系统，监督人员可以直接利用经过深入挖掘的会计数据进行分析，既满足监督对会计数据信息多维度、多层次的查询使用需求，又可以为风险评估和预警提供新的手段。

央行基层工会经费审查工作的现状、问题及建议

刘　洋*

工会经费是工会开展各项活动，维护职工合法权益，做好职工服务工作的重要物质保障，也是工会组织生存发展的基础。加强工会经费规范管理，收好、管好、用好工会经费，对促进工会经济活动的规范运作，促进工会依法服务职工，推进工会整体工作，都有着十分重要的作用。按照《中华人民共和国工会法》及《中国工会章程》的有关规定，各级工会建立经费审查委员会，成员由同级工会代表大会选举产生。工会经费审查委员会是代表会员群众对工会经费收支、使用和资产管理情况进行审查监督的内部审计组织。开展对工会经费及工会资产使用的监督检查工作，是工会依法治会、贯彻工会经费独立原则的具体体现，是对工会经费收支和资产管理实行民主监督和审计监督的有效途径，是健全工会经费监督制约机制的重要措施，也是贯彻落实习近平总书记关于工运事业和工会工作重要论述精神的机制保障。

面对新的形势和要求，中国人民银行营业管理部工会经费审查委员会（以下简称"营业管理部经审会"）以习近平新时代中国特色社会主义思想为指引，提高政治站位，从增强工会组织的政治性、先进性、群众性入手，找准工会经费审查（以下简称经审）工作切入点，进一步提高对经审工作重要意义的认识，坚持依法履行经审组织监督职能，不断提高经审工作水平，同时加强理论研究、积极探索新思路，为推进工会改革和发展以及各项工作顺利开展保驾护航。

＊　刘洋，供职于中国人民银行营业管理部工会办公室。

一、加强组织保障，积极做好营业管理部经审工作

工会经审工作是工会全局工作的重要组成部分，开展经费审查工作是《中华人民共和国工会法》赋予工会组织的重要职责。营业管理部经审会在党委和工会委员会的正确领导下，积极作为，不断加强基础建设，完善工作机制，促进经审工作规范化运作。

一是健全工作制度。坚持把经审工作规范化建设作为工作主线，进一步加强基础建设，完善制度，保证经审工作的顺利开展。经审工作是一项政策性、专业性很强的工作，必须依法依规、以完善的制度保证经审工作规范运行，推动经审工作向科学化、制度化、规范化的方向发展。营业管理部经审会通过加强基础建设、制度建设和业务建设，逐步建立健全适应新形势新要求的工作运行机制，形成"制度管事、制度管人"的良好局面。

二是制订工作计划。有计划，就等于明确了工作的方向和方法，就有了工作的标准和流程。营业管理部经审会每年根据总行经审工作总体要求，结合工作实际，制订年度经审工作计划，确定工作重点，明确责任人和时间表，切实保证经审工作有计划、按步骤地稳步开展。

三是加强现场检查力度。营业管理部经审会每年按照工作计划，认真完成年度工会财务预算草案、年度工会经费预算执行情况、工会财务预算调整草案、工会财务决算草案的现场检查工作。按照《中国工会审计条例》《人民银行工会审计实施办法》有关规定，通过翻阅传票、账簿和会计报表，对工会经费收支和财产管理情况进行全面细致的审查，特别是对各类专项资金的使用和重大活动事项的经费支出进行重点审查。检查结束后，依据实际情况拟写审查工作报告，交流审查审计意见，提出整改要求，并针对下一步工会财务工作规范化、制度化管理提出合理建议，促进工会财务在科学、合理、合规的轨道上健康发展。

四是加强学习培训，提高经审制度执行力。为切实做好营业管理部工会经审工作，促进经审工作职能发挥，营业管理部经审会定期组织开展《中华人民共和国审计法》《中华人民共和国国家审计准则》《人民银行工会审计实施办法》等经审工作制度的学习研讨活动，将制度要求与工作实际有效结合，重点问题重点研究，不断加强与同级工会组织的沟通交流，确保经审制

度的有效落实和相关工作的规范开展。

二、目前工会经审工作中存在的主要问题

（一）经审组织有待健全

根据《中华人民共和国工会法》和《中国工会审计条例》规定，各级工会建立经费审查委员会；经审会下设办公室，承担经审会对本级和下一级工会审计的职责。目前，人民银行从总行系统工会到各省、市级工会均未单独设置经审办公室，尤其是上级工会未设置经审办公室，基层工会因为人员少，兼职现象普遍存在，更难以设置相应机构，承担相应职责，造成基层工会经审工作均是由其他工会工作人员兼职，更有甚者是由其他部门人员兼职，往往因跨部门问题，经审工作处于无人负责、无人督促的状态，难以完成对本级和下一级工会进行审计监督的职责。同时，经审组织未单独设置，经审工作人员难以专职从事经审工作，影响工作独立性，无法保障经审工作的真实性、客观性和公正性，其作用也不能有效发挥。

（二）经审工作事后监督机制有待完善

按照目前经审工作审查机制，经审工作大多以事后监督为主，经审会一般于年度伊始组织开展对本级工会上一年度工会经费收支和财产管理情况的现场检查。这种事后监督的模式在一定意义上能够促进工会工作规范开展，防范化解工会经费收支及资产管理的风险隐患，但由于主要依靠事后监督，其监督制约机制不能完全实现风险防控关口前移，防患于未然，将风险消灭在萌芽状态的风险防控理念，不能完全适应目前工会经济活动日趋活跃，工会经费收入大幅度增长，各级工会可支配的资金、物资量日益增加的现实状况。

（三）兼职经审人员工作水平有待提高

按照《中华人民共和国工会法》要求，经审委员与同级工会委员要同时推荐、同时酝酿、同时选举、同时批准公布。人民银行工会系统中经审委员兼职现象比较普遍，多数人员为"半路出家"，专职从事会计财务、审计检

查的人员较少。同时，工会经费审查委员会还存在选举换届人员更替的问题。经审工作当前面临的精通会计财务、审计检查专业知识的人员少，对相关法规制度及其职责了解不透彻，审查过程中难以揭示工会经费收支和资产管理中存在的深层次问题，已经成为制约工会经审工作有效开展的突出瓶颈。大部分兼职经审委员平时不接触业务，对工会活动的经济性质只能从财务的合规性角度审核，难以把握工会活动的经济实质，难以发现潜在的资金和业务风险。

（四）经审工作职能宣传、普及力度有待加强

工会经审工作是工会工作的重要组成部分，但鉴于目前经审工作的职能影响，以及人民银行各级分支机构对于经审工作法规制度、组织机构等内容宣传、普及力度上的欠缺，人民银行多数员工对于工会经费审查委员会的职责和作用，经审工作程序及审查的方式、方法等内容缺乏应有的了解。工会经审工作作为一项内部审计职能，如果没有广泛的群众认知基础，各项工作开展及审查结果就不能引起足够重视，那么经审工作查错纠弊、堵塞漏洞、规范工会财务工作、防控风险隐患的职能也就无法得到充分体现。

三、关于进一步做好工会经审工作的几点建议

（一）建立各级工会经审组织，提高工会经审的独立性

经审工作的本质是独立、客观地对本级和下一级工会经费预算执行情况和资产管理情况进行审查审计。同时，工会经审工作具有较强的专业性、时效性和政策性，因此各级工会应当建立相对独立的工会经审组织。建议总行工会积极协调组织人事部门，单独设置经审办公室，承担相应职责，并按照有关规定，指导和督促人民银行各省、市级分支机构工会建立健全工会经审组织，切实从组织机构和职责方面压实经审工作，提高工会经审组织的独立性。

（二）进一步建立和完善经审工作监督制约机制

为了充分发挥经审工作职能，切实承担起工会资产监督管理责任，建议

建立经审委员会与同级工会的议事沟通机制。凡同级工会遇有重大费用支出，或在预算收支、资产管理使用过程中存在相关制度把握不准或制度本身界定不清晰的情况，同级工会应及时与经审委员会进行沟通研讨，切实改变目前事后监督为主的经审工作模式，逐步建立起工会经费收支及资产管理等业务活动事前、事中及事后的全过程监督制约机制，不断增强经审工作的主动性和前瞻性，及时发现和纠正工会业务活动过程中存在的问题，切实促进工会工作的规范开展，有效防范和化解工会经费收支管理过程中的各类风险。

（三）提高经审工作重视程度，促进经审委员会完整履行职责

一是要进一步加大在经审工作组织建设、人员配备、制度建立完善、审查结果运用及审查方式方法创新发展等方面的支持力度，积极为经审工作的顺利开展创造条件，提供保障。二是切实落实工会会员代表大会（工会委员会）定期听取经审委员会工作汇报的相关制度要求，并及时采取有效措施来部署、整改经审工作中发现的有关问题，确保工会经费的使用真正体现服务大局、服务基层、服务职工群众的总体工作原则。三是要进一步加强经审工作宣传力度，让全体员工了解工会经审委员会的工作职能和作用，支持、理解、监督、促进经审工作有效开展。

（四）加强经审工作组织培训力度，切实提高经审人员业务素养

"工欲善其事，必先利其器。"若要切实发挥经审工作职能，达到规范经审工作业务行为、提高工会经费使用效益、维护工会资产安全的审查目标，履行好工会内部审计监督职能，培养一支全面熟悉经审工作程序和国家财经制度，了解工会工作职能特点的高素质经审人员队伍是必然前提。因此，人民银行各级分支机构及工会工作主管领导应进一步加强经审业务的组织培训工作，通过举办业务培训班、座谈会、经验交流会等多种形式不断提高经审委员业务素质和工作能力。经审人员需要加强与内审、会计等部门的沟通，吸收审计监督部门的经验成果，不断增强专业能力、理论素养和实践能力。同时，经审委员也要加强自我学习的主动性，主动学习经审工作相关法规制度，不断完善、创新经审工作的方式方法，切实成为经审工作的行家里手，有效提高经审工作质量，积极促进工会各项工作的依法合规开展。

（五）加大经审成果的实际运用，加强经审发现问题的落实整改

各级工会经审会要督促本级和下级工会工作委员会加强对经审发现问题的整改落实工作，及时对检查发现的问题和整改建议进行回访，及时查看审计意见结果是否起到相应的作用，让经审的理念得到强化，更好地提高审查审计工作的监督成效，让审计工作的威信树立起来，充分发挥经审工作的作用。同时，加强经审成果的运用，一方面将经审意见作为下级工会考核和评优工作的重要参考，另一方面通过案例分析、经验交流等形式，不断提升工会财务和经审工作的规范化水平。

疫情防控下离退休干部工作方式优化研究分析

李 红[*]

在全球疫情不断加速蔓延态势下，北京疫情防控在相对一段时间里将处于常态化，面临这一重大突发公共卫生事件，对离退休干部管理与服务的传统工作方式面临颠覆性挑战，亟待优化。

一、以"习近平公共卫生与健康治理理论"为工作方式优化提供理论指导

以人民为中心、坚持人民的主体地位，是习近平新时代中国特色社会主义思想的精髓，是公共卫生与健康治理理论的根基。习近平同志强调，"人的生命只有一次，必须把它保住，我们办事情一切都从这个原则出发"，"没有全民健康，就没有全面小康，要把人民健康放在优先发展的战略地位，以普及健康生活、优化健康服务、完善健康保障、建设健康环境、发展健康产业为重点，加快推进健康中国建设，努力全方位、全周期保障人民健康"。新冠肺炎疫情暴发和流行，是对我国公共卫生治理体系和治理能力现代化的一次大考验，抗击新冠肺炎疫情的成效及其经验，集中展示了中国特色社会主义的制度优势，给全球抗击肆虐人类的这场瘟疫提供了全新模式。习近平在中央政治局常委会会议研究应对新冠肺炎疫情工作时的讲话指出"疫情防控不只是医药卫生问题，而是全方位的工作，是总体战"。对于疫情防控暴露出的一些治理体制中的问题，习近平在"全面提高依法防控依法治理能力，健全国家公共卫生应急管理体系"的重要讲话中指出，"要放眼长远，

---

* 李红，供职于中国人民银行营业管理部离退休干部处。

总结经验、吸取教训，针对这次疫情暴露出来的短板和不足，抓紧补短板、堵漏洞、强弱项，该坚持的坚持，该完善的完善，该建立的建立，该落实的落实，完善重大疫情防控体制机制，健全国家公共卫生应急管理体系"。"中国方案""中国模式""中国智慧"为离退休干部管理和服务工作"提速升质"提供了强大指引。就应急事件处置、公共卫生防护、超大城市退养服务体系而言，优化市域公共卫生与健康治理，退养服务专业化、数字化、智能化建设，是推动超大城市治理体系和治理能力现代化的必然需求。

二、 疫情防控常态化的逻辑认知

新冠病毒的传播速度和范围超出了所有人的预料，迫使各国纷纷采取最严厉的疫情防控措施，先后进入"紧急状态"或"应急状态"。2020 年 10 月中下旬以来，随着欧洲进入冬季，疫情再度严重，欧洲多数国家第二次实行"封锁、宵禁和区域限制"。城市化、工业化、全球化和科学技术的日新月异，造就了日益丰富的物质生活和日益繁荣的社会生活，同时也给人类社会带来了前所未有的风险，而关乎生死存亡的突发不明传染病造成的重大突发公共卫生事件频频出现，给现代社会的风险认知带来极大冲击。人们的惯性思维认为，应对突发传染病疫情应当依靠医学、医疗技术与药物，而新冠病毒感染的肺炎特点恰恰是没有有效的治疗方法和药物，在这种情况下，人们会突然意识到"现代社会并不安全"。在社会语义、政治语义、生态语义、经济语义的混合语境下，"风险社会"概念凸显。风险是不确定性以及由于不确定性而引起某种损失的可能，风险并不一定会演变成损失，它只是诱发损失的一个重要因素。认知是心理学和社会学概念，人类行为主要受认知驱动，而不受事实驱动，常识推理、个人经历、社会交往、文化传统、人文因素、自然和经济环境等诸多因素形成认知。风险认知是人们将某种想法、忧虑、恐慌、畏惧等焦虑的情感与某种活动或事件的负面后果联系起来，进行加工、建构、想象、推理的结果。"风险社会"概念成为观察和反思社会公共政策的重要判断标准。公众对风险所带来的健康、环境、安全问题的担忧，对处置风险应对社会、经济和政治后果的关切，直接促成风险问题的政治化。"风险社会"不是某个具体社会和国家发展的历史阶段，而是对目前人类所处时代特征的综合描绘，是人的个体、家庭单元与社群存在的客观状态。

　　疫情发生后，党中央、国务院高度重视，习近平总书记作出重要批示，要求各级党委和政府及有关部门必须把疫情防控工作作为当前最重要的工作来抓，将人民生命安全和身体健康放在第一位，坚定信心、同舟共济、科学防治、精准施策，坚决遏制疫情蔓延势头，坚决打赢疫情防控阻击战。正如习总书记讲的"疫情防控不只是医药卫生问题，而是全方位的工作，是总体战"，正确理解、践行总书记的指示在于，及时宣传党和国家政策，传达准确信息，传导正面舆论，让老同志切实感受到信息公开透明，明确把握党和政府的措施，积极配合防疫工作。面对突如其来的风险，必须充分认知现代风险的独特性。一是风险人为化，人类决策与行为是风险的主要来源，人为风险超过自然风险成为风险结构中的内容主导；二是风险兼具积极与消极意义；三是风险影响的延展性，现代风险影响是全球化态势，正面信息和负面信息传播甚至是中性信息包括科学客观信息和伪科学信息的传播，都具有不可估量的延展性；四是风险的建构本性，现代风险既受概率和后果严重程度影响，也与文化感知密切相关。老年人是病毒的易感人群，面临突发事件，老年人是心理危机的敏感人群，指导老干部正确认知疫情和科学防控疫情、适度防范和规避风险，是离退休干部管理工作的重中之重。通过老干部信息通知微信群、支部微信群、电话通知等形式，及时将上级和本单位疫情防控相关文件、通知和要求，全面、直观、扼要地传达到每个老干部，入耳入心，从思想上切实提高认识、统一思想、规范言行，做到少出门或不出门、不信谣不传谣、积极配合社区防控要求，克服"无所谓"的麻痹大意思想和"谈虎色变"的过度恐惧的心理。

　　2021年秋冬交替之际，世卫组织会议声明再次表示，"新冠肺炎疫情仍然是构成国际关注的突发公共卫生事件，具体建议包括重视国际经验分享、采用动态风险管理、就冷冻食品等潜在污染源开展研究、培养病例追踪人才队伍、制定国家疫苗接种计划、加强对谣言的监督等"。防控疫情最有效的手段也是最传统、最简单的方法，即物理隔离阻断病毒传播渠道，阻断传播的最有效方法就是切断人与人之间不必要和不安全的接触。换言之，对疫情的有效防控必须通过改变和规范人们的社会交往、工作和生活模式来实现。然而，面对低龄55周岁、高龄过百岁的众数老干部，单纯的"劝慰"在突如其来的疫情面前是薄弱的，必须赋值于政策解读、科学普及和法律规范。疫情防控要求彻底颠覆了离退休干部传统的"必看"和"相聚"的工作模式，疫情倒逼管理和服务工作"动态"的常态化，直至"常态化"的优化。

三、疫情防控常态化工作方式的优化需求

人民银行营业管理部共有离退休人员 264 人，平均年龄 67 岁。其中，100 岁以上有 1 人，90~99 岁有 7 人，80~89 岁有 34 人，70~79 岁有 52 人，70 岁以下有 170 人；离休干部 6 人，平均年龄 89 岁。疫情暴发后，离退休干部管理与服务工作力争顺势而为，做细做深做实，做到"心中有数""手上有账""行动有为""措施有响""效果有样"。首先，电话核对每位老同志疫情防控期的实际居住地址，确保高龄者、体弱多病者有子女或亲属监管，居住养老院的、长期住医院的处于"封闭状态"，做到对老干部居家防疫底数清晰。其次，密切关注疫情暴发以来因其他疾病住院、手术人员的续时情况及实时健康状况，做到对老干部防疫期间健康底数明了。再次，掌握临时旅居外地退休人员的生活状态。又次，预防措施科学到位，防护物品保障优先，为老干部统一购买口罩和防疫消毒用品，采取快递邮寄方式，及时送到老干部手里，让老干部"手中有粮、心中不慌"，切实感受到组织的关切。最后，充分运用现代信息技术和手段，在集体活动、老干部活动中心按下"暂停键"的情况下，通过微信群转发相关学习材料和通知，助力老同志开展居家学习，指导他们科学防控。

"居家学习学什么？怎么学？""支部生活怎么过？"是新课题，必须解决有对策，落实对策有响应，实施对策见成效。一是号召老同志每天收看央视《新闻联播》、收看北京市政府的新闻发布会，及时掌握一手信息、接收正面信息，解大事、知大局、识大体。尤其是在疫情严重时期，人民银行营业管理部主任等领导出现在北京市政府的新闻发布会上，介绍工作实情，在老干部中引起非常大的反响，老同志感到踏实和信任。二是号召低龄老干部充分利用互联网，关注中组部离退休干部工作微信公众号、央行离退休干部之家微信公众号、人民银行营业管理部微信公众号、央行北京青联公众号等，及时学习防疫知识、掌握疫情动态、了解"六稳""六保"、知晓央行工作动态，做到与营业管理部同心、同志、同进退。三是开展"线上支部生活""支部学习上云端"等活动。例如，组织线上收看中组部组织的"民法典专题报告会"，148 名离退休党员参与，参与率达 80%。参与学习的老同志普遍欣然接受这种新型的学习方式，会后"线上讨论"踊跃程度出人意料，因为

微信群文字发言篇幅的限制，讨论摒弃了以往的"套话模式"，言简意赅的学习心得精华呈现，尽显央行退休老干部的政治理论高度，在微信群里呈现出"我要学""要深入学""我要发言"的"学、赶、超"的难得氛围。

四、以需求为导向的工作方式优化逻辑

习总书记在全国抗击新冠肺炎疫情表彰大会上指出"要慎终如始、再接再厉，全面做好外防输入、内防反弹工作，坚持常态化精准防控和局部应急处置相结合，决不能让来之不易的疫情防控成果前功尽弃"。落实疫情防控常态化要求，势必将已优化和可优化的工作夯实行稳，以需求为导向形成行之有效的措施。一是打破"必看"的藩篱，把温暖和问候送到心头。按照防疫要求，医院住院不能探视，而传统方式是"住院必看"，这种情况下，及时联系家属掌握住院情况，及时协助家属做好住院押金及报销等事宜，让老干部安心治疗；对于身体状况尚可的老干部电话慰问及时到位，让老干部宽心治疗；待出院后，征求老干部本人或家属的同意后，上门慰问；对于对方有疫情顾虑，对上门慰问有顾虑的，充分尊重对方意见。对于居住在养老院的、居住在儿女家的，亦是如此，"探望"与"疫情防控"相伯仲，以疫情防控为重，人与人之间非必要和不安全或有疑问的接触，必须节制和避免，不同的人对于自身防控的程度和克制，必须充分尊重和理解。二是冲破"距离"的藩篱，把学习和联系放在云端。营业管理部 70 岁以下的退休干部有170 人，占总人数的 64%，这部分低龄老同志乐于接受新型学习和联系方法，对互联网学习、移动支付、云端社交等认同率非常高。同时，鉴于当下北京超大城市的社会家庭结构特点，这个年龄段的退休人员正值家居任务繁重期，他们更倾向于利用时间进行"碎片化"学习。三是推动全周期危机管理，建立统一有效的指挥和管理、服务机制，对疫情防控常态化进行全周期的科学化规制，"爱人利物之谓仁"，宜以人文情怀做实做细老干部工作。四是坚持常态化精准防控和局部应急处置相结合，将离退休干部管理和服务工作动态常态化，"物有甘苦，尝之者识；道有夷险，履之者知"，不断优化疫情防控常态化工作方式，是有效果、有质量的实践。

人民银行管理会计应用环境分析

王晓菲[*]

一、管理会计应用环境的内涵

根据财政部《管理会计基本指引》，管理会计的目标是通过运用管理会计工具方法，参与单位规划、决策、控制、评价活动并为之提供有用信息，推动单位实现战略规划。管理会计应用环境是单位应用管理会计的基础，可划分为内部环境及外部环境。本文主要讨论内部应用环境，主要包括与管理会计建设和实施相关的价值创造模式、组织架构、管理模式、资源保障、信息系统等因素。

人民银行的主要职能是制定和执行货币政策，防范和化解金融风险，维护金融稳定。人民银行管理会计目标应紧密围绕其主要职能，即通过运用管理会计工具方法，参与制定货币政策、进行重大投资、监测和分析各类货币政策工具的应用效果、监测和防范系统性金融风险、评价货币政策目标的实现程度、进行预算管理及绩效评价等。

人民银行管理会计应用环境建设应服务于实现管理会计目标，主要包括与人民银行业务开展流程与履职相关模式、人民银行系统组织架构、各层级管理模式、各类资源分配与保障情况、信息系统建设等。

二、人民银行管理会计应用环境现状

人民银行通过推进定额标准体系建设、全过程预算绩效管理等精细化财

---

* 王晓菲，供职于中国人民银行营业管理部会计财务处。

务管理方式，为管理会计的应用创造了基本条件。但从整体应用环境来看还存在一些不利因素，主要有：委托代理问题、业财分离问题及管理会计人才储备不足。

（一）委托代理问题

由于信息不对称的天然存在，委托代理问题在任何单位和组织中都无法回避。管理会计关注单位中长期战略目标的实现，而由于委托代理问题的存在，管理层可能更关注短期目标实现及短期财务指标，忽略中长期业务规划及非财务指标的作用，从而不利于管理会计的应用。

（二）业财分离问题

管理会计涵盖管理学与会计学两个范畴，从本质上讲是借助管理会计工具与方法，对业务流程各个环节和因素进行全面管控。这就要求业务部门与财务部门相互融合，实现信息共享、部门联动。当前人民银行通过建设责任中心、矩阵式管理等一系列措施大力促进业务部门与财务部门相互融合，但由于技术壁垒、业务系统与财务系统互相分离及历史原因等因素，业财融合链条仍未完全打通。

（三）管理会计人才储备不足

管理会计要得到发展与应用，管理会计人才是关键因素。就人民银行而言，管理会计人才既要熟悉财务会计知识，又要掌握经济金融知识，并能够应用管理会计工具及方法提炼管理会计所需信息，为单位战略决策提供信息支撑。在实际中，人民银行会计队伍面临着培训课时不足、知识结构更新缓慢、基层人行会计人员年龄老化等问题，导致管理会计人才储备不足以支撑管理会计的全面应用。

三、人民银行管理会计应用环境建设路径

（一）基本原则

根据管理会计的目标，人民银行管理会计应用环境建设应遵循以下基本

原则：

1. 目标导向原则

管理会计应用环境建设应服务于管理会计目标，以管理会计目标实现为导向，以"服务央行履职、促进央行履职"为宗旨。

2. 业财融合原则

管理会计应用环境建设应以人民银行各条线业务流程为基础，利用矩阵式管理、责任中心建设、业务系统整合等手段，促使财务与业务有机融合。

3. 适应性原则

管理会计应用环境建设应与人民银行自身特征相适应，包括单位性质、组织架构、管理模式、现阶段治理水平等因素。

4. 成本效益原则

管理会计应用环境建设应权衡实施成本和预期效益，合理、有效地推进管理会计应用。

（二）建设路径

人民银行履职具有鲜明的行业特点，其管理活动可分为行政管理活动及专项业务活动两条主线。因此，管理会计环境建设也分为以下两个层面：

1. 以规范行政管理为主线实施精细化管控

精细化管理与管理会计是相辅相成的关系。粗放的管理方式及较低的管理水平难以建立成熟、高效的管理会计体系，而精细化、规范化管理体系的实施也必然会产生对管理会计信息的内在需求。人民银行推行精细化管理可从以下方面入手：

一是推行并固化内控管理流程。建立各项经济业务条线的自动化内控及纠偏系统，涵盖岗位流程设计、内部授权审批控制、预算控制、财产保护控制、会计控制、单据控制、关键环节风险预警、对偏离预设目标的履职行为设定纠偏提醒等内容，并将之固化及信息化，从而实现对业务活动的自动监控和约束，提高单位内部管理效率和效果。在内控关键环节上尽可能依靠系统的独立性和客观性，降低人为因素，并通过系统自动的纠偏提醒及风险预警实现绩效评价和风险控制的"关口前移"。

二是发挥"矩阵式管理"模式优势，深入推进业财融合。目前人民银行分支机构普遍推行的"矩阵式管理"模式是在直线职能制垂直管理的组织形态的基础上，增加一种横向领导系统，形成由职能部门和为完成某一临时任务而组建的项目小组构成的二维结构，有利于加强部门间的横向联系。要发挥"矩阵式管理"模式的优势就要求：一方面，业务部门要通过编制详细的业务规划为中长期支出规划、年度预算提供依据，并将业务开展、项目执行过程中形成的财务和非财务信息等实时更新至会计财务部门；另一方面，会计财务部门要发挥引领作用，及时将项目执行进度、成本效益分析、项目绩效评价等分析结果进行反馈，以指导业务开展和项目执行。借助"矩阵式管理"模式，将决策层的战略规划、业务部门的业务计划、财务部门资源配置融为一体，实现部门联动和信息共享。

三是全面推行绩效管理。人民银行在全系统范围内实施全过程预算绩效管理，在此基础上进一步扩大绩效管理范围，将重大政策、单位整体支出纳入绩效管理。新出台重大政策、重大项目要结合单位履职目标、预算评审等，对项目的必要性、紧迫性及经济性开展事前绩效评估；通过人民银行会计综合业务系统等平台数据信息对执行情况进行动态监控；综合运用监督检查辅导等手段，切实纠正预算安排、分配、支出过程中存在的问题，以强化绩效管理主体责任的落实；通过建立绩效评价结果与资源分配、业绩考核的挂钩机制，强化绩效管理的约束力。

2. 以业务数据分析为主线促进科学化决策

会计报告具有丰富的信息含量，能够反映履职结果、促进科学考评。人民银行履行执行货币政策、提供金融服务等职能的结果反映于其资产负债表和损益表上，货币政策的执行效果、市场流动性、金融领域的风险点等则体现在市场内金融机构的会计报表上。通过运用管理会计工具对人民银行"两张表"及各金融机构会计报表进行分析，有助于对人民银行履职结果及货币政策执行效果进行绩效监督考核，从而促进在履职过程中进行科学化决策。

一是建立"两张表"分析应用的长效机制。在人民银行系统内，必要时还可引入外部研究力量，分解、落实研究任务，建立起"两张表"监控及分析的长效机制。首先，要全面梳理人民银行日常履职和运转过程中能够提供有效信息的业务数据，对已有的各业务条线的数据报送方式进行整合，合并重复报送的业务系统，连接具有先后逻辑关系的业务功能，将处于分散状态的业务流、信息流和资金流统一起来。其次，对这些海量数据利用大数据技术，将多口径数据以可扩展的多维方式进行标准化建模和存储，形成标准化数据资源。最后，实现数据资源在不同部门、不同分支机构之间在合理权限的范围内共享，全面支持数据分析、绩效评价、科学决策、风险防控等工作。

二是对金融机构会计财务数据资源的统筹管理。人民银行分支机构负责辖内金融机构会计报告的收集和监测工作，深挖这些会计数据的价值，有助于为科学履职提供有价值的信息。首先要开展金融机构会计制度、核算方式等方面的研究，提高金融业会计财务问题的参与度，提升央行会计部门在金融会计领域的话语权。其次要在系统内建立统一的金融机构会计报表数据报送平台及管理制度，提高金融机构报表数据质量。

四、对构建人民银行管理会计体系的建议

（一）高层推动，试点先行

管理会计工作涉及内部职能和工作流程的重大调整，且需要整合不同部门的业务资源，只有管理层认识到位，在决策过程中高度重视，才能自上而下推动，高效建立本单位管理会计体系。在人民银行系统中，可探索由经济发达、管理水平先进、管理基础优良的分支机构试点先行，再充分发挥先进分支机构的带动作用，由点及面、统筹推进，逐步建立覆盖人民银行全系统的管理会计体系。

（二）建设制度，加强研究

以财政部发布的《管理会计基本指引》为基础，结合人民银行实际情况建设本单位管理会计制度。同时，注重吸收借鉴国外央行实践经验和相关行业领域的研究成果，推动人民银行系统应用管理会计的理论研究。从完善治理结构、加强内部管理、促进科学决策的角度出发，明确人民银行管理会计职能定位和实施路径，构建包括决策、规划、执行、监督、评价和结果应用等内容的管理会计理论体系。同时，以试点分支机构成功经验为基础，逐步形成人民银行管理会计应用的案例库及应用指引。

（三）加强教育，培养人才

管理会计人才是充分发挥管理会计对业务决策、管理决策和战略决策支

持功能的主体，针对人民银行管理会计人才储备不足的现状，从培养高级管理会计人才、面向会计人员开展系统的管理会计知识教育及在系统内广泛宣传管理会计理念三个方面加强人才培养。

（四）依托科技，信息共享

管理会计需要对大量数据进行收集加工，要充分发挥管理会计的作用，离不开科技手段及大数据处理技术的支撑。可由会计财务部门依托会计综合业务系统牵头整合各业务条线系统数据，或由各业务系统为会计综合系统开放数据提取接口，将处于相对分散状态的业务信息和会计信息统一起来，并可根据管理需求实时生成各口径的管理会计报告，真正做到为管理赋能增效。

S-CAD 政策评估法对重大政策落实审计的启示和思考

马黎宏[*]

　　政策评估是指依据一定的价值标准，通过实施评估程序，对政策过程中产生的信息进行科学分析，对政策产出和政策影响进行检测和评价，以判断政策结果实现政策目标程度的活动。政策评估的目标是根据预期目标衡量执行中的政策是否达成预期结果，并通过持续修正执行操作使效果得到不断改善。本文通过研究政策评估方法及具体实践，深入分析和总结影响政策落实的核心要素，总结政策落实的关键环节，对人民银行开展重大政策落实审计有现实启示和参考意义。

一、S-CAD 政策评估法的基本理论

（一）S-CAD 的基本要素

　　S-CAD 政策评估法的全称是"主观、一致、充要、依赖"（Subjectivity-Consistency、Adequacy、Dependency），是将政策分解成多个要素，根据一定的标准和程序，通过分析要素之间的一致性、充要性和依赖性，考察政策过程的各个阶段、各个环节，对政策的效果、效能及价值进行评价和判断，从而评估政策利弊和效果的方法。基本要素包括：

　　（1）政策参与者，包括政策制定者、执行者、受惠者、受损者等，可以是个人、团体或组织。

　　（2）政策价值，是政策参与者在政策制定时体现出来的价值观点或

---

　　* 马黎宏，供职于中国人民银行营业管理部内审处。

倾向。

（3）政策目标，由政策制定者希望得到提升或者保证的政策价值转化得到。

（4）政策手段，指为了达到政策目标而采取的方法和步骤，如行政手段、经济手段等。

（5）政策结果，包括预期结果和实际结果。

（二）S-CAD 方法的分析方式

通过评估政策的内在一致性、充要性、依赖性，对比政策的预期结果与实际结果，分析出政策结果实现政策目标的程度。

S-CAD 的基本框架见图 1。

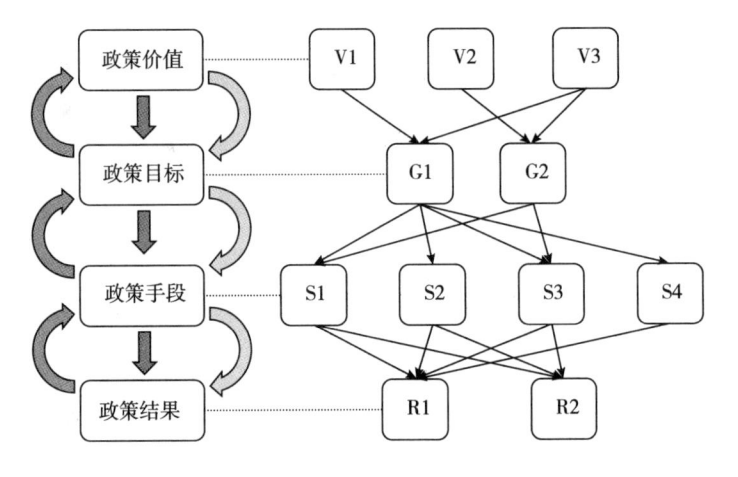

图 1　政策评估的 S-CAD 框架

资料来源：笔者整理。

（1）一致性分析，检验多个政策价值的一致性，以及政策价值与目标、手段和结果之间的逻辑关系，用以判断政策的科学性和可行性。

（2）充要性分析，包括充分性和必要性分析两方面，用以判断政策的经济性和效率性。

（3）依赖性分析，检验政策效果所依赖的关键目标、手段和政策执行者，用以判断政策的效果性。

二、S-CAD 评估法的启示

（一）多重角色的利益冲突影响政策落实效果

政策参与者具有角色、职责和利益三个重要特性。利益相关性决定了政策参与者的角色，角色影响履行职责的效力，这三个特性相互影响和作用，进而决定了政策落实的结果和效果。重大政策落实审计中的政策参与者可分为人民银行分支机构、金融业机构、企业和居民三大类，参与者可能承担多个角色（见表1）。

表1　人民银行重大政策参与者的角色类型

序号	政策参与者	角色
1	人民银行分支机构	政策制定者、政策执行者
2	金融业机构	政策执行者、政策受惠者、政策受损者
3	企业和居民	政策受惠者、政策受损者、受政策影响者

资料来源：笔者整理。

从表1可以看出，特定的政策参与者往往拥有多个角色，角色之间可能存在利益冲突，如金融机构的角色是政策执行者，但当执行政策的收益无法覆盖成本时将成为政策受损者，政策执行积极性便会受到影响，进而影响政策目标和政策结果的一致性。政策落实审计应全面分析政策参与者的多重角色以及潜在冲突，充分评估其对政策结果产生的正面和负面影响。在评价政策落实效果时也应关注角色及其利益，不仅应该总结企业和居民成为政策受惠者的成功经验，而且需要关注政策目标群体中未享受到政策优惠的企业和居民，分析政策失败的原因。

（二）利用政策手段分析政策落实重要环节

政策手段包括行政手段、制度手段、经济手段、技术手段、组织手段和法律手段等，分别从控制、激励和辅助三个方面保障政策目标的实现。控制型政策手段适合解决短时间内政策实施遇到的问题，激励型政策手段影响政策实施的实际效果，辅助型政策手段是决定政策目标长远发展的重要因素（见表2）。

表 2　政策手段与关联角色对应关系

序号	政策手段类型	具体类别	属性关键字	关联角色
1	控制型	行政手段、制度手段	规范、监督、处罚、限制、问责、考核	政策执行者、政策受损者
2	激励型	经济手段	补贴、优惠、基金、补偿	政策执行者、政策受惠者
3	辅助型	组织手段、技术手段、法律手段等	公开透明、公众参与、咨询、会议	政策执行者、政策受惠者、政策受损者

资料来源：笔者整理。

政策手段和不同的政策参与者产生关联，并与特定角色一一对应。通过总结政策目标、政策手段和政策参与者角色之间的关系图，可以分析政策手段和政策目标之间的依赖性、政策手段总体构成的充分性、多个政策手段之间的一致性关联性、政策参与者角色转换逻辑等。在综合分析的基础上，结合网络拓扑分析方法，得出政策价值、目标、手段和结果之间的实际链路图，查找出重大政策的主要落实路径、薄弱环节及关键手段，从而为政策落实审计打好基础。

（三）注重政策实施的多维效益视角分析

政策实施通常需要多方面开展工作，进行各类活动，比如内部审计需要关注各种活动的经济性、效果性和效率性（简称"3E"），除此以外还应看到政策实施对分配公平、社会秩序稳定等产生的社会影响。由于经济活动应该以保护环境为前提的理念日益得到国内外各界的广泛认同，重大政策的效益型标准考察的不仅应该包括经济效益，还应考虑社会效益（Equity）和环境效益（Environment）。由于影响政策落实的因素具有多元化和不确定性，需要综合考量各种效益，部分效益无法精确计算，往往需要采用定性与定量相结合的方法综合分析。对于难以量化的社会效益，可通过对政策受惠者和受损者的定性调查，从社会支持度和公众满意度来评估政策的社会效益。环境效益可通过分析环保型企业在政策目标群体中的占比和增长率得出。通过定性分析和定量研究综合使用的方法，结合政策落实的一般过程及各要素分解，具体分为：政策制定（分析政策目标，前期准备阶段）、政策执行（分析政策手段，实施审计阶段）、政策效果（出具报告阶段），最终建立起 5E 绩效指标体系，分析评价政策落实的成效（见表 3）。

表 3　政策落实审计的绩效指标体系示例

序号	审计评价指标	指标	属性	5E
1	政策目标	科学性	定性	经济性
2	政策目标	可行性	定性	效果性
3	政策手段——控制型	规范、考核、问责	定性	效率性、效果性
4	政策手段——激励型	补贴、优惠	定量	效果性
5	政策手段——辅助型	会议、宣传	定性	效果性
6	政策结果	占比	定量	公平性、环保性
7	政策结果	增长率	定量	效率性、环保性
8	政策结果	支持率	定性/定量	效率性、公平性
9	政策结果	满意度	定性/定量	公平性、效果性

资料来源：笔者整理。

三、相关思考

（一）政策横向联动的协同发挥是政策落实效果的关注点

人民银行的重大政策，经常和财税政策、产业政策、投资政策、环境保护政策等协调或配套出台，实际中也存在多部门联合制定政策的情况。多部门合作虽然可以综合利用各部门掌握的信息与资源，提高政策执行的科学性和可行性，有效地降低在政策实施过程中的阻力。但是随着参与部门的增加，使协调和合作呈级数增长，会导致信息沟通周期过长，影响政策制定的效率等。因此，需关注在政策落实的横向维度上，人民银行各级分支机构和地方政府、地方机构等，以及分支机构内多部门之间，是否建立了良好的协调合作机制；在纵向维度上，人民银行各级分支机构，是否层层衔接、环环紧扣，建立了有效的政策传导机制。这些横向和纵向上的分工合作机制，能够有效提高合作的深度和有序性，加强政策执行的时效性、效率性和效果性。

（二）审计延伸的广度和深度是政策手段作用发挥的支撑点

人民银行的传统审计项目多以非现场审计方式为主，侧重文件资料和业务档案查阅，并对业务的合规性等进行评价。而重大政策落实审计关注政策落实的实际效果，要求了解金融机构对人民银行制定政策的响应度、执行度，观察政策对企业和居民的改善程度等实际情况。这些信息无法闭门造车，需要内审部门"走出去"，延伸到金融机构、政策目标群体中开展现场审计。在深度方面，需要认真筛选审计对象，深入业务最前线了解政策实施具体情况；在广度方面，要拓展审计方式和手段，采取调查问卷、电话询问等方式，加强与政策目标群体的沟通，多方面收集信息。在全面、客观掌握政策执行前后实际情况的基础上，深刻分析并总结产生差异的原因，发现政策传导过程中可能出现的接续脱节等问题，进而从完善体制机制建设层面出发，提出针对性强、决策参考价值高的审计建议。

（三）客观全面的审计评价是政策多维效益分析的关键点

政策落实跟踪审计如何实事求是地进行审计评价、得出客观公正的审计结论是审计推动政策落实的必要条件。进行政策落实审计评价时，内审部门应认真落实习近平总书记在内审工作会议上提出的"三个区分开来"，把握重大政策总体目标，结合各区域不同经济特点，了解因城施策的具体背景，因地制宜地客观评价政策落实效果。一是充分肯定经验成绩。注重总结各级分支机构的实践经验和创新举措，促进重大政策以点带面，在全国范围内的有效落实。二是实事求是揭示问题。政策在执行过程中容易出现多方面的问题，具体包括不作为、乱作为等人为因素导致的政策执行不顺畅，政策自身缺陷如流程设计不充分影响政策效应发挥；相关职责权限边界不够清晰等导致部分工作推进不顺利等。三是深刻分析原因。原因包括政策制定不够完善、政策执行主体导致偏差、政策执行机制存在疏漏、政策目标群体缺乏认同和配合、执行政策所需资源受限等。四是审计建议应注重政策顶层设计。及时纠偏政策落实工作，反映体制机制中的制约和阻力因素，促进政策的修订和完善，有助于打通政策落实"最后一公里"。

（四）多部门联合开展审计是政策落实审计的着力点

首先，内审人员现有能力不能完全达到政策落实审计的要求。人民银行分支机构审计人员职业能力的"专"与重大政策落实的跨度、复杂度的"广"产生了一定的结构性矛盾，内审部门需要提高重大政策目标背景、政策手段的实际运用和政策结果的深度解读等方面知识储备，需借助业务部门的资源，采取业务专项培训、以查代训等方式，培养审计人员在做微观管理改进"专家"基础上，成长为立足宏观、服务大局、提高决策分析的"谋士"。其次，内审部门只是对内监督部门，没有对外执法权。对金融机构等开展审计工作时存在一定的障碍困难，而重大政策落实涉及的各条线和部门，通常各自对金融机构行使监督检查权力，监管力量有待于进一步提高协同效应。因此，可考虑内审部门联合政策执行部门，特别是拥有执法权的有关部门开展工作，借调相关人员成立审计工作组，开展专项检查项目或依托已有的综合执法检查等，共同提高工作效率，保证审计项目的实施质量。

关于重大政策落实审计的做法与思考

马黎宏[*]

重大政策落实审计是一项全新工作，内容新、思路新、方法新。2020年营业管理部首次开展政策落实审计项目，为了保证审计项目质量，在深化小微金融服务调查审计项目中，对政策落实审计进行了积极探索和实践，对北京辖区某村镇银行开展了现场调查，并对具体实践情况进行了总结，分析政策落实审计工作的重点和难点，评估解决思路和方法的可行性、操作性，为进一步开展政策落实审计项目打下了良好基础。

一、营业管理部在政策落实审计方面存在的差距

（一）缺乏对政策落实关注对象的审计经验

传统内部审计项目以分支机构内设部门为主，而政策落实审计需要关注政策执行的协作部门、政策执行的传导中介和政策落实的最终受益者，包括地方政府、地方机构、金融机构和企业等。政策落实审计对象发生了变化，突破了内审以往的工作内容，延伸到了全新领域。目前内审部门普遍存在对业务政策不够精通的现象，尤其缺少对金融机构落实央行政策有关工作的深入了解和掌握，对人民银行和金融机构之间的政策传导机制、业务衔接与对接、窗口指导、现场检查、日常监督等各方面的流程也不熟悉。

（二）内审人员知识和能力储备不足

营业管理部内审队伍的知识结构、专业结构与重大政策措施落实情况的

* 马黎宏，供职于中国人民银行营业管理部内审处。

审计要求出现了一定的矛盾。审计人员的业务能力一般局限于某一个或几个相关业务领域，而政策措施落实情况往往涉及多个业务领域，业务领域之间的相关度也不高，因此政策落实审计内容的广度、复杂程度对能力要求更高。传统审计项目以具体业务为主，内审人员擅长从微观角度切入，关注部门日常履行工作职能的规范性，而政策落实审计以政策落实为主，需要从宏观角度破题，在关注规范性的基础上，更加注重履职的效果性。内审人员综观全局的掌控力和把握力相对较弱，存在对政策背景、目标理解不深刻，对政策传导过程认识不清晰，对政策工具和措施不熟悉，对影响政策效果因素了解不全面等情况。

（三）审计标准难以把握

传统内部审计项目以合规性为主，审计内容和标准有明确的制度文件要求，而政策落实审计包含了合规性审计和绩效审计两种类型，在业务合规性的基础上，对政策落实情况进行综合绩效评价。目前政策落实审计尚未建立政策执行情况的评价体系，从实际操作看，政策从出台到实际落实需要一定时间，政策实施效果难以根据政策文件内容直接判断。影响政策落实的因素众多，审计项目开展时各项工作措施还在继续落实，政策制度等还在继续调整，因此在审计评价时需要加强前瞻性分析和预判，并合理把握尺度，根据政策进展情况开展阶段性评价，对于审计团队做出审计判断的要求较高。目前审计人员缺少在政策落实审计方面的工作经验，影响了审计判断的质量。

（四）数据采集和分析工作量大且难

从审计方式看，央行传统内部审计项目以现场查阅资料为主，而政策贯彻落实审计尤其是对于掌握政策落实"最后一公里"的实际效果情况，需要多种非现场审计方法包括问卷、座谈、函证、数据分析等，结合非现场数据分析等方式来综合判断。首先，数据采集基础工作量大。各家金融机构的数据范围和标准不一致，数据口径、格式和翔实程度存在差别，负责数据的工作人员经验不一样，数据采集时需要和每家机构反复沟通确认。其次，数据分析能力不足。政策落实需要分析全辖金融机构、地方政府的所有数据，数据量比较大，日常办公软件处理能力有限，不能满足需求，需要使用专业数据分析软件进行处理，对内审人员能力提出更高要求。而且非现场数据分析对人员的业务能力要求较高，既要熟悉人民银行的业务，也要熟悉金融机构的业务，才能对数据分析做到游刃有余。

二、改进措施及成效

（一）强化知识储备和学习，做好审前准备

一是学习研究党的十九大报告以及 2018 年以来党中央、国务院经济工作会议相关文件，归纳人民银行履职主抓的重大政策。二是利用文件查询系统梳理近年来总行各司局出台的文件、政策和营业管理部制定的区域性文件、政策，帮助寻找审计切入点，收集并整理营业管理部各部门近年来的各类调研报告和工作动态信息，进一步找准审计方向。三是利用营业管理部"三里河大讲堂"精品课程的学习机会，听专家讲课，开拓工作视野和思路。四是积极和货币信贷、金融稳定、调查统计、反洗钱、征信管理和法律事务等业务部门建立沟通机制，听取意见和建议，增强审计技能。邀请相关领域的专业人员讲解货币政策的传导机制等央行业务，全体内审人员加强学习，做好知识储备、能力储备。

（二）加强主动汇报与宣传，促进协调联动

政策落实审计作为一项全新工作，被了解、认可的程度不如传统审计项目。内审处就此项工作主动加强了向营业管理部党委的汇报工作，规划实施了政策落实情况审计工作的宣传和部署，使营业管理部和金融机构广大职工充分了解、支持政策落实审计。通过充分沟通和协调，各部门达成了政策落实审计"全行一盘棋"的思想共识，进一步提高了被审计部门的理解和配合程度，形成了审计部门、业务职能部门和金融机构紧密配合、上下联动的监督合力。

（三）成立金融机构现场调查联合工作组，破解"走出去"难题

一是破解内审部门"走出去"的难题。人民银行积极寻找政策落实审计工作和业务部门日常工作融合点，结合业务部门对金融机构的各项监督和检查工作，成立了联合工作组，对北京地区 48 家金融机构的深化小微金融服务政策落实情况开展审计调查，对其中的 7 家金融机构进行了现场审计调查，

形成了监管合力。二是拓展了审计调查方式，不仅对方案要求抽取的金融机构进行了现场调查，而且根据调查线索重要性，增加了对金融机构的非现场函询，力求重点事项无遗漏。三是对现场调研内容层层把关，从贷款利率、贷款金额、贷款业务类型、贷款资金用途等多方面锁定现场调查关键点，使工作更有针对性，提高工作效率和质量。

（四）提高非现场数据分析能力，提升审计质量

一是加强数据分析学习，从 Execl、ACL 通用审计软件和大数据平台的分析功能三个层面，通过示例演示和分析实战的方式，切实提高内审人员数据分析能力，圆满完成了对贷款的抽样数据分析工作。二是积极拓展外部资源，将个别抽样筛查拓展为全面检查，充分利用"天眼查"公司的资源，强化非现场数据分析，对银行报送的 3.2 万户小微企业进行了真实性验证，进一步明确现场审计线索，提高数据分析质量和效率。三是以数据分析为主线，将审计调查工作与营业管理部大数据平台建设工作相结合，将 5.9 万笔贷款明细数据接入平台，并与平台内数据进行比对，探索金融监督管理的新思路和方法。

三、思考和启示

（一）内审的身份角色内涵更加丰富

传统审计项目以揭示被审计对象履职中出现的问题、风险漏洞为己任，并督促其整改，监督角色往往是从"战术对手"的角度思考问题。而重大政策落实审计报告突出在客观评价成绩的基础上提出改进型意见和建议，特别需要重视"三个区分开来"的情形。这些就要求内审人员把央行履职放在社会大环境中思考问题，与被审计者是"战略伙伴"的关系，使内审人员的角色内涵更加丰富。同时督促内审人员应进一步开阔视野和提高格局，积极转变观念找准定位，以第三方的思维，以合作伙伴的视角，和相关业务部门一起努力，促进央行履职更加高效。

（二）和业务部门联合进行现场调研是必要方式

与财政税务等部门不同的是，央行通常不直接面向政策的最终受惠者，重大政策的实施和落实依赖于金融机构作为货币政策传导中介，由金融机构将央行政策的意图传递到企业，同时，政策实施往往涉及多个部门间的分工合作和协调。金融机构对央行政策的理解和执行程度决定了政策落实的实际效果，其中"最后一公里"是政策落实的痛点和难点。对金融机构进行现场调查是政策落实审计的必要方式，是获取第一手的翔实资料和信息的重要手段。但是现阶段内审部门直接"走出去"存在一定难度，而且缺少对金融机构现场检查的权限将在今后一定时期内持续存在。业务部门出于日常监管的需要，对金融机构也有一定的检查工作和任务，因此多部门联合进行现场检查，是促进工作效率提高，形成合力的有效方式。

（三）非现场数据分析是实施重大政策落实审计的核心点

政策落实效果往往需要用增长率、占比、同比等数据说话，这对数据分析工作的要求更高。不仅要有数理比较，还要有专业逻辑。非现场审计能覆盖到现场审计无法覆盖的业务，有助于纵观全局的宏观分析。重大政策审计涉及内设部门多，涉及银行业机构多，且需要分析的数据量比较大，靠手工现场翻阅档案资料的传统审计方式无法适应政策审计的需求，现有人员配备规模也达不到相应要求。而且重大政策审计只是内审日常工作的部分内容，更加需要通过科技手段、非现场技术手段的强力支撑实现审计目标。

（四）探索政策审计评价标准是关键点

目前各级政府和部门关于政策落实审计的评价尤其是绩效评价方面开展的工作不多，缺少一整套较为完善的政策落实审计的绩效评价指标体系，审计实务中缺少可参照的审计规范，缺乏客观衡量标准，构建一套完善的政策落实评价指标成为当前的迫切需求和工作重点。结合实践经验，从执行和战略两个层面对政策落实进行评价。执行层面的评价，主要是对政策执行过程中的合法性、效率性和效益性进行评价。评价政策合规性时，可考虑使用定性指标，比如制定的政策落实相关文件是否合规、完善等；评价政策效率性和效益性时，使用定量指标，如政策部署的时间节点、相关任务的时间节点等。战略层面的评价，主要综合利用定性、定量指标等，围绕政策执行的效果、产生的社会效益以及对宏观经济发展的影响等方面进行。

（五）抓好政策审计成果运用是制胜点

审计成果运用是审计工作的重要方面。一是注重提升审计阶段性成果的时效性。对现场审计工作进行动态管理，采取编发信息周报、月报、季报等阶段性进展报告，以及重大问题随时汇报等多种方式，及时为党委决策提供参考。二是健全整改跟踪模式。对政策审计发现的问题，全程跟踪整改落实情况，督促问题责任部门履职尽责，推动政策深化实施。三是推动机制创新和制度完善。关注政策顶层设计，注重从体制机制层面分析问题产生的原因，并提出相应的完善建议，进一步促进体制机制建设。

疫情期间北京地区拒收现金问题分析

马　越[*]

　　自 2018 年 7 月拒收现金整治工作开展以来，人行营业管理部坚持处罚与教育并重的原则，持续整治违法行为，经过广泛宣传、畅通举报、约谈整改、行政处罚等举措，整治工作取得了一定成效。但受 2020 年新冠肺炎疫情影响，北京地区拒收现金现象有所抬头，人行营业管理部依托"网格化管理"平台，果断出击、妥善处理，连续做出 7 起处罚，处罚数量居全国之首。经分析，拒收现金现象主要集中于便利店、小型餐饮店等场景，店家多以线上下单、无零钱找赎等原因拒收，且存在针对特定人群和部分券别的特点。拒收现金整治工作虽取得一定成效，但仍存在定性及处置难、误投诉率高、执法成本高、执法难度大、执法效果不明显等问题，建议进一步完善拒收现金行为认定及处置依据，加强行政处罚结果的运用与联合执法，引导商家支持多元化支付方式，提升服务水平。

一、2020 年上半年拒收现金基本情况

　　2020 年 1 月 1 日至 6 月 30 日，人行营业管理部通过舆情监测、12363 金融消费权益保护热线及 9550 呼叫中心等渠道接到有关拒收人民币的投诉为 153 起，与 2019 年下半年的 141 起相比，环比增长 8.51%。

　　从交易场景来看，超市便利店占比最高，达 32.03%；餐饮次之，占比达 30.07%；停车场、医院、旅游景区分别占比 7.19%、5.23%、2.61%；疫情期间，加油站和药店两个行业新出现了拒收现金行为，分别占比 6.54% 和 3.27%。

---

　　*　马越，供职于中国人民银行营业管理部货币金银处。

从投诉人群来看，老年人占比接近三成，而能够使用非现金支付工具但又愿意为使用现金维权的年轻人占比则超过七成。

从区域来看，除昌平区外，另外 15 个行政区均有拒收现金投诉，其中城区投诉 103 起，占比为 67.32%；郊区投诉 50 起，占比为 32.68%。

从定性来看，误投诉（经电话询问或现场暗访未发现或不属于拒收现金违法行为）数量最多，达 67 起，占比为 43.79%；拒收部分券别人民币次之，有 55 起，占比为 35.95%；实体商家采用"线上下单"模式有 14 起，占比为 9.15%；属于拒收现金违法行为 7 起，均被行政处罚；另有 10 起待处置。

截至 2020 年上半年，人行营业管理部共出动执法 26 次，已处罚 7 起，妥善处置 7 起，到执法现场而未发现拒收现金行为的有 12 起。

二、拒收现金原因分析

一是部分商家以疫情防控为由拒收现金。人民银行在《关于疫情防控期间现金使用有关问题的说明》中指出："疫情防控期间，为减少人员接触，可优先采用安全合法的非现金支付工具。"但一部分商家片面理解，认为"优先使用非现金支付工具"就等于"拒收现金"，甚至将"拒收现金"当作一项防控措施；还有一部分商家本身就不愿收取现金，正好借疫情防控之机，给拒收现金找个"合理"的理由。

二是部分实体商家采用"线上下单"模式，打拒收现金"擦边球"。当前，普通生活消费领域的一些"面对面"线下场景，也逐步采取线上支付方式，甚至取消了现场缴费渠道，如以麦当劳、肯德基为首的餐饮企业和部分新业态便利店为节省人力成本，逐步减少或关闭人工收款台，引导消费者通过手机 App、微信小程序或者自助设备在线上下单并完成支付过程，关闭人工收款台的店铺因此不能使用现金消费，导致消费者投诉。此类"非接触式"消费支付模式，没有考虑到消费者的现金收付需求，很容易造成拒收现金质疑。

三是部分商家见风使舵，"看人下菜碟儿"。营业管理部在调查中发现，部分商家"精准施策"：对于老年人、建筑工人等传统使用现金群体或者愿意为使用现金"较真儿"的人群能够收取现金；而对于年轻人等看似具备电子支付能力的人群拒收现金，或者为其使用现金设置重重障碍，造成现金使用不畅。商家面对检查时又信誓旦旦声称不存在拒收现金的行为，甚至提供录像或现金收取记录来证明自己"收过"现金。

四是拒收部分券别人民币。2020 年上半年，拒收部分券别人民币的投诉量（55 起）环比 2019 年下半年（88 起）下降 37.5%，但仍在各类拒收现金投诉中占比较高，达 35.95%，其中以拒收第四套人民币 5 角、1 角纸币为主。一方面是由于大部分券别的第四套人民币已退出流通，但 5 角、1 角纸币还能正常流通使用，而部分商家误以为 5 角、1 角纸币也不能流通，因此拒收；另一方面是由于商家不愿收取零钱。

五是部分商家以"无零钱找赎"为由拒收现金。通过深入调查，营业管理部发现此类情况有三种原因：其一，商家由于"临时性、偶发性的备用金不足"，确实找不开，导致偶发场景下未收取现金；其二，商家嫌麻烦，不愿意找零；其三，商家故意声称"没零钱""找不开"，以"没零钱找"为名，行"拒收现金"之实。

三、工作中存在的问题

2020 年上半年人行营业管理部持续加大对拒收现金整治力度，创新开展"网格化管理"，对全市 3800 多个商业银行营业网点按照地理位置科学划分责任区，为责任区内商户建档立卡，建立"点对点、手牵手"服务模式，指导商业银行营业网点担当整治拒收现金的"宣传员"，加强对责任区内商户有关拒收现金的政策法规宣传，同时对拒收部分券别人民币、有拒收现金"擦边球"行为的商户进行批评教育。截至 2020 年上半年，营业管理部已对 7 家企业进行处罚，社会反响强烈。但是，拒收现金整治工作在开展过程中仍存在以下困难和问题。

一是部分拒收现金"活情况"定性及处置难。如实体商家采用"线上下单"模式，打拒收现金"擦边球"的情形，根据《中国人民银行公告》（〔2018〕第 10 号，以下简称《公告》）精神，"经自愿、平等、公平、诚信协商一致，通过互联网等信息网络方式、无人销售方式提供商品或者服务、履行法定职责，且不具备收取现金条件的，可以使用非现金支付工具"。商家此举看似符合《公告》中所描述的"通过互联网等信息网络方式提供商品或者服务"，但实际上完全"具备收取现金条件"，虽有人值守，但无权收费，消费者质疑难以消除；此外，这些商家普遍知名度高、受众面广，且曾经都能够收取现金，突然不收现金让消费者在情绪上难以接受，容易造成负面舆情。又如拒收部分券别人民币的情形，按照《整治拒收现金工作指引》（银办发〔2018〕147号文印发，以下简称《指引》）第八条第三款规定："收付款双方对于支付现金的券别、材质协商不一致产生争议的，不属于本次拒收现金整治范围。"故此类事件暂不能认定为拒收现金违法行为。对此，营业管理部对涉事商家加强宣传教育，讲解已退出流通的人民币有关知识，告诫其未退出流通的人民币不得拒收，要求立即整改，但多数消费者不认可处理结果。还有以"无零钱找赎"为由拒收现金的情形，根据《指引》第八条第二款规定："由于临时性、偶发性的备用金不足、现金真伪鉴别异议等原因，导致偶发场景下未收取现金的，应在定性时从宽考虑。"营业管理部对此类事件分类处置，对于经常"没零钱找"或者柜面根本没有备付金的商户给予行政警告处罚，对于偶尔"找不开"的商户给予批评教育，要求备付充足。但是，执法人员对于"临时性、偶发性"经常难以界定，商户容易以此为借口，消费者对于未作出行政处罚的投诉又不认可。

二是误投诉率高、执法成本高。拒收现金投诉者大多都是通过电话反映线索，不需提供其他证明材料，153起拒收现金的投诉中，有67起不构成拒收现金行为，误投诉率高达43.79%。按照"双人执法"的要求，每次执法最少2人参与，对于发生在郊区的线索，一般需派2~3人调查取证，至少花费半天时间，导致执法成本较高。2020年上半年，涉及郊区的线索超过三成，承担拒收现金执法任务的部门，面临人员紧张、工作压力大等难题。

三是执法难度大。拒收现金行为的执法对象为各类经营性组织，经初步梳理，人民银行现有的执法对象基本上都是直接监管对象（如银行、财务公司等）或"发牌"备案机构（如支付机构、征信机构等）。各类经营组织的注册、备案和监管机构是市场监督管理部门，人民银行执法难度较大，执法对象经常产生误解，会出现拒绝或不配合调查的情况，尤其在偏远地区，执法人员的人身安全甚至会受到威胁。

四是违法成本低，执法效果不明显。由于《中华人民共和国中国人民银行法》（以下简称《人民银行法》）中并未对拒收现金违法行为作出具体的处罚规定，因此需按照《指引》相关规定，根据企业规模和情节轻重给予违法单位"行政警告"或者"50万~200万元罚款"。《指引》对拒收现金整治工作起到重要作用，为人民银行分支机构准确定性及处罚裁量奠定了坚实基础，但处罚结果缺少"阶梯"。从目前整治情况来看，拒收现金行为主要集中于小商户且未造成恶劣影响，基本都是给予"不痛不痒"的行政警告处罚，起不到震慑作用；即使大中型企业出现违法行为，50万元起步的罚款也很难执行，基本形同虚设。因而当前整治力度对企业的惩戒威慑不足，违法者并未受到罚款等实质性损失，违法成本较低，不能引起违法者的足够重视。

四、相关建议

一是进一步完善拒收现金行为认定及处置依据。一方面，适当完善《人民银行法》并出台细则，建议在"法律责任"中增加50万元以下罚款的情形，促使《指引》也能进一步细化，明确为使用现金设置障碍、拒收部分券别现金等行为的认定及处置方案，保障人民币现金"愿交尽收，应收尽收"，减少负面舆情；另一方面，建议对拒收现金违法行为增加10万元以内的罚款，而不仅是书面"警告"，既达到量刑适当，让违法单位"出得起、能接受"，又能让违法单位付出经济代价，从而提高违法成本，增强执法效果。

二是加强行政处罚结果的运用与联合执法。将处罚结果与企业征信系统或者市场监督管理部门对接，使行政处罚决定展示在企业信用报告或企业信用信息系统中，实现"一处违法，处处受限"，以提高人民银行行政处罚的威慑力和影响力。同时，进一步加大与市场监督管理部门的合作，充分利用其对企业管理的行政优势，探索开展跨部门联合执法、综合宣传等措施。

三是引导商家支持多元化支付方式，提升服务水平。在有人值守的经营场所，必须提供人工现金收付通道，并备付充足零钞，且不能歧视现金支付；在无人值守的经营场所，须在出、入口等显著位置标示，说明支付方式、操作流程及服务联系电话，并以适当方式满足消费者在特殊情况下（如手机电量不足、余额不足、未带手机、网络故障等）的现金支付需求，鼓励配备现金自助缴费设备，并向公众做好解释工作。